普通高等教育会计学专业规划教材

金融企业会计

主　编　崔　刚　汪要文　侯立新
副主编　冯兆大
参　编　史　佳　常　睿　曹重远
李晗博　沙秀娟

机械工业出版社

本书立足于我国现实，根据财政部2006年发布的新《企业会计准则》、《企业会计准则——应用指南》和2008年出版的《企业会计准则讲解》编写而成，本着细致、清晰、系统的原则组织体系和内容，努力突出新内容。根据金融企业的经营内容，本书针对不同的行业分别进行了组织和划分，既包括了商业银行的会计核算，也包括了保险公司、证券公司、基金管理公司、租赁公司等的会计核算，基本涵盖了金融领域各行业的会计核算，充分体现了系统性和全面性。

本书既可作为高等院校会计类和金融类有关专业的教学用书，也可作为金融企业会计人员培训、自学及实务操作的参考用书。

图书在版编目（CIP）数据

金融企业会计/崔刚，汪要文，侯立新主编．—北京：机械工业出版社，2011.3（2022.1 重印）

普通高等教育会计学专业规划教材

ISBN 978-7-111-33420-0

Ⅰ.①金… Ⅱ.①崔…②汪…③侯… Ⅲ.①金融会计-高等学校-教材 Ⅳ.①F830.42

中国版本图书馆 CIP 数据核字（2011）第021809号

机械工业出版社（北京市百万庄大街22号 邮政编码100037）

策划编辑：商红云 责任编辑：商红云 安虹萱

版式设计：张世琴 责任校对：任秀丽

封面设计：张 静 责任印制：郜 敏

北京富资园科技发展有限公司印刷

2022年1月第1版·第6次印刷

169mm×239mm·19.5印张·372千字

标准书号：ISBN 978-7-111-33420-0

定价：39.00元

凡购本书，如有缺页、倒页、脱页，由本社发行部调换

电话服务 网络服务

服务咨询热线：010-88379833 机 工 官 网：www.cmpbook.com

读者购书热线：010-88379649 机 工 官 博：weibo.com/cmp1952

教育服务网：www.cmpedu.com

封面无防伪标均为盗版 金 书 网：www.golden-book.com

前　言

金融是我国经济发展的重要推动力。随着金融机构作用的日益提升，社会各界对金融教育和相关人才的培养提出了越来越高的要求。既要着力培养研究型人才，还要培养大批懂实务的高级应用型人才，已成为现代金融高等教育的共识。“金融企业会计”是我国高等院校会计类和金融类专业开设的主干课程之一，主要阐述金融企业会计的核算方法。为了更好地适应我国金融实践和教学的需要，本书立足于我国现实，根据财政部2006年发布的新《企业会计准则》、《企业会计准则——应用指南》和2008年出版的《企业会计准则讲解》，并结合各金融机构最新行业管理办法和会计核算方法，对商业银行、保险公司、证券公司、基金管理公司、租赁公司等主要金融企业的会计实务进行了细致、清晰、系统的讲解和梳理，有助于读者又快又好地理解我国金融企业的会计核算方法。

本书共分两篇十一章。除了第一章金融企业会计概论之外，第一篇共六章主要讲述了商业银行的具体会计核算，包括商业银行存款与贷款业务的核算、支付结算业务的核算、银行往来业务的核算、外汇业务的核算、内部财务的核算和财务会计报告；第二篇共四章主要讲述了除商业银行以外的其他金融企业的会计核算，包括保险公司的会计核算、证券公司的会计核算、基金管理公司的会计核算和租赁公司的会计核算等。本书的特色在于，根据财政部最新制定和颁布的《企业会计准则》、《企业会计准则——应用指南》和《企业会计准则讲解》编写而成，本着细致、清晰、系统的原则组织体系和内容，努力突出新内容。根据金融企业的经营内容，本书针对不同行业分别进行了组织和划分，既包括商业银行的会计核算，还包括保险公司、证券公司、基金管理公司、租赁公司等的会计核算，基本涵盖了金融领域各行业的会计核算，充分体现了系统性和全面性，力求做到理论联系实际，内容务实新颖，体系划分合理，讲解规范到位。本书既可作为高等院校会计类和金融类有关专业的教学用书，也可作为金融企业会计人员培训、自学及实务操作的参考用书。

本书由崔刚（东北财经大学）、汪要文（安阳师范学院）、侯立新（北京工业大学）担任主编，冯兆大（中国工商银行总行）担任副主编。其中，第一章、第二章和第三章由崔刚编写，第四章、第五章和第七章由侯立新编写，第六章、第八章至第十一章由汪要文编写。东北财经大学会计学院的史佳、常睿、曹重远、李晗博、沙秀娟等参与了本书初稿部分章节的编纂工作。本书在编写过程中，还参阅了大量的文献，在此对相关人士深表谢意。如有引用不当之处，还请及时与我们联系。由于编者水平有限，书中难免出现错误与疏漏，欢迎读者批评指正，以便修订完善。

编 者

目　录

第一章　金融企业会计概论

第一节　金融企业与金融企业会计

一、金融企业简述

随着我国市场经济制度建设的深入推进，我国已经拥有一个规模庞大、分工明确、种类繁多的金融机构体系，主要包括银行金融机构与非银行金融机构两大类。其中，银行金融机构居支配地位。

银行金融机构按照其各自在经济中的功能可划分为商业银行、中国人民银行、政策性银行三种类型。商业银行是办理各种存款、贷款和汇兑业务的银行，且是唯一能接受活期存款的银行。中国人民银行是我国的金融管理机构，被称为“发行的银行”、“国家的银行”、“银行的银行”。政策性银行是指由政府投资建立，按照国家宏观政策要求在限定的业务领域从事信贷融资业务的政策性金融机构。其业务经营目标是支持政府发展经济，促进社会全面进步，配合宏观经济调控，包括中国进出口银行、中国农业发展银行、国家开发银行等。现代银行制度中，商业银行居主导地位，因此本书主要讲述商业银行的具体会计核算。

非银行金融机构是我国整个金融体系重要的组成部分，其发展状况也是我国金融体系是否成熟的重要标志之一。非银行金融机构不以吸收存款作为其主要资金来源，而是以某种特殊方式吸收资金，并以某种特殊方式运用其资金，且从中获取利润。这类金融机构包括保险公司、证券公司、基金管理公司、租赁公司、信托公司、财务公司等。

商业银行与非银行金融机构的共同点表现在两者都是以某种方式吸收资金，又以某种方式运用资金，都具备金融企业的基本特点。其共同点具体表现在：①都以盈利为经营目的。②主要从事与货币资金运动有关的各项业务活动。③在经济运行中都发挥着融通资金的作用。商业银行和非银行金融机构也有着以下几点明显的区别：①吸收资金的方式不同，商业银行主要以吸收存款的方式吸收资金，而非银行金融机构则以其他方式吸收资金。②业务方式不同，商业银行的主要业务方式是存款和贷款，而非银行金融机构的业务方式则呈现出多样化，如保险公司主要从事保险业务，信托公司主要从事信托业务，租赁公司主要从事租赁业务，证券公司则主要从事投资业务等。③在业务中所处的地位不同，商业银行在其业务中，一方面是作为债务人的集中，另一方面是作为债权人的集中，而非银行金融机构则比较复杂，如保险公司主要是作为保险人，信托公司则主要是作为受托人，证券公司则多作为代理人和经纪人。④在金融领域中发挥的具体职能不同，商业银行主要发挥信用中介职能，而非银行金融机构则根据其业务不同而发挥不同职能，如保险公司主要发挥社会保障职能，信托公司则主要发挥财产事务管理职能等。

商业银行和非银行金融机构都是我国金融机构体系的重要组成部分，它们共同为社会提供全面、完善的金融服务。商业银行在整个金融机构体系中居主导地位，而非银行金融机构的存在则丰富了金融业务，满足了我国现代市场经济的发展对金融的多样化需要。

二、金融企业会计的职能

会计职能是指会计客观具有的功能。金融企业会计是以货币为主要计量单位，反映和监督金融企业经济活动的一种经济管理工具。金融企业会计的职能是金融企业会计在经济管理过程中所具有的功能。经济越发展，会计越重要。随着经济社会的发展，会计职能也会有较大的发展。人们一般认为会计的基本职能包括会计核算和会计监督两个方面。这两项职能被明确写入《中华人民共和国会计法》，对会计工作的开展具有重要的指导性意义。

（一）会计核算职能

会计核算职能贯穿于经济活动的全过程，是金融企业会计最基本的职能，又称反映职能。它是指会计以货币为主要计量单位，对特定主体的经济活动进行确认、计量、记录和报告，为有关各方提供会计信息。金融企业会计核算的内容具体表现为经营过程中的各种经济业务，包括：①款项和有价证券的收付。②财物的收发、增减和使用。③债权、债务的发生和结算。④资本、基金的增减和经费的收支。⑤收入、费用、成本的计算。⑥财务成果的计算和处理。⑦其他需要办理会计手续、进行会计核算的事项。会计核算的要求是真实、准确、完整、及时。

确认是指运用特定会计方法、以文字和金额同时描述某一交易或事项，使其金额反映在特定主体财务报表的合计数中的会计程序。确认分为初始确认和后续确认。

计量是指确定会计确认中用以描述某一交易或事项的金额的会计程序。

记录是指对特定主体的经济活动采用一定的记账方法，在账簿中进行登记的会计程序。

报告是指在确认、计量和记录的基础上，对特定主体的财务状况、经营成果和现金流量情况，以财务报表的形式向有关方面报告。

（二）会计监督职能

会计监督职能又称控制职能，是指对特定主体的经济活动和相关会计核算的合法性、合理性进行审查，即以一定的标准和要求利用会计所提供的信息对各单位的经济活动进行有效的指导、控制和调节，以达到预期的目的。金融企业会计监督的内容包括：①监督经济业务的真实性。②监督财务收支的合法性。③监督公共财产的完整性。金融企业会计监督分为事前监督、事中监督和事后监督。

金融企业会计监督职能要求会计人员在进行会计核算的同时，也要对特定主体经济业务的合法性、合理性进行审查。合法性审查是指保证各项经济业务符合国家相关法律法规的规定，遵守财经纪律，执行国家有关方针政策，杜绝违法乱纪行为。合理性审查是指检查各项财务收支是否符合特定主体的财务收支计划、是否有利于预算目标的实现、是否有奢侈浪费行为、是否有违背内部控制制度要求等现象，为增收节支、提高经济效益严格把关。

上述两项基本会计职能是相辅相成、辩证统一的关系。金融企业会计核算是会计监督的基础，没有核算所提供的各种信息，监督就失去了依据；而金融企业会计监督又是会计核算质量的保障，只有核算、没有监督，就难以保证核算所提供信息的真实性、可靠性。

除具有会计核算和会计监督两项基本职能外，金融企业会计还具有预测经济前景、参与经济决策、计划组织以及绩效评价等职能。随着生产水平的日益提高、社会经济关系的日益复杂和金融管理的不断深化，金融企业会计所发挥的作用日益重要，其职能也在不断地丰富和发展。

通过了解金融企业会计的基本职能及其特点，可以看出金融企业会计在经济管理中的特殊作用。金融企业会计是为金融企业决策提供信息，并利用这些信息对金融企业经济活动进行监督的一种管理活动，目的就是提高金融企业的经济效益。但是这种管理活动又区别于其他管理，如物资管理、劳动管理等，会计不直接处理供销、人财物等业务工作，而是处理能用货币反映的这些业务活动的信息。会计核算与统计、业务核算不同，它主要利用货币计价，并具有完整性、连续性、系统性特点。

三、金融企业会计的核算对象

前已述及，金融企业会计需要以货币为主要计量单位，对特定主体的经济活动进行核算与监督。从宏观上来说，会计对象是再生产过程中的资金运动；从微观上来说，会计对象是一个单位能够用货币表现的经济活动。因此，金融企业会计的核算对象是指会计所核算和监督的内容，即特定主体能够以货币表现的经济活动。以货币表现的经济活动通常又称为价值运动或资金运动。资金运动包括各特定主体的资金投入、资金运用和资金退出等过程，而具体到不同的金融企业又有较大差异，各个金融企业均有各自资金运动的特点。

一方面，为了维持经营活动，金融企业必须拥有一定量的经济资源（即资产），它们分布在金融企业经营过程的不同阶段（供应、生产、销售等阶段）和不同方面（表现为房屋、机器设备、库存商品及货币资金等），人们称之为资金占用；另一方面，这些经济资源的取得需要通过一定的途径，包括来自投资者投入的资金或是债权人提供的借款等，人们称之为资金来源。从任一时点上看，资金运动总处于相对静止的状态，即金融企业的资金在任一时点上均表现为资金占用和资金来源两个方面，这两个方面既相互联系，又相互制约。

第二节 金融企业会计的核算前提与要求

一、金融企业会计的基本假设

金融企业会计的基本假设是金融企业会计确认、计量和报告的前提，是对金融企业会计核算所处时间、空间环境等所作的合理假定。与一般企业会计的基本假设一样，金融企业会计的基本假设也包括会计主体、持续经营、会计分期和货币计量。

（一）会计主体

会计主体是指金融企业会计确认、计量和报告的空间范围。为了向财务会计报告使用者反映金融企业财务状况、经营成果和现金流量，提供与其决策有关的信息，会计核算和财务会计报告的编制应当集中反映特定对象的活动，将其与其他经济实体区别开来。在会计主体假设下，金融企业应当对其本身发生的交易或事项进行会计确认、计量和报告，反映金融企业本身所从事的各项生产经营活动和其他相关活动。明确界定会计主体是开展会计确认、计量和报告工作的重要前提。

明确会计主体，才能划定会计所要处理的各项交易或事项的范围。在金融企业会计工作中，只有那些影响金融企业本身经济利益的各项交易或事项才能加以确认、计量和报告。明确会计主体，才能将会计主体的交易或者事项与会计主体所有者的交易或者事项以及其他会计主体的交易或者事项区分开来。例如，金融企业所有者的交易或者事项是属于金融企业所有者主体所发生的，不应纳入金融企业会计核算的范畴。但是金融企业所有者投入到金融企业的资本或者金融企业向所有者分配的利润，则属于金融企业主体所发生的交易或者事项，应当纳入金融企业会计核算的范围。会计主体不同于法律主体。一般来说，法律主体必然是一个会计主体。例如，一个金融企业作为一个法律主体，应当建立财务会计系统，独立反映其财务状况、经营成果和现金流量。但是，会计主体不一定是法律主体。例如，在金融企业集团的情况下，一个母公司拥有若干子公司，母、子公司虽然是不同的法律主体，但是母公司对于子公司拥有控制权，为了全面反映金融企业集团的财务状况、经营成果和现金流量，就有必要将金融企业集团作为一个会计主体，编制合并财务报表。

（二）持续经营

持续经营是指在可以预见的将来，金融企业将会按照当前的规模和状态继续经营下去，不会停业，也不会大规模削减业务。在持续经营假设下，金融企业会计确认、计量和报告应当以金融企业持续、正常的生产经营活动为前提。

金融企业是否持续经营，在会计原则、会计方法的选择上有很大差别。一般情况下，应当假定金融企业将会按照当前的规模和状态持续经营下去。明确这个基本假设，就意味着会计主体将按照既定的用途使用资产、按照既定的合约条件清偿债务，会计人员就可以在此基础上选择会计原则和会计方法。如果判断金融企业会持续经营，就可以假定金融企业的固定资产在金融企业的生产经营过程中将会长期发挥作用，并服务于生产经营过程，会计人员就可以根据固定资产的历史成本进行记录，并采用一定的折旧方法，将固定资产的历史成本分摊到各个会计期间或相关产品的成本中。如果判断金融企业不会持续经营，会计人员就不应根据固定资产的历史成本进行记录并按期计提折旧。如果一个金融企业在不能持续经营时仍按持续经营基本假设选择会计确认、计量和报告的原则和方法，其所提供的会计信息就不能客观地反映金融企业的财务状况、经营成果和现金流量，从而误导会计信息使用者。

（三）会计分期

会计分期是指将金融企业持续经营的经营活动划分为一个个连续的、长短相同的期间。会计分期的目的在于通过会计期间的划分，将金融企业持续经营的经营活动划分成连续的、相等的期间，金融企业据以结算盈亏，按期编制财务会计报告，从而及时地向财务会计报告使用者提供有关金融企业财务状况、经营成果和现金流量的信息。

在会计分期假设下，金融企业应当划分会计期间，分期结算账目和编制财务会计报告。会计期间通常分为年度和中期。中期是指短于一个完整的会计年度的报告期间。由于有了会计分期，才产生了当期与以前期间、以后期间的差别，也才使不同类型的会计主体有了记账的基准，进而产生了折旧、摊销等会计处理方法。

（四）货币计量

货币计量是指会计主体在会计确认、计量和报告时以货币计量，来反映会计主体的生产经营活动。

在会计的确认、计量和报告过程中之所以选择以货币为基础进行计量，是由货币的本身属性决定的。货币是商品的一般等价物，是衡量一般商品价值的共同尺度，具有价值尺度、流通手段、储藏手段和支付手段等特点。其他计量单位，如重量、长度等，只能从一个侧面反映金融企业的生产经营情况，无法在量上进行汇总和比较，不便于会计计量和经营管理，只有选择货币进行计量，才能充分反映金融企业的生产经营情况。因此《企业会计准则——基本准则》规定，会计确认、计量和报告应当选择货币作为计量单位。

二、金融企业会计的核算基础

金融企业会计的确认、计量和报告应当以权责发生制为基础。权责发生制要求，凡是当期已经实现的收入和已经发生或应当负担的费用，无论款项是否在当期收付，都应当作为当期的收入和费用，计入利润表；凡是不属于当期的收入和费用，即使款项是在当期收付，也不应当作为当期的收入和费用。

在实务中，金融企业交易或者事项的发生时间与相关货币的收付时间有时并不完全一致。例如，款项已经收到，但销售并未实现；或者款项已经支付，但并不是为本期经营活动而发生的。收付实现制是与权责发生制相对应的一种会计基础，它是以收到或支付的现金及其时点作为确认收入和费用等的依据。为了更加真实、公允地反映特定会计期间的财务状况和经营成果，按照《企业会计准则——基本准则》的相关规定，金融企业在会计确认、计量和报告中应当以权责发生制为基础。

三、会计信息质量要求

会计信息质量要求是对金融企业财务会计报告中所提供的会计信息质量的基本要求，是使财务会计报告中所提供的会计信息对投资者等信息使用者的决策有用应具备的基本特征。它主要包括可靠性、相关性、可理解性、可比性、实质重于形式、重要性、谨慎性和及时性等。

（一）可靠性

可靠性要求金融企业应当以实际发生的交易或者事项为依据进行确认、计量和报告，如实地反映符合确认和计量要求的会计要素及其他相关信息，保证会计信息真实可靠、内容完整。

会计信息要有用，必须以可靠为基础，如果财务会计报告所提供的会计信息是不可靠的，就会对投资者等使用者的决策产生误导甚至给他们带来损失。为了贯彻可靠性要求，金融企业应当做到以下几点：

（1）以实际发生的交易或者事项为依据进行确认、计量，将符合会计要素定义及其确认条件的资产、负债、所有者权益、收入、费用和利润等如实反映在财务会计报告中。

（2）在符合重要性和成本效益原则的前提下，保证会计信息的完整性，其中包括编制的报表及其附注等应当保持完整，不能随意遗漏或者减少应予披露的信息。

（3）财务会计报告中的会计信息应当是中立的、无偏的。如果金融企业在财务会计报告中为了达到事先设定的结果或效果，而通过选择列示有关会计信息以影响使用者的决策和判断的，这样的财务会计报告中的会计信息就不是中立的。

（二）相关性

相关性要求金融企业提供的会计信息应当与投资者等财务会计报告使用者的经济决策需要相关，有助于投资者等财务会计报告使用者对金融企业过去、现在或未来的情况作出评价或者预测。

会计信息是否有用、是否具有价值，关键看其与使用者的决策需要是否相关，是否有助于决策或者提高决策水平。相关的会计信息应当具有反馈价值，有助于使用者通过评价金融企业的过去，证实或者修正过去的有关预测。相关的会计信息还应当具有预测价值，有助于使用者根据财务会计报告所提供的会计信息预测金融企业未来的财务状况、经营成果和现金流量。例如，区分收入和利得、费用和损失，区分流动资产和非流动资产、流动负债和非流动负债以及适度引入公允价值等，都可以提高会计信息的预测价值，进而提升会计信息的相关性。

会计信息质量的相关性要求金融企业在确认、计量和报告会计信息的过程中，充分考虑使用者的决策模式和信息需要。但是，相关性是以可靠性为基础的，两者之间并不矛盾，不应将两者对立起来。也就是说，会计信息应在做到可靠性的前提下，尽可能地做到相关性，以满足投资者等财务会计报告使用者的决策需要。

（三）可理解性

可理解性要求金融企业提供的会计信息应当清晰明了，便于投资者等财务会计报告使用者理解和使用。

金融企业编制财务会计报告、提供会计信息的目的在于使用，而要想让使用者有效地使用会计信息，就应当让其了解会计信息的内涵，弄懂会计信息的内容，这就要求财务会计报告所提供的会计信息应当清晰明了，易于理解。只有这样，才能提高会计信息的有用性，实现财务会计报告的目标，满足向投资者等财务会计报告使用者提供有用信息的要求。会计信息是一种专业性较强的信息，在强调会计信息的可理解性要求的同时，还应假定使用者具有一定的有关金融企业经营活动和会计方面的知识，并且愿意付出努力去研究这些信息。对于某些复杂的信息，如交易本身较为复杂或者会计处理较为复杂的信息，如果其与使用者的经济决策相关，金融企业就应当在财务会计报告中充分披露。

（四）可比性

可比性要求金融企业提供的会计信息应当相互可比，主要包括以下两层含义：

（1）同一金融企业的不同时期可比。为了便于投资者等财务会计报告使用者了解金融企业财务状况、经营成果和现金流量的变化趋势，比较金融企业在不同时期的财务会计报告信息，全面、客观地评价过去、预测未来，从而作出决策，会计信息质量的可比性要求对同一金融企业不同时期发生的相同或者相似的交易或者事项，应当采用一致的会计政策，不得随意变更。但是，满足会计信息可比性要求，并非要求金融企业不得变更会计政策，如果按照规定或者在会计政策变更后可以提供更可靠、更相关的会计信息的，可以变更会计政策。有关会计政策变更的情况，应当在附注中予以说明。

（2）不同金融企业的相同会计期间可比。为了便于投资者等财务会计报告使用者评价不同金融企业的财务状况、经营成果和现金流量及其变动情况，会计信息质量的可比性要求对不同金融企业在同一会计期间发生的相同或者相似的交易或者事项，应当采用规定的会计政策，以确保会计信息口径一致、相互可比，从而使不同金融企业按照一致的确认、计量和报告要求提供相关会计信息。

（五）实质重于形式

实质重于形式要求金融企业应当按照交易或者事项的经济实质进行会计确认、计量和报告，不仅仅以交易或者事项的法律形式为依据。

金融企业发生的交易或者事项在多数情况下，其经济实质和法律形式是一致的，但在有些情况下，会出现不一致。例如，以融资租赁方式租入的资产，虽然从法律形式来讲金融企业并没有拥有其所有权，但是由于租赁合同中规定的租赁期相当长（往往接近于该资产的使用寿命）、租赁期结束时承租企业有优先购买该资产的选择权、在租赁期内承租企业有权支配资产并从中受益等特点，因此，从其经济实质来看，金融企业能够控制融资租入资产所创造的未来经济利益，在会计确认、计量和报告上应当将以融资租赁方式租入的资产视为金融企业的资产，列入金融企业的资产负债表。

（六）重要性

重要性要求金融企业提供的会计信息应当反映与金融企业的财务状况、经营成果和现金流量有关的所有重要交易或者事项。

在实务中，如果某个会计信息的省略或者错报会影响投资者等财务会计报告使用者据此作出决策，该信息就具有重要性。重要性的应用需要依赖职业判断，金融企业应当根据其所处环境和实际情况，从项目的性质和金额大小两方面加以判断。

（七）谨慎性

谨慎性要求金融企业对交易或者事项进行会计确认、计量和报告时应当保持应有的谨慎，不应高估资产或者收益，或低估负债或者费用。

在市场经济环境下，金融企业的经营活动面临着许多风险和不确定性因素，如应收款项的可收回性、固定资产的使用寿命、无形资产的使用寿命等。会计信息质量的谨慎性要求，需要金融企业在面临不确定性因素的情况下作出职业判断时，保持应有的谨慎，充分估计到各种风险和损失，既不高估资产或者收益，也不低估负债或者费用。例如，要求金融企业对可能发生的资产减值损失计提资产减值准备等，就体现了会计信息质量的谨慎性要求。

（八）及时性

及时性要求金融企业对于已经发生的交易或者事项，应当及时进行确认、计量和报告，不得提前或延后。

会计信息的价值在于帮助金融企业所有者或者其他使用者作出经济决策，它具有时效性。即使是可靠、相关的会计信息，如果不及时提供，也会失去时效性，对于使用者的效用就会大大降低，甚至不再具有实际意义。在会计确认、计量和报告过程中贯彻及时性，主要有以下要求：①及时收集会计信息，即在交易或者事项发生后，及时收集、整理各种原始单据或者凭证。②及时处理会计信息，即按照《企业会计准则》的规定，及时对交易或者事项进行确认或者计量，并编制财务会计报告。③及时传递会计信息，即按照国家规定的有关时限，及时地将编制的财务会计报告传递给财务会计报告使用者，便于其及时使用和作出决策。

在实务中，为了及时提供会计信息，可能需要在有关交易或者事项的信息全部获得之前即进行会计处理，从而满足会计信息的及时性要求，但可能会影响会计信息的可靠性；反之，如果金融企业等到与交易或者事项有关的全部信息获得之后再进行会计处理，这样的信息披露可能会由于时效性问题，使得财务报告对投资者等财务会计报告使用者决策的有用性大大降低。这就需要金融企业以能最好地满足投资者等财务会计报告使用者的经济决策需要为判断标准，在及时性和可靠性之间作相应权衡。

第三节 金融企业的会计要素与会计科目

一、金融企业的会计要素

为了具体实施会计核算，需要对金融企业会计核算和监督的内容进行分类。会计要素是指会计对象是由哪些部分所构成，是会计对象按经济特征所作的最基本分类，也是会计核算对象的具体化。合理划分会计要素，有利于清晰地反映产权关系和其他经济关系。金融企业会计要素分为六大类，即资产、负债、所有者权益、收入、费用和利润。其中，资产、负债和所有者权益三项会计要素主要反映金融企业的财务状况；收入、费用和利润三项会计要素主要反映金融企业的经营成果。

前已述及，资金运动具有相对静止状态和显著变动状态。在相对静止状态，金融企业的资金表现为资金占用和资金来源两方面，其中资金占用的具体表现形式就是金融企业的资产，而资金来源可分为金融企业所有者投入资金和债权人投入资金两类。债权人对投入资金的求偿权称为债权人权益，表现为金融企业的负债；金融企业所有者对净资产（资产与负债的差额）的所有权称为所有者权益。一方面，从一定日期这一相对静止状态来看，金融企业的资产总额与负债和所有者权益的合计数必然相等，由此分离出资产、负债及所有者权益这三项表现资金运动相对静止状态的金融企业会计要素；另一方面，金融企业的各项资产经过一定时期的营运，将发生一定的耗费，生产出特定种类和数量的产品，产品销售后获得货币收入，收支相抵后确认出当期损益，由此分离出收入、费用及利润这三项表现资金运动显著变动状态的金融企业会计要素。资产、负债及所有者权益构成资产负债表的基本框架，收入、费用及利润构成利润表的基本框架，因而这六项会计要素又称为财务报表要素。

（一）反映金融企业财务状况的会计要素

财务状况是指金融企业一定时期的资产及权益情况，是资金运动相对静止状态时的表现。反映金融企业财务状况的会计要素包括资产、负债、所有者权益三项。

1. 资产

资产是指金融企业过去的交易或者事项形成的、由金融企业拥有或者控制的、预期会给金融企业带来经济利益的资源。金融企业过去的交易或者事项包括购买、生产、建造行为或其他交易或者事项。预期在未来发生的交易或者事项不形成资产。由金融企业拥有或者控制是指金融企业享有某项资源的所有权，或者虽然不享有某项资源的所有权，但该资源能被金融企业所控制。预期会给金融企业带来经济利益是指直接或者间接导致现金和现金等价物流入金融企业的潜力。具体来讲，金融企业从事经营活动必须具有一定的物质资源，如货币资金、厂房场地、机器设备等，这些都是金融企业从事经营活动的物质基础，都属于金融企业的资产。此外，像专利权、商标权等虽不具有实物形态，但却有助于经营活动的进行的无形资产，以及金融企业对其他单位的投资等，也都属于金融企业的资产。

资产按其流动性不同，分为流动资产和非流动资产。流动资产是指预计在一个正常的营业周期中变现、出售或耗用，主要为交易目的而持有，预计在资产负债表日起一年内（含一年）变现的资产，以及自资产负债表日起一年内，交换其他资产或清偿负债的能力不受限制的现金或现金等价物。流动资产主要包括现金及存放中央银行款项、短期贷款、交易性金融资产、应收利息、其他应收款等。非流动资产是指流动资产以外的资产，主要包括中长期贷款、长期股权投资、固定资产、无形资产等。

2. 负债

负债是指金融企业过去的交易或者事项形成的预期会导致经济利益流出金融企业的现时义务。现时义务是指金融企业在现行条件下已承担的义务。未来可能发生的交易或者事项形成的义务，不属于现时义务，不应当确认为负债。

负债按其流动性不同，分为流动负债和非流动负债。流动负债是指预计在一个正常营业周期中清偿、主要为交易目的而持有、自资产负债表日起一年内（含一年）到期应予以清偿、金融企业无权自主地将清偿推迟至资产负债表日后一年以上的负债。金融企业流动负债主要包括短期存款、向中央银行借款、应付职工薪酬、应交税费、应付利息等。金融企业非流动负债是指流动负债以外的负债，主要包括长期存款、应付债券、预计负债等。

3. 所有者权益

所有者权益是指金融企业资产扣除负债后由所有者享有的剩余权益。所有者权益又称为股东权益。对于任何金融企业而言，其资产形成的资金来源不外乎两个：一个是债权人；一个是所有者。债权人对金融企业资产的要求权形成金融企业的负债，所有者对金融企业资产的要求权形成金融企业的所有者权益。所有者权益的来源包括所有者投入的资本、直接计入所有者权益的利得和损失、留存收益等。

所有者权益具有以下特征：①除非发生减资、清算或分派现金股利，金融企业不需要偿还所有者权益。②金融企业清算时，只有在清偿了所有的负债后，才能把所有者权益返还给所有者。③所有者凭借所有者权益能够参与金融企业利润的分配。

所有者权益包括实收资本（或者股本）、资本公积、盈余公积和未分配利润。其中，资本公积包括金融企业收到的投资者出资超过其在注册资本或股本中所占份额的部分以及直接计入所有者权益的利得和损失等。盈余公积和未分配利润合称为留存收益。

（二）反映金融企业经营成果的会计要素

经营成果是指金融企业在一定时期内从事生产经营活动所取得的最终成果，是资金运动显著变动状态的主要体现。反映金融企业经营成果的会计要素包括收入、费用、利润三项。

1. 收入

收入是指金融企业在日常活动中形成的、会导致所有者权益增加的、与所有者投入资本无关的经济利益的总流入。其中，日常活动包括销售商品、提供劳务及让渡资产使用权等。金融企业提供金融服务所取得的收入主要包括利息收入、金融企业往来收入、手续费收入、贴现利息收入、证券发行差价收入、买入返售证券收入、汇兑收益和其他业务收入等。收入不包括为第三方或者客户代收的款项，如金融企业代收的水电费等。

2. 费用

费用是指金融企业在日常活动中发生的、会导致所有者权益减少的、与向所有者分配利润无关的经济利益的总流出。金融企业费用包括利息支出、金融企业往来支出、手续费支出、业务及管理费、汇兑损失、其他业务成本。

3. 利润

利润是指金融企业在一定会计期间的经营成果。利润包括收入减去费用后的净额、直接计入当期利润的利得和损失等。利润有营业利润、利润总额和净利润之分。对于商业银行来说，营业利润是营业收入减去营业支出，其中营业收入包括利息净收入、手续费及佣金净收入、投资净收益、公允价值变动净收益、汇兑净收益、其他业务收入后的金额，营业支出包括营业税金及附加、业务及管理费、资产减值损失、其他业务成本。利润总额是指营业利润加上营业外收入，减去营业外支出后的金额。净利润是指利润总额减去所得税费用后的金额。

二、金融企业的会计等式

金融企业六项会计要素反映了金融企业资金运动的静态和动态两个方面，具有紧密的相关性，它们在数量上存在着特定的平衡关系，这种平衡关系用公式来表示，就是通常所说的会计等式。金融企业的会计等式是反映金融企业会计要素之间平衡关系的计算公式，是各种会计核算方法的理论基础。

（一）资产 = 负债 + 所有者权益

这是最基本的会计等式。如前所述，资产是由金融企业过去的交易或事项形成的，能为金融企业带来经济利益的资源。资产来源于所有者的投入资本和债权人的借入资金及金融企业在经营中所产生的效益的积累，分别归属于所有者和债权人。归属于所有者的部分形成所有者权益，归属于债权人的部分形成债权人权益（即金融企业的负债）。

资产和权益（包括所有者权益和债权人权益）实际上是金融企业所拥有的经济资源在同一时点上所表现的不同形式。资产表明的是资源在金融企业存在、分布的形态，而权益则表明了资源取得和形成的渠道。资产来源于权益，资产与权益必然相等。

金融企业在经营过程中，每天都会发生各种各样错综复杂的经济业务，从而引起各个会计要素的增减变动，但这并不影响资产与权益的恒等关系。下面将通过分析 A 金融企业 2010 年 1 月份发生的几项经济业务，说明资产与权益的恒等关系。资产与权益的恒等关系，是复式记账法的理论基础，也是编制资产负债表的依据。

经济业务的发生引起等式两边会计要素变动的方式可以归纳为以下四种类型：

（1）经济业务的发生引起等式两边金额同时增加，增加金额相等，变动后等式仍保持平衡。

例 1： A 金融企业收到所有者追加的投资 500 000 元，款项存入银行。

这项经济业务使A金融企业的银行存款增加了500 000元，即等式左边的资产增加了500 000元，同时等式右边的所有者权益也增加500 000元，因此并没有改变等式的平衡关系。

（2）经济业务的发生引起等式两边金额同时减少，减少金额相等，变动后等式仍保持平衡。

例2：A金融企业用银行存款归还所欠B企业的利息20 000元。

这项经济业务使A金融企业的银行存款即资产减少了20 000元，同时应付利息即负债也减少了20 000元，也就是说等式两边同时减少20 000元，等式依然成立。

（3）经济业务的发生引起等式左边即资产内部的项目此增彼减，增减的金额相等，变动后资产的总额不变，等式仍保持平衡。

例3：A金融企业用银行存款80 000元购买一台经营设备，设备已交付使用。

这项经济业务使A金融企业的固定资产增加了80 000元，但同时银行存款减少了80 000元，也就是说A金融企业的资产内部发生增减变动，但资产总额不变。

（4）经济业务的发生引起等式右边负债内部的项目此增彼减，或所有者权益内部的项目此增彼减，或负债与所有者权益项目之间此增彼减，增减的金额相等，变动后等式右边总额不变，等式仍保持平衡。

例4：A金融企业向C金融企业拆入资金100 000元直接用于归还拖欠的利息。

这项经济业务使A金融企业的应付利息减少了100 000元，同时拆入资金增加了100 000元，即A金融企业的负债内部发生增减变动，但负债总额不变。

例5：A金融企业经批准同意以资本公积10 000 000元转增实收资本。

这项经济业务使A金融企业的资本公积减少了10 000 000元，同时实收资本增加了10 000 000元，即A金融企业的所有者权益内部发生增减变动，但所有者权益总额不变。

在实际工作中，金融企业每天发生的经济业务要复杂得多，但无论其如何引起会计要素变动，都不会破坏资产与权益的恒等关系（即会计等式的平衡）。

（二）收入－费用＝利润

金融企业经营的目的是为了取得收入，实现盈利。金融企业在取得收入的同时，也必然要发生相应的费用。通过收入与费用的比较，才能确定金融企业在一定时期的盈利水平。

一般来说，金融企业在一定时期所获得的收入扣除所发生的各项费用后的余额，即表现为利润。在实际工作中，由于收入不包括处置固定资产净收益、固定资产盘盈、出售无形资产收益等，费用也不包括处置固定资产净损失、自然灾害损失等，所以，收入减去费用，并经过调整后，才能等于利润。

收入、费用和利润之间的关系，是编制利润表的基础。

三、金融企业的会计科目

金融企业会计要素是对金融企业会计对象的基本分类，而这些会计要素仍显得过于粗糙，难以满足各有关方面对金融企业会计信息的需要。例如，所有者需要了解利润构成及其分配情况、了解负债及其构成情况；债权人需要了解流动比率、速动比率等有关指标，以判断其债权的安全情况；税务机关要了解金融企业欠缴税金的详细情况，等等。因此，还必须对会计要素作进一步分类，这种对金融企业会计要素的具体内容进行分类的项目，称为金融企业会计科目。

（一）金融企业会计科目的作用

会计科目是金融企业进行各项会计记录和提供各项会计信息的基础，在会计核算中具有以下重要作用：

（1）会计科目是复式记账的基础。复式记账要求每一笔经济业务在两个或两个以上相互联系的账户中进行登记，以反映资金运动的来龙去脉。

（2）会计科目是编制记账凭证的基础。记账凭证是确定所发生的经济业务应记入何种科目以及分门别类登记账簿的凭据。

（3）会计科目为成本计算与财产清查提供了前提条件。通过会计科目的设置，有助于成本核算，使各种成本计算成为可能；而通过账面记录与实际结存的核对，又为财产清查、保证账实相符提供了必备的条件。

（4）会计科目为编制财务报表提供了方便。财务报表是提供会计信息的主要手段，为了保证会计信息的质量及其提供的及时性，财务报表中的许多项目与会计科目是一致的，并根据会计科目的本期发生额或余额填列。

（二）金融企业会计科目的设置

1. 会计科目设置的原则

会计科目作为反映会计要素的构成及其变化情况，为投资者、债权人、金融企业经营管理者等提供会计信息的重要手段，在其设置过程中应努力做到科学、合理、适用，并应遵循下列原则：

（1）合法性原则。为了保证会计信息的可比性，所设置的会计科目应当符合《企业会计准则》的相关规定。

（2）相关性原则。会计科目的设置，应为提供有关各方所需要的会计信息服务，满足对外报告与对内管理的要求。

（3）实用性原则。金融企业的组织形式、所处行业、经营内容及业务种类等不同，在会计科目的设置上亦应有所区别。在合法性的基础上，应根据金融企业自身特点，设置符合金融企业需要的会计科目。

2. 金融企业常用的会计科目

具体会计科目的设置一般是从会计要素出发，将会计科目分为资产、负债、共同、所有者权益、成本、损益六大类。参照我国《企业会计准则——应用指南》，金融企业常用会计科目的设置可如表 1-1 所示。

表 1-1　金融企业常用会计科目表

科目编号	科 目 名 称	使用范围	科目编号	科 目 名 称	使用范围
	一、资产类		1451	损余物资	保险专用
1001	库存现金		1511	独立账户资产	保险专用
1002	银行存款		1521	持有至到期投资	
1003	存放中央银行款项	银行专用	1522	持有至到期投资减值准备	
1011	存放同业	银行专用			
1021	结算备付金	证券专用	1523	可供出售金融资产	
1031	存出保证金	金融共用	1524	长期股权投资	
1051	拆出资金	金融共用	1525	长期股权投资减值准备	
1111	买入返售金融资产	金融共用			
1132	应收利息		1526	投资性房地产	
1211	应收保户储金	保险专用	1551	存出资本保证金	保险专用
1221	应收代位追偿款	保险专用	1601	固定资产	
1222	应收分保账款	保险专用	1602	累计折旧	
1223	应收分保未到期责任准备金	保险专用	1603	固定资产减值准备	
			1604	在建工程	
1224	应收分保保险责任准备金	保险专用	1605	工程物资	
			1606	固定资产清理	
1231	其他应收款		1611	融资租赁资产	租赁专用
1241	坏账准备		1612	未担保余值	租赁专用
1251	贴现资产	银行专用	1701	无形资产	
1301	贷款	银行和保险共用	1702	累计摊销	
1302	贷款损失准备	银行和保险共用	1703	无形资产减值准备	
			1711	商誉	
1311	代理兑付证券	银行和证券共用	1801	长期待摊费用	
			1811	递延所得税资产	
1321	代理业务资产		1901	待处理财产损溢	
1441	贵金属	银行专用		二、负债类	
1442	抵债资产	金融共用	2002	存入保证金	金融共用

（续）

科目编号	科 目 名 称	使用范围	科目编号	科 目 名 称	使用范围
2003	拆入资金	金融共用		四、所有者权益类	
2004	向中央银行借款	银行专用	4001	实收资本	
2011	同业存放	银行专用	4002	资本公积	
2012	吸收存款	银行专用	4101	盈余公积	
2021	贴现负债	银行专用	4102	一般风险准备	金融共用
2111	卖出回购金融资产款	金融共用	4103	本年利润	
2211	应付职工薪酬		4104	利润分配	
2221	应交税费		4201	库存股	
2231	应付股利			五、成本类（略）	
2232	应付利息			六、损益类	
2241	其他应付款		6011	利息收入	金融共用
2251	应付保单红利	保险专用	6021	手续费及佣金收入	金融共用
2261	应付分保账款	保险专用	6031	保费收入	保险专用
2311	代理买卖证券款	证券专用	6032	分保费收入	保险专用
2312	代理承销证券款	证券和银行共用	6041	租赁收入	租赁专用
2313	代理兑付证券款	证券和银行共用	6051	其他业务收入	
			6061	汇兑损益	金融专用
2314	代理业务负债		6101	公允价值变动损益	
2411	预计负债		6111	投资收益	
2601	未到期责任准备金	保险专用	6201	摊回保险责任准备金	保险专用
2602	保险责任准备金	保险专用	6202	摊回赔付支出	保险专用
2611	保户储金	保险专用	6203	摊回分保费用	保险专用
2621	独立账户负债	保险专用	6301	营业外收入	
2701	长期应付款		6402	其他业务成本	
2702	未确认融资费用		6405	营业税金及附加	
2901	递延所得税负债		6411	利息支出	金融共用
	三、共同类		6421	手续费及佣金支出	金融共用
3001	清算资金往来	银行专用	6501	提取未到期责任准备金	保险专用
3002	外汇买卖	金融共用			
3101	衍生工具		6502	提取保险责任准备金	保险专用
3201	套期工具		6511	赔付支出	保险专用
3202	被套期项目		6521	保单红利支出	保险专用

（续）

科目编号	科 目 名 称	使用范围	科目编号	科 目 名 称	使用范围
6531	退保金	保险专用	6701	资产减值损失	
6541	分出保费	保险专用	6711	营业外支出	
6542	分保费用	保险专用	6801	所得税费用	
6602	管理费用		6901	以前年度损益调整	

金融企业会计科目按其所提供信息的详细程度及其统驭关系不同，又分为总分类科目和明细分类科目。前者是对会计要素具体内容进行总括分类、提供总括信息的会计科目。后者是对总分类科目作进一步分类，提供更详细、更具体的会计信息的科目。对于明细分类科目较多的总分类科目，可在总分类科目与明细分类科目之间设置二级或多级科目。

四、金融企业的会计账户

（一）账户的概念与分类

账户是根据会计科目设置的，具有一定格式和结构的，用于分类反映会计要素增减变动情况及其结果的载体。设置账户是会计核算的重要方法之一。

与会计科目的分类相对应，账户按其所提供信息的详细程度及其统驭关系不同分为总分类账户（简称总账账户或总账）和明细分类账户（简称明细账）；按其所反映的经济内容不同分为资产类账户、负债类账户、所有者权益类账户、成本类账户、损益类账户等。

（二）账户的基本结构与内容

账户分为左方（记账符号为“借”）、右方（记账符号为“贷”）两个方向，一方登记增加，另一方登记减少。资产、成本、费用类账户借方登记增加额，贷方登记减少额；负债、所有者权益、收入类账户借方登记减少额，贷方登记增加额。

账户中登记本期增加的金额，为本期增加发生额；登记本期减少的金额，为本期减少发生额；增减相抵后的差额，为余额。余额按照时间的不同，可分为期初余额和期末余额。其基本关系如下：期末余额 = 期初余额 + 本期增加发生额 - 本期减少发生额。对于资产、成本、费用类账户来说：期末余额 = 期初余额 + 本期借方发生额 - 本期贷方发生额，对于负债、所有者权益、收入类账户来说：期末余额 = 期初余额 + 本期贷方发生额 - 本期借方发生额。账户的内容具体包括账户名称、记录经济业务的日期、所依据记账凭证的编号、经济业务摘要、增减金额、余额等。

（三）账户记录的试算平衡

根据资产与权益的恒等关系以及借贷记账法“有借必有贷，借贷必相等”

的记账规则，检验所有账户记录是否正确，可以采用两种试算平衡方法，即发生额试算平衡法和余额试算平衡法。

1. 发生额试算平衡法

它是根据本期所有账户借方发生额合计与贷方发生额合计的恒等关系，检验本期发生额记录是否正确的方法。其公式如下：

全部账户本期借方发生额合计 = 全部账户本期贷方发生额合计

2. 余额试算平衡法

它是根据本期所有账户借方余额合计与贷方余额合计的恒等关系，检验本期账户记录是否正确的方法。根据余额时间的不同，可分为期初余额平衡与期末余额平衡两类。期初余额平衡是指期初所有账户借方余额合计与贷方余额合计相等，期末余额平衡是指期末所有账户借方余额合计与贷方余额合计相等。其公式如下：

全部账户的借方期初余额合计 = 全部账户的贷方期初余额合计

全部账户的借方期末余额合计 = 全部账户的贷方期末余额合计

在实际工作中，余额试算平衡通过编制试算平衡表的方式进行。

（四）总账与明细账的平行登记

1. 总账与明细账的关系

总账对明细账具有统驭控制作用；明细账对总账具有补充说明作用。总账与其所属明细账在总金额上应当相等。

2. 总账与明细账的平行登记

平行登记是指对所发生的每项经济业务事项，都要以会计凭证为依据，一方面记入有关总账，另一方面记入有关总账所属明细账的方法。

总账与明细账平行登记要求做到所依据的会计凭证相同、借贷方向相同、所属的会计期间相同、记入总账的金额与记入其所属明细账的合计金额相等。

（五）账户与会计科目的联系和区别

会计科目与账户都是对会计对象具体内容的项目分类，两者口径一致，性质相同，会计科目是账户的名称，也是设置账户的依据，账户是会计科目的具体运用。两者的区别是会计科目仅仅是账户的名称，没有结构；而账户则具有一定的格式和结构。

第一篇
商业银行会计

第二章　存款与贷款业务的核算

第一节　存款业务的核算

一、存款业务概述

存款是商业银行以信用方式吸收的社会各单位及个人的暂时闲置或待用的货币资金。商业银行的产生与发展是同商品经济的发展相联系的，商业银行的最初雏形是只经营货币兑换业务的，之后开始经营存款业务，通过存款业务，商人聚集了大量的货币资金，从而从事起贷款业务。可以说，存款业务是商业银行最重要的一项业务，没有存款也就没有商业银行。各个商业银行都十分看重存款业务，因为存款是其信贷资金的主要来源，也是其负债的重要组成部分。商业银行只有吸收到足够多的存款，才能获得足够多的资金进行贷款等业务，从而取得收入，形成商业银行利润，保证商业银行的持续发展、稳定经营和不断壮大。

为了更好地管理和组织存款，商业银行对存款按照不同的标准划分了不同的种类。按照存款者的不同，可以将存款划分为个人存款和单位存款。个人存款即居民储蓄存款，是个人存入商业银行的货币资金。而单位存款又可分为企业存款、财政存款、基本建设存款、机关部队存款和农村存款。

除此之外，按照存款的存期长短不同，可以将存款划分为定期存款和活期存款；按照存款币种的不同，可以将存款划分为本币存款和外币存款。定期存款是指存款户在存款后的一个规定日期才能提取款项或者必须在准备提款前若干天通知商业银行的一种存款，期限可以从 3 个月、6 个月到 3 年、5 年不等。而活期存款是指无需任何事先通知，存款户即可随时存取和转让的一种银行存款，其形式有支票、本票和信用证等。

个人及单位想要在商业银行办理存款业务必须拥有存款账户，只有通过存款账户才能进行信贷、结算以及现金收付等业务。存款人以单位名称开立的银行结算账户为单位银行结算账户。单位银行结算账户按用途分为基本存款账户、一般存款账户、专用存款账户、临时存款账户。个人银行结算账户是存款人因投资、消费、结算等而凭个人身份证件以自然人名称开立的，可办理支付结算业务的银行结算账户。该账户用于办理个人转账收付和现金存取，可以通过个人结算存取存款本金和支付利息，该账户的利息按照活期储蓄利息计算。通过开立个人银行结算账户，还可以办理汇款、支付水电气等基本日常费用、代发工资等转账结算服务，使用汇兑、委托收款、借记卡、定期借记、定期贷记、电子钱包等转账工具。另外，还可以通过个人银行结算账户使用支票、信用卡等信用支付工具。

存款人申请开立银行结算账户时，应填制开户申请书。开户申请书按照中国人民银行的规定记载有关事项。而商业银行应对存款人的开户申请书填写的事项和证明文件的真实性、完整性、合规性进行认真审查。开户申请书填写的事项齐全，符合开立基本存款账户、临时存款账户和预算单位专用存款账户条件的，商业银行应将存款人的开户申请书、相关的证明文件和银行审核意见等开户资料报送中国人民银行当地分支行，经其核准后办理开户手续；符合开立一般存款账户、其他专用存款账户和个人银行结算账户条件的，商业银行应办理开户手续，并于开户之日起5个工作日内向中国人民银行当地分支行备案。中国人民银行应于2个工作日内对商业银行报送的基本存款账户、临时存款账户和预算单位专用存款账户的开户资料的合规性予以审核，符合开户条件的，予以核准；不符合开户条件的，应在开户申请书上签署意见，连同有关证明文件一并退回报送行。商业银行为存款人开立银行结算账户，应与存款人签订银行结算账户管理协议，明确双方的权利与义务。除中国人民银行另有规定的以外，应建立存款人预留签章卡片，并将签章式样和有关证明文件的原件或复印件留存归档。开户登记证是记载单位银行结算账户信息的有效证明，存款人应按相关的规定使用，并妥善保管。

各商业银行必须对存款账户严加管理，由中国人民银行负责监督、检查银行结算账户的开立和使用，对存款人、商业银行违反银行结算账户管理规定的行为予以处罚。商业银行应明确专人负责银行结算账户的开立、使用和撤销的审查和管理，负责对存款人开户申请资料的审查，并按照相关的规定及时报送存款人开销户信息资料，建立健全开销户登记制度，建立银行结算账户管理档案，按会计档案进行管理。商业银行应对已开立的单位银行结算账户实行年检制度，检查开立的银行结算账户的合规性，核实开户资料的真实性；对不符合相关规定开立的单位银行结算账户，应予以撤销。对经核实的各类银行结算账户的资料变动情况，应及时报告中国人民银行当地分支行。商业银行应对存款人使用银行结算账户的情况进行监督，对存款人的可疑支付应按照中国人民银行规定的程序及时报告。

二、单位存款业务的核算

根据《现金管理暂行条例》的规定，各单位暂时闲置的资金，除核定的库存限额部分可保留现金以外，其余要全部存入银行，库存现金不足限额的，从银行提取。根据各单位存入商业银行的存款期限长短，可以将单位存款划分为活期存款和定期存款两种。

（一）单位活期存款业务的核算

单位活期存款按业务处理和存取手续的不同，可以分为支票户和存折户两类。使用银行支票办理支取现金、转账付款业务的账户叫支票户，开立此种账户要求开户单位的收付款业务频繁且数额较大、财务制度和财会人员健全等，同时，还要经商业银行的严格审查，商业银行同意后，由商业银行售给开户单位支票及其他结算凭证后才能使用这种账户。而存折户是指在开立账户后，由商业银行发给开户单位一个存折，业务发生时，不论存取现金还是转账收付，都要凭存折办理手续，此账户适用于账面余额小、业务发生少、缺少专职财会人员的单位和个体工商户。

1. 支票户存取现金的核算

（1）存入现金。支票户在存入现金时，需填写一式两联现金缴款单，将其与现金一同交给开户行出纳部门。开户行出纳部门在收到现金和缴款单后应仔细审查单据和清点现金，确认无误后，在现金缴款单上加盖现金收讫章和名章，并登记现金收入日记簿，之后将第一联回单退回收款人，将第二联交给开户行会计部门，代现金收入传票登记单位存款分户账。

其会计分录如下：

借：库存现金

　　贷：活期存款——××单位

（2）支取现金。支票户在支取现金时，需签发现金支票，并在支票上加盖预留印鉴，再由收款人背书后交给商业银行会计部门。商业银行在收到现金支票后应仔细审核，检查支票金额、期限、印鉴等是否无误。只有审核无误后，才能剪下支票右下角的出纳对号单交给取款单位。取款单位凭此到商业银行出纳部门取款。同时，商业银行以现金支票代现金付出传票登记分户账。

其会计分录如下：

借：活期存款——××单位

　　贷：库存现金

例1：A银行为B公司开户办理3万元的现金存款业务。一个月后，B公司凭现金支票到A银行提取现金1万元。为上述业务编制会计分录。

存款业务：

借：库存现金	30 000	
贷：活期存款——B公司		30 000

取款业务：

借：活期存款——B公司	10 000	
贷：库存现金		10 000

2. 存折户存取现金的核算

（1）存入现金。存折户在存入现金时，需填写存款凭证，将其与现金一同交给开户行出纳部门。开户行出纳部门在收到现金和存款凭证后应仔细审查凭证和清点现金，确认无误后，在存款凭证上加盖现金收讫章和名章，并登记现金收入日记簿。之后开户行出纳部门将凭证和存折一起交给开户行会计部门，后者以存款凭证代现金收入传票，登记分户账和存折，经过复核后将存折交给存款人。

其会计分录与支票户存入现金时相同。

（2）支取现金。存折户在支取现金时，需填写取款凭证，在加盖预留印鉴后，连同存折一起交给商业银行会计部门。经商业银行会计人员审核无误后，剪下出纳对号单给取款人，取款人凭此到出纳柜台取款。同时，商业银行会计人员应将取款凭证代现金付出传票登记分户账和存折，加盖名章后将取款凭证和存折送到出纳柜台。商业银行出纳人员在登记现金支出日记账后，凭对号单将存折和现金交给取款人。

其会计分录与支票户支取现金时相同。

3. 账务核对

由于活期存款账户存取款较为频繁，在实际业务中可能会出现双方账务不相符或存在未达账项的情况。为了保证资金的安全，商业银行与开户单位之间必须进行账务核对。对于支票户，商业银行应在每月由电脑打印出对账单交单位对账，或者定期向单位填发余额对账单。而对于存折户，商业银行应在办理存取款业务时根据存折和账单随时对账。

（二）单位定期存款业务的核算

单位定期存款是指存款单位与商业银行约定存款期限，到期支取本息的一种业务。定期存款的利率要高于活期存款的利率。单位临时需用资金可办理提前支取或部分提前支取。此外，单位还可申请办理定期存款质押贷款业务。各单位按规定提留的各项资金及其他闲置自有资金均可在商业银行办理定期存款，按照现行规定存期可以分为 3 个月、6 个月、1 年、2 年、3 年、5 年等六个档次，最低存入金额为 1 万元，本金一次存入，到期支取本息。财政拨款、预算内资金及银行贷款不得作为单位定期存款存入商业银行。

1. 存入定期存款

（1）现金存入。单位在办理定期存款现金存入时，应填写单位定期存款缴款凭证一式两联。商业银行在审查凭证内容、联次是否完整齐全，账号、户名、大小写金额是否相符，清点款项无误后，将第二联作为收款的记账凭证，凭以办理账务处理。同时，单位填制“单位定期存款开户证实书”（以下简称证实书）一式两联，一联作银行留底卡，专夹保管；另一联与签章后的缴款凭证回单联一并退存款人。

其会计分录如下：

借：库存现金

　　贷：定期存款——××单位

（2）转账存入。单位在办理定期存款转账存入时，应向商业银行提交支付凭证和两联进账单。商业银行审查支付凭证确已记账后，凭进账单贷方传票联作收款的记账凭证，办理账务处理。同时，单位填制证实书一式两联，一联作银行留底卡，专夹保管；另一联与签章后的进账单回单联一并退存款人。

其会计分录如下：

借：活期存款——××单位

　　贷：定期存款——××单位

2. 支取定期存款

存款单位支取定期存款只能以转账方式将存款转入其基本存款账户，不得将定期存款用于结算或从定期存款账户中提取现金。单位定期存款到期时，存款单位应持证实书、填好的单位定期存款支取凭证一式三联并加盖预留印鉴向商业银行办理定期存款支取手续。存款所在商业银行经审查证实书确属本行签发、内容齐全、无涂改，存款已到期，凭证填写正确，金额相符，预留印鉴审核无误后，按规定利率计算利息，办理支付手续，开具利息清单，销记开销户登记簿。商业银行凭单位定期存款支取凭证借方传票联作付款的记账凭证，贷方传票联作收款的记账凭证，回单联签章后与利息清单一并退存款单位。同时，商业银行应将证实书收回，两联证实书注明注销字样，一并作借方传票附件。

其会计分录如下：

借：应付利息

　　贷：定期存款——××单位

借：定期存款——××单位

　　贷：活期存款——××单位

定期存款可以全部或部分提前支取，但只能提前支取一次。定期存款如需提前支取，应按支取日挂牌的活期存款利率计算应付利息，逾期利息也按活期存款利率计算。

三、个人储蓄存款业务的核算

储蓄存款是指为居民个人积蓄货币资产和获取利息而设定的一种存款，一般分为活期存款和定期存款两种。储蓄存款是商业银行的一项重要资金来源。发展储蓄业务，在一定程度上可以促进国民经济比例和结构的调整，可以聚集经济建设资金，稳定市场物价，调节货币流通，引导消费，帮助群众安排生活。

（一）活期储蓄存款业务的核算

活期储蓄是指无固定存期、可随时存取、存取金额不限的一种比较灵活的储蓄方式。这种储蓄方式适用于所有客户，具有随时存取、办理手续简单、资金运用灵活性高等特点，人民币1元即可起存，凭存折存取款项，每年计息一次。

1. 开户与存入活期储蓄存款

储户在第一次办理活期储蓄时应先申请开户，填写活期储蓄存款凭条，将其与现金和身份证一起交给商业银行柜台办理开户手续。商业银行职员审核无误后，登记活期储蓄开销户登记簿并编列账号，然后开立活期储蓄存款分户账和活期储蓄存折，以存款凭条代现金收入传票。

其会计分录如下：

借：库存现金

贷：活期储蓄存款——××户

商业银行经复核各项内容及现金无误后，在存折上加盖公章，将其与身份证件一起交给储户，作为存取款的凭证。

当储户再次来商业银行办理续存时，应填写存款凭条，连同现金和存折一起交给商业银行。商业银行审核无误后，登记分户账及存折。其会计分录与开户时相同。

2. 支取活期储蓄存款与销户

储户来商业银行支取活期储蓄存款时，应填写活期储蓄取款凭条，将其连同存折一起交给商业银行。商业银行经审核无误后，结出存款余额，登记分户账和存折，再经复核后，将存折与现金交给储户，并以取款凭条代现金支出传票。

其会计分录如下：

借：活期储蓄存款——××户

贷：库存现金

若储户取出全部存款，不再续存时，则称为销户。销户需填写利息清单，在分户账和存折上加盖结清印鉴，销记开销户登记簿并收回存折，其余手续与支取时基本相同。

其会计分录如下：

借：活期储蓄存款——××户

应付利息——活期储蓄利息支出户

贷：库存现金

（二）定期储蓄存款业务的核算

定期储蓄是指在存款时约定存储时间，一次或按期分次存入本金，到期一次或分次支取本息的一种储蓄方式。定期储蓄存款有整存整取、零存整取、存本取息、整存零取、定活两便等几种存取方式。

1. 整存整取定期储蓄存款的核算

整存整取是一种由储户选择存款期限，整笔存入，到期提取本息的定期储蓄方式。整存整取从50元起存，存期分为3个月、6个月、1年、2年、3年和5年。

（1）存入核算。储户在办理整存整取定期储蓄时，需填写整存整取定期储蓄存款开户书，将其连同现金一起交给开户行。商业银行在审核无误后，开具整存整取定期储蓄存单，如储户要求凭印鉴或密码支取，还需加盖预留印鉴或预留密码，然后登记定期储蓄存款开销户登记簿，以开户书代现金收入传票，并将存单交给储户。

其会计分录如下：

借：库存现金

　　贷：定期储蓄存款——整存整取××户

（2）支取核算。当储户持到期或过期的存单来支取存款时，商业银行应仔细审核，各事项确认无误后，计算应付利息，并填制储蓄存款利息清单，销记开销户登记簿，经复核无误后，支付给储户本息，并以存单代现金付出传票。

其会计分录如下：

借：定期储蓄存款——整存整取××户

　　应付利息——定期储蓄利息支出户

　　贷：库存现金

如储户提前支取，应按支取日挂牌的活期储蓄存款利率计算应付利息。

2. *零存整取定期储蓄存款的核算*

零存整取是一种事先约定金额，逐月按约定金额存入，到期支取本息的定期储蓄方式。零存整取5元即可起存，存期包括1年、3年和5年3个档次。

（1）存入核算。储户在办理零存整取定期储蓄时，需填写零存整取定期储蓄存款凭条，填写好每月固定存款金额，将其连同现金一起交给商业银行。商业银行审核无误后，登记开户登记簿，编列账号并开立分户账和存折。如储户要求凭密码支取，还需在分户账上注明预留密码，经复核后，以存款凭证代现金收入传票，并将存折交给储户。

其会计分录如下：

借：库存现金

　　贷：定期储蓄存款——零存整取××户

（2）支取核算。当储户到期前来支取存款时，需将存折交给商业银行，经审核无误后，计算利息支出，注销存折、登记分户账和销记开销户登记簿，并以存折代现金付出传票。

其会计分录如下：

借：定期储蓄存款——零存整取××户

　　应付利息——定期储蓄利息支出户

贷：库存现金

储户如果提前支取，则需提交身份证件，办理提前支取手续，其利息按照提前支取的利息规定计算。零存整取只能一次性全部提前支取，不能部分提前支取。

3. 存本取息定期储蓄存款的核算

存本取息是一种一次存入本金，分次支取利息，到期支取本金的定期储蓄方式。其起存金额为5 000元，存期分为1年、3年和5年。存本取息定期储蓄存款不得提前支取利息，如到取息日而未取息，则以后可随时取息，但不计算复息。

（1）存入核算。储户在办理存本取息定期储蓄时，需填制储蓄存款凭条，注意注明每次取息的日期，将其连同现金一起交给商业银行。商业银行审核无误后，填写存本取息储蓄存单，以存款凭证代现金收入发票。

其会计分录如下：

借：库存现金

贷：定期储蓄存款——存本取息××户

（2）支取核算。当储户按照取息日期前来支取利息时，需填写储蓄取款凭证交给商业银行，经审核无误后，商业银行在存单上填写取息日期和金额，以取款凭证代现金付出传票，登记卡片账和存单，复核后将存折和现金交给储户。

其会计分录如下：

借：应付利息——存本取息利息支出户

贷：库存现金

当存款到期，储户前来支取本金时，商业银行应在审核无误后，以存单代现金付出传票，将现金交给储户。

其会计分录如下：

借：定期储蓄存款——存本取息××户

贷：库存现金

如果储户提前支取，则需提供身份证件办理提前支取手续。存本取息储蓄存款只能全部提前支取，不能部分提前支取。

4. 整存零取定期储蓄存款的核算

整存零取是一种事先约定存期，整数金额一次存入，分期平均支取本金，到期支取利息的定期储蓄方式。其起存金额为1 000元，存期分为1年、3年和5年，取款间隔可选择1个月、3个月和半年，利息在期满结清时支取。

（1）存入核算。储户在办理整存零取定期储蓄存款业务时，需填写储蓄存款凭证，注意写明存入金额、存期和支取本金期次，将其连同现金一起交给商业银行。经审核无误后，商业银行填写整存零取定期储蓄存单，注明每次支取的时间和金额，以存款凭证代现金收入发票。

其会计分录如下：

借：库存现金

　　贷：定期储蓄存款——整存零取××户

（2）支取核算。当储户前来商业银行分期支取时，需填写储蓄取款凭证，连同存单一起交给商业银行。商业银行在核对无误后，登记存单和分户账，再经复核将存单和现金交给储户，并以取款凭证代现金付出传票。

其会计分录如下：

借：定期储蓄存款——整存零取××户

　　贷：库存现金

当最后一次取出全部本金时，需将原存单注销收回，作为最后一次的取款凭证，并按规定计算应付利息，支付给储户。

5. *定活两便储蓄存款的核算*

定活两便是一种事先不约定存期，一次性存入、一次性支取的储蓄存款方式。这种储蓄方式既有活期之便，又有定期之利，利息按实际存期长短计算，存期越长利率越高。其起存金额为 50 元，其会计核算手续与整存整取定期储蓄基本相同。

四、单位存款利息的核算

（一）单位活期存款利息的核算

利息计算的一般公式如下：

$$利息 = 本金 \times 存期 \times 利率$$

本金是最初存入商业银行的现金，存期是存款人的存款时间，而利率是一定存款利息与存款本金的比率。银行利率分为年利率、月利率和日利率。它们之间的换算关系如下：

$$\frac{年利率}{12} = 月利率$$

$$\frac{月利率}{30} = 日利率$$

$$\frac{年利率}{360} = 日利率$$

在计算利息时，需按照结算日公布的利率计算利息。

商业银行对单位活期存款的利息按季结算，以每季末月的 20 日为结息日，计息后在次日入账。如果单位销户，则应当在销户时结算利息。由于活期存款的存款余额经常发生变动，商业银行通常采用积数计息法，就是按实际天数每日累计账户余额，以累计积数乘以日利率计算利息的方法。积数计息法的计息公式如下：

$$利息 = 累计计息积数 \times 日利率$$

其中累计计息积数为账户每日余额合计数。

根据日积数是在账页上计算还是在余额表上计算，可将单位活期存款计息方法分为账页计息法和余额表计息法。

1. 账页计息法

账页计息法适用于存取款次数不多的存款户。采用这种方法，一般使用乙种账页。当发生资金收付时，按上次最后余额乘以该余额的实存日数即为积数，并直接填入账页上的“日数”和“积数”栏内，日数的计算是从上一次记账日期算至本次记账日期的前一日为止。如更换账页，则应将累计积数过入新账页第一行的上半栏内，待结息日营业终了，再计算出本季的累计天数和累计积数，乘以日利率即得出应付利息。

2. 余额表计息法

余额表计息法适用于存款余额变动频繁的存款账户。采用该方法计息是在每日营业终了，将各计息分户账的最后余额按户抄列在余额表内。当日未发生收付业务，根据上一日的最后余额填列。按季结息时，在结息日当天，将余额表上的各户余额，从上季度结息日后第一天（21 日）起，加总至本季度结息日（20 日）止，得出累计计息积数，再乘以日利率，即可得出各户本季应付利息数。如遇记账日期与起息日期不同，或错账冲正涉及利息时，应根据其发生额和天数，算出应加或应减积数，填入余额表相关栏内进行调整。

（二）单位定期存款利息的核算

单位定期存款的利息计算采取利随本清的办法，即在支取本金时计付利息。存期可以按对年、对月、对日计算（对年按 360 天计算，对月按 30 天计算），也可以全部按实际天数计算。单位定期存款到期支取，按存入日挂牌公告的利率计息，利随本清，遇有利率调整不分段计息。单位定期存款全部提前支取，应按支取日挂牌公告的活期存款利率计付利息。单位定期存款部分提前支取时，若剩余部分不低于起存金额，则支取部分按支取日挂牌公告的活期存款利率计付利息，对剩余部分应开具新的“单位定期存款开户证实书”，其利率为原存款日挂牌公告的同档次定期存款利率；若剩余部分不足起存金额，则应对该笔定期存款予以全部支取，按支取日挂牌公告的活期存款利率计付利息。单位定期存款逾期支取，逾期部分按支取日挂牌公告的活期存款利率计付利息。

五、个人储蓄存款利息的核算

（一）活期储蓄存款利息的核算

根据现行规定，活期储蓄存款按季结息，即每个季度结算一次利息，通常在每个季度末月的 20 日结息，商业银行按照当日活期储蓄存款的挂牌利率结算利息，并在21日付息。未到结算日即销户的，按销户日活期储蓄利率计算利息。活期储蓄存款利息的计算方法与单位活期存款的计算方法基本相同。

（二）定期储蓄存款利息的核算

1. 整存整取定期储蓄存款利息的核算

整存整取定期储蓄存款在原定存期内的利息，按照存入日商业银行挂牌公告的利率计算，即使存期内利率调整，也不能分段计息。如储户想要提前支取，则提前支取部分按支取日活期储蓄存款利率计算，其余部分在到期时按原存入日利率计算。如储户过期支取，则其超过原定存期的部分，按照支取日活期储蓄利率计算利息。

例2：客户甲持当日到期的1年期整存整取存单到商业银行支取本息，其储蓄金额为1万元，年利率为4%，试计算应付利息并编制会计分录。

应付利息＝10 000元×4%＝400元

其会计分录如下：

借：定期储蓄存款——客户甲	10 000	
应付利息	400	
贷：库存现金		10 400

2. 零存整取定期储蓄存款利息的核算

零存整取定期储蓄存款一般采用月积数计息法和固定积数计息法计算利息。

月积数计息法是根据存款余额按月计算积数，等待支取利息时，用月积数之和乘以月利率得出利息数。

如果储户在约定期内按月存款，没有漏存月份，就可以采用固定积数计息法来计算利息。其计算方法如下：

应付利息＝固定利息基数×每月固定存入金额

3. 存本取息定期储蓄存款利息的核算

存本取息定期储蓄存款的利息计算公式如下：

$$每次支取利息金额=\frac{本金\times 存期\times 利率}{支取利息的次数}$$

4. 整存零取定期储蓄存款利息的核算

整存零取定期储蓄的本金是递减的，与零存整取定期储蓄刚好相反，可以先计算本金平均值，再计算应付利息。其计算公式如下：

$$每期支取本金=\frac{本金}{存期内支取次数}$$

$$到期应付利息=\frac{全部本金+每期支取本金数}{2}\times 存期\times 利率$$

5. 定活两便储蓄存款利息的核算

定活两便储蓄存款存期超过整存整取最低档次且在1年以内的，分别按同档次整存整取利率的60%计息；存期超过1年（含1年）的，一律按1年期整存整取利率的60%计息；存期低于整存整取最低档次的，按活期利率计息。

例3：A银行一年期定期存款第一季度三个月的期初余额分别为13万元、15万元和17万元，年利率为4%。试计算本季度一年期定期存款的利息。

一年期定期存款平均余额 =（130 000 + 150 000 + 170 000）元 ÷ 3 = 150 000 元

预提本季度的利息 = 150 000 元 × 4% ÷ 4 = 1 500 元

第二节 贷款业务的核算

一、贷款业务概述

贷款是商业银行或其他金融机构按一定利率和必须归还等条件出借货币资金的一种信用活动形式。广义的贷款是贷款、贴现、透支等业务的总称，而狭义的贷款则是指商业银行的贷款业务。商业银行通过贷款的方式将所集中的货币资金投放出去，可以满足社会扩大再生产对补充资金的需要，促进经济的发展。同时，商业银行也可以由此取得贷款利息收入，增加商业银行自身的积累。贷款是商业银行的主要业务，也是商业银行利润的主要来源。因此，掌握好商业银行贷款的核算工作，对于商业银行具有十分重要的意义。

（一）贷款业务的种类

为了更好地管理和组织贷款，商业银行按照不同的标准将贷款划分为不同的种类。

1. 按发放期限不同划分

按照发放期限的不同可以将贷款划分为长期贷款、中期贷款和短期贷款。其中，长期贷款是指贷款期限在5年以上的贷款，中期贷款是指贷款期限在1年到5年（含5年）的贷款，短期贷款是指贷款期限在1年以下（含1年）的贷款。

2. 按资金来源与贷款风险承担人不同划分

按照资金来源与贷款风险承担人的不同可以将贷款划分为自营贷款、委托贷款和特定贷款。自营贷款是指贷款人以合法方式筹集的资金自主发放的贷款，其风险由贷款人承担，并由贷款人收回本金和利息。委托贷款是指由政府部门、企事业单位及个人等委托人提供资金，由贷款人（即受托人）根据委托人确定的贷款对象、用途、金额、期限、利率等代为发放、监督使用并协助收回的贷款。贷款人（受托人）只收取手续费，不承担贷款风险。特定贷款是指经国务院批准并对贷款可能造成的损失采取相应补救措施后，责成国有独资商业银行发放的贷款。

3. 按发放贷款条件不同划分

按照发放贷款的条件不同可以将贷款划分为信用贷款和担保贷款。信用贷款是指以借款人的信誉发放的贷款。担保贷款按保证方式的不同可以分为保证贷款、抵押贷款和质押贷款。保证贷款是指按《中华人民共和国担保法》规定的保证方式以第三人承诺在借款人不能偿还贷款时，按约定承担一般保证责任或者连带责任而发放的贷款。抵押贷款是指按《中华人民共和国担保法》规定的抵押方式以借款人或第三人的财产作为抵押物发放的贷款。质押贷款是指按《中华人民共和国担保法》规定的质押方式以借款人或第三人的动产或权利作为质物发放的贷款。

4. 按风险程度不同划分

按照风险程度的不同，可以将贷款划分为五类，即正常贷款、关注贷款、次级贷款、可疑贷款和损失贷款，后三种为不良贷款。

正常贷款是指借款人能够履行合同，一直能正常还本付息，不存在任何影响贷款本息及时全额偿还的消极因素，商业银行对借款人按时足额偿还贷款本息有充分把握，贷款损失的概率为零。关注贷款是指尽管借款人目前有能力偿还贷款本息，但存在一些可能对偿还产生不利影响的因素，如这些因素继续下去，则借款人的偿还能力受到影响，贷款损失的概率不会超过5%。次级贷款是指借款人的还款能力出现明显问题，完全依靠其正常营业收入无法足额偿还贷款本息，需要通过处分资产或对外融资乃至执行抵押担保来还款付息，贷款损失的概率为30%～50%。也有商业银行将具有如下特征的贷款划分为次级贷款：①借款人净现金流量为负值。②支付出现困难。③借款人不能偿还其他金融机构的债务。④借款人内部管理出现问题。⑤妨碍债务的清偿。⑥预计贷款损失在30%以下。⑦贷款本金逾期91～180天（含）。可疑贷款是指借款人无法足额偿还贷款本息，即使执行抵押或担保，也肯定要造成一部分损失，只是因为存在借款人重组、兼并、合并、抵押物处理和未决诉讼等待定因素，损失金额的多少还不能确定，贷款损失的概率为50%～75%。损失贷款是指借款人已无偿还本息的可能，或者虽然能收回极少部分，但其价值也是微乎其微的，从商业银行的角度看，也没有意义和必要再将其作为商业银行资产在账目上保留下来，对于这类贷款在履行了必要的法律程序之后应立即予以注销，其贷款损失的概率为75%～100%。

（二）贷款业务的政策

商业银行为实现其经营目标，也为贯彻安全性、流动性和盈利性三项原则，制定了指导贷款业务的各项政策。商业银行制定贷款政策的目的，首先是为了保证其业务经营活动的协调一致。贷款政策是指导每一项贷款决策的总原则，理想的贷款政策可以支持商业银行作出正确的贷款决策，对商业银行的经营作出贡献。其次，是为了保证商业银行贷款的质量。正确的信贷政策能够使商业银行的信贷管理保持理想的水平，避免风险过大，并能够恰当地选择业务机会。最后，贷款政策是一种在全行建立的信用诺言。通过明确的政策建立的信用诺言是商业银行共同的信用文化发展的基础。在计划经济向市场经济转轨的过程中，贷款政策主要来自于货币管理当局。但随着政府金融管制的放松，商业银行必须制定自己的贷款政策。

商业银行的贷款政策主要包括确定指导银行贷款活动的基本原则，即：商业银行的经营目标和经营方针；明确信贷政策委员会或贷款委员会的组织形式和职责；建立贷款审批的权限责任制及批准贷款的程序；规定贷款限额，包括对每一位借款人的贷款最高限额、商业银行贷款额度占存款或资本的比率；贷款的抵押或担保；贷款的定价；贷款的种类及区域的限制等。这些政策应当体现出商业银行的经营目的与经营战略，决定商业银行的经营特点和业务方向。

二、信用贷款的核算

信用贷款是指以借款人的信誉发放的贷款，而借款人不需要提供担保。其特征就是借款人以自己的信用程度为还款保证，无需提供抵押品或第三方担保就能取得贷款。这种信用贷款是我国商业银行长期以来的主要贷款方式。由于这种贷款方式风险较大，为了降低风险，一般要对借款人的经济效益、经营管理水平、发展前景等情况进行详细的考察。

（一）贷款发放的核算

由于信用贷款无需任何抵押，商业银行承担的风险比较大。因此，商业银行在发放信用贷款时对借款人有一定的要求。例如，企业的经营收入核算利润总额近三年应持续增长，资产负债率应控制在60%的良好值范围内，现金流量充足、稳定，而且企业承诺不以其有效经营资产向他人设定抵（质）押或对外提供保证，或在办理抵（质）押等及对外提供保证之前征得贷款行同意。另外，企业的经营管理应当比较规范，无逃废债、欠息等不良信用记录。

满足条件的借款人在申请贷款时，应当提交借款申请书，向商业银行提出信贷申请。商业银行根据相关规定审核后，与借款人签订借款合同，约定好贷款的额度、用途、利率、期限和违约责任等条件。在合同签订后，借款人需要取款时，应当填写一式五联的借款凭证，其中：第一联为借方传票；第二联为贷方传票；第三联为收账通知，商业银行会计部门在办理贷款后交给借款单位；第四联为回单，商业银行会计部门在办理贷款后交给资金部门；第五联为带卡片账，是贷款逐次收回、结欠的明细记录。

商业银行会计部门在收到借款凭证后应仔细审核，检查各项内容填写是否正确、完整，印章与预留印鉴是否相符，有无商业银行信贷部门的审核意见等。商业银行会计部门审核无误后，应为借款单位开立贷款账户，编列账号，并将贷款转入借款单位的存款账户。

其会计分录如下：

借：××贷款——××单位

　　贷：活期存款——××单位

在办理完毕后，商业银行会计部门应将借款凭证的第三联盖章后退给借款单位，将第四联交给商业银行资金部门留存，将第五联按到期先后顺序保管。

例4：A银行对B公司的贷款申请进行审核后，准许其贷款，金额为10万元，期限为1个月，年利率为5%，试写出其会计分录。

借：短期贷款——B公司　　100 000

　　贷：活期存款——B公司　　100 000

（二）贷款到期收回的核算

贷款到期时，借款单位应当主动归还贷款，填写好还款凭证或者签发转账支票送交商业银行，以办理还款手续。商业银行经审核无误后，计算利息，以还款凭证的第一联和第二联作为转账的借方传票和贷方传票，办理转账手续。转账后商业银行应注销借据，并退还给借款单位。

其会计分录如下：

借：活期存款——××单位

　　贷：××贷款——××单位

　　　　利息收入

如果借款单位是分期归还贷款，则商业银行应当在借据上记录每次还款金额，待最后一次还清全部贷款时，再注销借据，退还给借款单位。

如果借款单位在贷款到期时没有主动还款，则商业银行应检查借款单位的账户，根据有关规定扣收贷款。其会计分录与主动归还贷款时相同。

（三）贷款展期的核算

贷款展期是指贷款人在向贷款行申请并获得批准的情况下，延期偿还贷款的行为。当借款单位遇到特殊情况，无法按期归还贷款时，可以向商业银行申请延长还款期限。商业银行需仔细审查，如果借款单位符合贷款展期的条件，就可以办理展期手续，延长借款单位的还款期限。

想要办理贷款展期的借款单位，应当在规定时间内向商业银行提出贷款展期的书面申请，其中短期贷款的申请日必须在贷款到期日的10日之前，而中长期贷款的申请日必须在贷款到期日的1个月之前。书面申请上应当写明贷款展期的原因，由商业银行视具体情况判断是否同意贷款展期申请。

对于办理展期的贷款，商业银行会计部门只需在原借款借据和贷款分户账上注明展期后的贷款还款日期，并把展期申请书与原借据一起保管，无需作转账处理和会计分录。

（四）贷款逾期的核算

贷款到期（含展期后到期）后，如果借款单位无力归还贷款，且其存款账户上余额不足以偿清贷款，则商业银行应将该贷款视为逾期贷款。对于逾期贷款，商业银行要按逾期时间加收惩罚利息。如果贷款逾期90天，则应收利息不能再计入利息收入，而应该转为表外核算。

其会计分录如下：

借：逾期贷款——××单位

　　贷：××贷款——××单位

对于逾期贷款，商业银行应及时联系借款单位，查明无法还款的原因，要求借款单位尽快归还贷款。如果借款单位的商业银行账户中有余额，应从其存款账户中扣收，直到贷款全部还清为止。

如果贷款逾期超过规定年限仍未归还，应将其转为呆滞贷款。

其会计分录如下：

借：呆滞贷款——××单位

　　贷：逾期贷款——××单位

三、担保贷款的核算

担保贷款是指根据借款单位提供的担保而发放的贷款。在贷款到期时，如果借款单位不能按期归还贷款，商业银行就会将用于担保的财产变卖或者要求保证人偿还贷款。因此，担保贷款的风险要比信用贷款小。根据担保方式的不同，可以将担保贷款分为保证贷款、抵押贷款和质押贷款。

（一）保证贷款的核算

保证贷款是指按《中华人民共和国担保法》规定的保证方式，以第三人承诺在借款人不能偿还贷款时，按约定承担连带责任而发放的贷款。保证人为借款提供的贷款担保为不可撤销的全额连带责任保证，也就是包括贷款合同内规定的贷款本息和由贷款合同引起的相关费用。保证人还必须承担由贷款合同引发的所有连带民事责任。

保证贷款具有如下特点：①手续简便，一般不需办理有关登记评估等手续。②可选择一个或多个保证人。③保证人愿意长期（一年）作保的，可在最高额保证期限内签订最高额保证借款合同，不再办理相关的保证手续。

保证的方式有一般保证和连带责任保证。一般保证是指与主债务并没有连带关系的保证债务。如果债务人到期不能履行债务，保证人应当承担保证责任。当债权人未就主债务人的财产先为执行并且无效果之前，便要求保证人履行保证义务时，保证人有权拒绝，即保证人具有先诉抗辩权。连带责任保证则是一种责任较重的保证方式。如果债务人到期不能履行债务，债权人既可以要求债务人履行债务，也可以要求保证人在其保证范围内履行债务。保证人对于债权人的要求不能拒绝。当事人在保证合同中约定，债务人不能履行债务时，由保证人承担保证责任的，为一般保证。

保证贷款的借款人在提出借款申请时，除提交借款申请书外，还应当提供保证人签署的保证书。商业银行审核同意后，与保证人签订保证合同，其他手续与信用贷款基本相同。

保证贷款发放时的会计分录如下：

借：××贷款——××单位

　　贷：活期存款——××单位

保证贷款在到期收回时的会计分录如下：

借：活期存款——××单位

　　贷：××贷款——××单位

　　　　利息收入

（二）抵押贷款的核算

抵押贷款是指借款人以一定的抵押品作为保证向商业银行取得的贷款。在抵押贷款到期时，如果借款单位不能偿还贷款，则商业银行将有权处置抵押品，以作为补偿。

抵押贷款在发放时，应当注意对抵押品的鉴定。抵押品必须为借款人或第三人所有，且第三人同意将其财产用作抵押，抵押品还必须能够估价，便于保存且具有变现的可能性。根据《中华人民共和国担保法》的规定，下列财产可以用作抵押：

（1）抵押人所有的房屋和其他地上定着物。

（2）抵押人所有的机器、交通运输工具和其他财产。

（3）抵押人依法有权处分的国有的土地使用权、房屋和其他地上定着物。

（4）抵押人依法有权处分的国有的机器、交通运输工具和其他财产。

（5）抵押人依法承包并经发包方同意抵押的荒山、荒沟、荒丘、荒滩等荒地的土地使用权。

（6）依法可以抵押的其他财产。

以依法获准尚未建造的或者正在建造中的房屋或者其他建筑物抵押的，当事人办理了抵押物登记，人民法院可以认定抵押有效。以法定程序确认为违法、违章的建筑物抵押的，抵押无效。以尚未办理权属证书的财产抵押的，在第一审法庭辩论终结前能够提供权利证书或者补办登记手续的，可以认定抵押有效。

抵押贷款的借款人在提出贷款申请时，应当提供抵押物清单和符合法律规定的所有权证明。商业银行应对抵押物仔细审查，并为抵押物估价，然后根据抵押物的不同向相关职能部门登记。审核无误后，商业银行就可以同借款人签订借款合同，并且按照抵押物价值的一定比例发放贷款。贷款额度为抵押物的作价金额乘以抵押率，而抵押率则根据具体情况而定。

在发放贷款之后，商业银行将根据抵押合同保管抵押物品，并提供给借款人抵押物收据。对于某些需要专业技术保管的抵押物品，商业银行可以委托第三方来进行保管。

抵押贷款发放的会计分录如下：

借：抵押贷款——××单位

　　贷：活期存款——××单位

抵押贷款到期时，如借款人按期还款，则其会计分录如下：

借：活期存款——××单位

　　贷：抵押贷款——××单位

　　　　利息收入

如果借款人未能按期还款，也不曾提出贷款展期申请，那么商业银行应将贷款转至逾期贷款科目，并向借款人发送处理抵押品通知单，若借款人超过规定期限仍未还款，则商业银行有权处置抵押物品来作为贷款的补偿。抵押物的处置方式有作价入账和变卖两种。

抵押物作价入账时的会计分录如下：

借：××资产

　　贷：逾期贷款——××单位

　　　　利息收入

抵押物变卖时的会计分录如下：

借：库存现金

　　贷：逾期贷款——××单位

　　　　利息收入

例5：A公司欠B银行贷款已经逾期1个月，贷款金额为10万元，所欠利息为2 000元，B银行将A公司抵押的一处房产作价入账，试写出会计分录。

借：固定资产	102 000	
贷：逾期贷款——A公司		100 000
应收利息——A公司		2 000

（三）质押贷款的核算

质押贷款是指贷款人按《中华人民共和国担保法》规定的质押方式以借款人或第三人的动产或权利为质押物发放的贷款。质押物主要包括国库券（国家有特殊规定的除外）、国家重点建设债券、金融债券、AAA级企业债券、储蓄存单等优价证券。出质人应将权利凭证交与贷款人。质押合同自权利凭证交付之日起生效。以个人储蓄存单出质的，应提供开户行的鉴定证明及停止支付证明。抵押权与质权的标的物不同，抵押权的标的物为不动产、不动产用益物权和动产；质权的标的物为动产和除不动产用益物权外的其他财产权利，包括债权、股权、知识产权等财产权利。抵押权和质权主要以债权人是否占有标的物为区别。若不占有标的物，则为抵押权。若占有标的物，则为质权。

质押贷款发放和收回的核算与抵押贷款基本相同。贷款到期时，如果借款人不能按期还款，也未办理贷款展期，则将贷款转入逾期贷款。当逾期过一定期限后，借款人仍未还款，则商业银行有权处置质押物，用于抵偿贷款本息。

四、贷款利息的核算

商业银行发放的各种贷款，除国家有特殊规定的外，都需计收利息。贷款利息的计算一般分为定期结息和利随本清两种计算方法。

（一）定期结息

定期结息是指按照规定的结息期来计算利息，商业银行一般以每季度末月的20日为结息日。商业银行一般以积数计息法计算利息，其计算公式如下：

利息 = 累计计息积数 × 日利率

计算利息之后，商业银行需编制一式三联的贷款利息清单，用以办理转账。其中，第一联为借方凭证，第二联为支款通知，盖章后交给借款人入账，第三联为贷方凭证。

其会计分录如下：

借：活期存款——××单位

　　贷：利息收入

如果借款单位未偿还贷款或偿还部分贷款，则不足支付的部分应当作为应收利息处理。其会计分录如下：

借：应收利息——××单位

　　贷：利息收入

已经计提的贷款应收利息，如果在贷款到期后的90天内仍未收回的，则无论本金是否逾期，都应冲减原先已经计入损益的利息收入。其会计分录如下：

借：利息收入

　　贷：应收利息——××单位

例6：在A银行2009年12月20日的短期贷款计息表中，B公司、C公司和D公司的本季累计积数分别为200万元、300万元和500万元，贷款年利率为5.4%，试分别计算各公司的贷款利息。

B公司的贷款利息 = 2 000 000元 × 5.4% ÷ 360 = 300元

C公司的贷款利息 = 3 000 000元 × 5.4% ÷ 360 = 450元

D公司的贷款利息 = 5 000 000元 × 5.4% ÷ 360 = 750元

（二）利随本清

利随本清是指以单利计息，到期还本时一次支付所有应付利息。它是一次性付息的一种形式。当借款人开始贷款时，就开始计算贷款天数，即从放款之日起至还款前一日止的天数。利息计算公式如下：

应收利息 = 本金 × 天数 × 利率

商业银行在计算出应收利息之后，应当编制利息计算清单，然后根据转账支票或者还款凭证进行转账。其会计分录如下：

借：活期存款——××单位

　　贷：××贷款——××单位

　　　　利息收入

如果贷款逾期，在计算利息时，应当首先按照合同利率计算到期利息，然后根据逾期天数和对应的逾期贷款利率计算逾期利息，也可以在合同利息的基础上增加一定比例来作为逾期利息。

五、贷款损失准备的核算

（一）贷款损失准备的计提

为了提高商业银行抵御风险的能力，真实核算经营损益，保持商业银行稳健经营和持续发展，商业银行应当按照谨慎性原则，合理估计贷款可能发生的损失，及时计提贷款损失准备。贷款损失准备包括一般准备、专项准备和特种准备。一般准备是指根据全部贷款余额的一定比例计提的，用于弥补尚未识别的可能性损失的准备。专项准备是指根据贷款风险分类指导原则，对贷款进行风险分类后，按每笔贷款损失的程度计提的用于弥补专项损失的准备。特种准备是指针对某一国家、地区、行业或某一类贷款风险计提的准备。

贷款损失准备的计提范围为承担风险和损失的资产，具体包括贷款（含抵押、质押、保证等贷款）、银行卡透支、贴现、银行承兑汇票垫款、信用证垫款、担保垫款、进出口押汇、拆出资金等。

每个会计期末，商业银行应根据借款人的还款能力、还款意愿、贷款本息的偿还情况、抵押品的市价、担保人的支持力度和商业银行内部信贷管理等因素，分析其风险程度和回收的可能性，以判断其是否发生减值。如有客观证据表明其发生了减值，则应对其计提贷款损失准备。

一般准备年末余额应不低于年末贷款余额的1%，而专项准备则根据贷款种类的不同而计提不同的比例。对于关注类贷款，计提比例为2%；对于次级类贷款，计提比例为25%；对于可疑类贷款，计提比例为50%；对于损失类贷款，计提比例为100%。其中，次级和可疑类贷款的损失准备，计提比例可以上下浮动20%。而特种准备由商业银行根据不同类别（如国别、行业）贷款的特殊风险情况、风险损失概率及历史经验，自行确定计提比例。

（二）贷款损失准备的核算过程

为了加强对贷款损失准备金的管理，核算贷款损失准备的使用情况，商业银行应设立贷款损失准备科目。该科目核算商业银行按照规定提取的贷款损失准备，并按照单项贷款损失准备和组合贷款损失准备等分别设置明细科目进行核算。

商业银行计提贷款损失准备时的会计分录如下：

借：资产减值损失——计提贷款损失准备

　　贷：贷款损失准备

贷款损失准备可以转回。如有客观证据表明该金融资产价值已恢复，则原确认的减值损失应当予以转回。其会计分录如下：

借：贷款损失准备

　　贷：资产减值损失——计提贷款损失准备

对于确实无法收回的各项贷款，经批准作为呆账损失时，应冲销提取的贷款损失准备。其会计分录如下：

借：贷款损失准备

　　贷：逾期贷款——××单位

如果已确认并转销的贷款损失准备，以后又收回，则应按实际收回的金额增加贷款损失准备，同时在借款单位的存款账户中扣收逾期贷款。其会计分录如下：

借：逾期贷款——××单位

　　贷：贷款损失准备

借：活期存款——××单位

　　贷：逾期贷款——××单位

第三节 贴现业务的核算

一、贴现业务概述

贴现是指汇票经承兑后，汇票持有人在汇票尚未到期前在贴现市场上转让，受让人扣除贴现息后将票款付给出让人的行为。而商业银行的票据贴现业务，即商业汇票贴现，是指商业银行从商业汇票的持票人手中购买未到期汇票的行为。商业汇票贴现既是一种票据的转让行为，又是商业银行的一种授信方式。它是收款人（即持票人）在需要资金时，将未到期的承兑汇票，以贴付自贴现日至票据到期日的利息为条件，经过背书后，转让给商业银行，商业银行将票面金额扣除贴现利息后的余额付给收款人使用的行为。汇票到期时，商业银行凭汇票直接向承兑人收取款项。

贴现业务从本质上来说也是一种贷款业务，不过其风险要比传统的信贷业务低，当然贴现利率也要比同期贷款利率低。同时，贴现业务在放款时就已经收到了利息，而传统贷款业务则只能在贷款到期或定期时收到利息。

一般而言，票据贴现可以分为三种，分别是贴现、转贴现和再贴现。

贴现是指商业银行承兑汇票的持票人在汇票到期日前，为了取得资金，贴付一定利息将票据权利转让给商业银行的票据行为。转贴现是指商业银行在资金临时不足时，将已经贴现但仍未到期的票据，交给其他商业银行或贴现机构给予贴现的行为。而再贴现是指中国人民银行通过买进商业银行持有的已贴现但尚未到期的商业汇票，向商业银行提供融资支持的行为。

自承自贴票据业务是指商业银行为自己承兑的商业汇票办理贴现业务。常见的情形是商业银行的一家分支机构承兑商业汇票后，持票人又持该汇票在该分支机构办理贴现，或者是商业银行的一家分支机构承兑了商业汇票后，持票人持该汇票到该商业银行系统内的另一家分支机构办理贴现。对于商业银行而言，这种业务可以更便捷地落实并确保该票据的真实性和可靠性，简化查询和验票手续，还可以避免和减少接受伪造、变造票据的风险，也容易吸引和维护客户。

票据贴现业务也存在一定的风险，其风险具有短期性、易暴露性、有限性、可控性等特点。为了防范这种风险，商业银行应当坚持贴现条件，规范操作行为，认真审查增值税发票、合同与贴现票据的相关性和真实性，避免对已被承兑、挂失并经公示催告的票据进行贴现，防止假票、有瑕疵票据贴现。

二、办理票据贴现的核算

商业汇票的收款人或被背书人需要资金时，可持未到期的商业承兑汇票或银行承兑汇票并填写贴现凭证，向其开户行申请贴现。贴现行需要资金时，可持未到期的承兑汇票向其他银行转贴现，也可以向中国人民银行申请再贴现。

办理票据贴现的持票人必须为在商业银行开立存款账户的企业法人以及其他组织，与出票人或者直接前手具有真实的商业交易关系，并且提供与其直接前手之前的增值税发票和商品发运单据复印件。

商业银行需仔细审核贴现申请人是否具有良好的经营状况，是否具有到期还款能力，贴现申请人持有的票据是否真实，票式填写是否完整无误，凭证在有效期内背书是否连续完整。同时还要求申请人出示贴现票据项下的商品交易合同原件，并提供复印件或其他能够证明票据合法性的凭证，同时还应提供能够证明票据项下商品交易确已履行的凭证。审核无误后，商业银行再按照规定的贴现率计算出贴现利息和实际付给的贴现金额。其计算公式如下：

$$贴现利息=汇票金额\times贴现天数\times\frac{月贴现率}{30}$$

$$实际贴现金额=汇票金额-贴现利息$$

然后，商业银行在贴现凭证有关栏目内填上贴现率、贴现利息和实付贴现金额。贴现凭证的第一联作贴现科目借方凭证，第二联作活期存款的贷方凭证，第三联作利息收入的贷方凭证，第四联加盖转讫章作收账通知交给持票人，第五联和汇票按到期日顺序排列，专夹保管。

其会计分录如下：

借：贴现

　　贷：活期存款——××单位

　　　　利息收入

例7：A公司持金额为5万元的商业承兑汇票来商业银行贴现，汇票尚有1个月到期，月贴现率为4‰，试计算出贴现利息和实际贴现金额，并写出会计分录。

$$贴现利息=50\,000元\times4‰\times30\div30=200元$$

$$实际贴现金额=50\,000元-200元=49\,800元$$

其会计分录如下：

借：贴现——商业承兑汇票　　50 000

　　贷：活期存款——A公司　　49 800

　　　　利息收入　　200

三、票据到期收回的核算

当商业汇票到期时，贴现行作为持票人应收回贴现款。商业银行应在汇票背面背书栏加盖结算专用章并由授权的经办人员签名或盖章，注明委托收款字样，填制委托收款凭证，在委托收款凭据名称栏注明"商业承兑汇票"或"银行承兑汇票"及其汇票号码，然后连同汇票向付款人办理收款。对于付款人在异地的，应在汇票到期前，匡算至付款人的邮程，提前办理委托收款。如果贴现行收到付款人开户行或承兑行退回的委托收款凭证、汇票和拒绝付款理由书或付款人未付票款通知书后，贴现行在追索票据时，对申请贴现的持票人在本行开户的，可从其账户收取。贴现申请人账户余额不足时，应按照逾期贷款的规定处理。贴现申请人未在本行开立账户的，对已贴现的汇票金额的收取，应按《中华人民共和国票据法》的规定向贴现申请人或其他前手进行追索。

付款人的开户行或承兑行在收到上述凭证及汇票后，应将票款划往贴现行。其会计分录如下：

借：活期存款——××单位

　　贷：联行往账

而贴现行在收到划来的票款时，应以第二联托收凭证代转账贷方传票，以第五联贴现凭证作为附件办理转账。其会计分录如下：

借：联行来账

　　贷：贴现

如果商业承兑汇票的付款人存款余额账户不足以支付票款，则付款人开户行应将汇票和凭证退回给贴现行。如果付款人拒绝付款，还应将拒付理由书和汇票、凭证一起退回给贴现行。

而贴现行在未收回票款的情况下，可向贴现申请人追索票款。若贴现申请人的账户余额足以支付票款的，可以直接从其存款账户中扣除。其会计分录如下：

借：活期存款——贴现申请人账户

　　贷：贴现

若贴现申请人的账户余额不足以支付票款，则应该将不足的部分转到逾期贷款账户，再按照相关规定处理。

第三章　支付结算业务的核算

第一节　支付结算业务概述

一、支付结算概述

支付结算是指单位、个人在社会经济活动中用票据、信用卡和汇兑、托收承付等结算方式进行货币给付及其资金清算的行为。

银行是支付结算和资金清算的中介，也是连接国民经济各部门、各单位的纽带。根据国家规定，各单位之间经济往来的款项除按规定可使用现金结算的外，一律通过银行办理转账结算。这样通过有效地组织转账结算，一方面可以简化结算手续，加速资金周转，促进生产的发展和流通的扩大；另一方面有利于聚集资金，扩大信贷资金来源，也有利于银行反映与监督国民经济中资金的活动情况，加强现金管理和存款货币流通的组织管理，并保证资金安全。

二、支付结算的基本要求

（一）支付结算的原则

支付结算的原则是商业银行和客户在办理支付结算业务时应共同遵守的行为准则，主要有以下几点：

（1）恪守信用，履约付款。

（2）谁的钱进谁的账，由谁支配。

（3）商业银行不垫款。

（二）支付结算的纪律

1. 客户的“四不准”

单位和个人在办理支付结算业务过程中必须严格遵守以下四条结算纪律：

（1）不准套取商业银行信用，签发空头支票、签章与预留签章不符的支票、支付密码不符的支票和远期支票以及没有资金保证的票据。

（2）不准签发、取得和转让没有真实交易和债权债务的票据，套取商业银行和他人资金。

（3）不准无理拒绝付款，任意占用他人资金。

（4）不准违反规定开立和使用账户。

2. 商业银行的“十不准”

（1）不准以任何理由压票、任意退票、截留挪用客户和他行资金。

（2）不准无理拒绝支付应由商业银行支付的票据款项。

（3）不准无理拒付，不扣、少扣滞纳金。

（4）不准违章签发、承兑、贴现票据，套取商业银行资金。

（5）不准签发空头银行汇票、银行本票和办理空头汇款。

（6）不准在支付结算制度之外规定附加条件，影响汇路畅通。

（7）不准违反规定为单位和个人开立账户。

（8）不准拒绝受理、代理他行的正常业务。

（9）不准放弃对企事业单位和个人违反结算纪律的制裁。

（10）不准逃避向中国人民银行转汇大额汇划款项。

第二节　票据业务的核算

《中华人民共和国票据法》中的票据是指出票人依照《中华人民共和国票据法》签发并约定自己或委托他人无条件支付一定金额的有价证券，包括支票、汇票和本票。

一、支票

（一）支票概述

支票是指由出票人签发的，委托办理支票存款业务的商业银行或其他金融机构在见票时无条件地支付确定的金额给收款人或持票人的票据。

支票分为现金支票、转账支票和普通支票。现金支票只能用于支取现金，转账支票只能用于转账，普通支票可以用于支取现金，也可以用于转账。普通支票左上角画两条平行线后，成为画线支票。画线支票只能用于转账，不能用于支取现金。单位和个人在全国范围内均可使用支票。支票的出票人为在经中国人民银行当地分支行批准办理支票业务的银行机构开立可以使用支票的存款账户的单位和个人。签发支票必须记载下列事项：①表明“支票”的字样。②无条件支付的委托。③确定的金额。④付款人名称。⑤出票日期。⑥出票人签章。支票的金额、收款人名称，可以由出票人授权补记，未补记前不得背书转让和提示付款。出票人签发支票的金额不得超过付款时在付款人处实有的存款金额，禁止签发空头支票。出票人签发空头支票、签章与预留签章不符的支票、支付密码不符的支票，商业银行应予以退票，并给予按票面金额5%但不低于1 000元的罚款，持票人有权要求出票人赔偿支票金额2%的赔偿金；对屡次签发的，商业银行应停止对其签发支票。支票的提示付款期限为自出票日起10日（到期日遇节假日顺延），但中国人民银行另有规定的除外。

（二）转账支票的核算

对持票人送交的转账支票和两联进账单，商业银行应当认真审查，主要审查以下几项：①支票内容是否正确、完整。②进账单填写的内容是否与支票相符。③支票的付款期是否有效。④印鉴是否相符。⑤大小写金额是否一致。⑥付款人账户是否有足够支付的余额。银行审查无误后，进行相关会计处理。

1. 持票人、出票人在同一行处开户

借：吸收存款——活期存款——出票人户

贷：吸收存款——活期存款——持票人户

2. 持票人、出票人不在同一行处开户

（1）由持票人向其开户行递交支票的核算。

持票人开户行的处理：

1）持票人开户行审核转账支票、进账单，将支票提出交换，同时进行会计处理：

借：清算资金往来

贷：其他应付款

2）待退票时间过后，若没有退票则持票人开户行可为持票人进账：

借：其他应付款

贷：吸收存款——活期存款——持票人户

3）若出票人开户行审查支票发现金额不足，通知持票人开户行退票：

借：其他应付款

贷：清算资金往来

出票人开户行的处理：

1）出票人开户行收到交换提入的支票，审查无误后足额支付：

借：吸收存款——活期存款——出票人户

贷：清算资金往来

2）若出票人开户行审查支票发现金额不足，应填制退票理由书，在约定时间通知持票人开户行退票：

借：其他应收款

贷：清算资金往来

3）出票人开户行将支票及退票理由书在下次交换时划退持票人开户行：

借：清算资金往来

贷：其他应收款

4）如系空头支票、签章与预留签章不符的支票、支付密码不符的支票，出票人开户行还应按规定收取罚金：

借：吸收存款——活期存款——出票人户

贷：营业外收入

（2）由出票人向其开户行送交支票的核算：

借：清算资金往来

　　贷：吸收存款——活期存款——持票人户

若出票人开户行审查支票系空头支票，则不予受理。

例1：A银行收到开户单位B公司解进的C公司签发的支票一份，金额为265 000元，当即于第一场交换提出，下场没有退票。A银行的会计分录如下：

借：清算资金往来	265 000	
贷：其他应付款		265 000
借：其他应付款	265 000	
贷：吸收存款——活期存款——B公司		265 000

例2：第一场交换提回时，A银行发现开户单位D公司签发的一张金额为60 000元的支票，因存款余额不足作退票处理，计收罚金，并于下场交换提出退票。A银行的会计分录如下：

借：其他应收款	60 000	
贷：清算资金往来		60 000
借：清算资金往来	60 000	
贷：其他应收款		60 000
借：吸收存款——活期存款——D公司	3 000	
贷：营业外收入		3 000

（三）支票挂失的处理

支票丢失，失票人到付款行挂失时，应提交两联挂失止付通知书。付款行收到后，按规定审查无误并确认未付款的，方可受理。第一联挂失止付通知书加盖业务公章作为受理回单交给失票人；第二联挂失止付通知书登记挂失登记簿后专夹保管，并在出票人账户首页明显处用红字注明“××年×月×日第×号支票挂失止付”字样，凭此字据止付。

二、银行汇票

（一）银行汇票概述

银行汇票是指由出票行签发的，在见票时按照实际结算金额，无条件地支付给收款人或持票人的票据。

银行汇票可以用于转账，填明“现金”字样的银行汇票也可以用于支取现金。单位和个人的各种款项的结算，均可以使用银行汇票。全国范围内仅限于中国人民银行和各商业银行已参加“全国联行往来”的机构办理。签发银行汇票必须记载下列事项：①表明“银行汇票”的字样。②无条件支付的承诺。③出票金额。④付款人名称。⑤收款人名称。⑥出票日期。⑦出票签章。银行汇票的提示付款期限为自出票日起1个月。银行汇票的实际结算金额不得更改，更改则汇票无效，且实际结算金额低于出票金额的，多余金额由出票行退交申请人。收款人可以将银行汇票背书转让给被背书人，银行汇票的背书转让以不超过出票金额的实际结算金额为准。

（二）银行汇票的核算

1. 银行汇票的出票

（1）申请人需要使用银行汇票时，应向商业银行填写一式三联的“银行汇票申请书”，出票行受理时应认真审查其填写的内容是否符合要求。申请书填明“现金”字样的，还要看申请人和收款人是否均为个人，并已交存现金。银行审查无误后，作出相应的会计处理。

申请人申请转账汇票时：

借：吸收存款——活期存款

　　贷：汇出汇款

申请人申请现金汇票（个人）时：

借：库存现金

　　贷：汇出汇款

（2）出票行收妥现金或转账，签发一式四联的银行汇票。银行汇票第一联为卡片，第二联为汇票，第三联为解讫通知，第四联为多余款收账通知。汇票签发后经复核无误，出票行在汇票第二联上加盖汇票专用章并由授权的经办人签名或盖章，连同第三联解讫通知书交申请人，第一联卡片上加盖经办、复核名章连同第四联一并专夹保管。

2. 银行汇票的付款

持票人同时提交汇票、解讫通知和两联进账单时，应认真审查以下有关内容：

（1）汇票和解讫通知是否齐全，内容是否相符，汇票号码是否一致。

（2）汇票是否真实，是否超过1个月的提示付款期限。

（3）收款人或持票人是否在本行开户，与进账单上的名称是否一致。

（4）汇票必须记载的事项是否齐全，出票金额、实际结算金额、出票日期、收款人名称等是否更改，其他记载事项的更改是否由原记载人签章证明。

（5）出票行的签章是否符合规定，汇票专用章是否与印模相符。

（6）压数金额是否是由总行统一制作的压数机压印，与大写的出票金额是否一致。

（7）汇票的实际结算金额是否在出票金额以内，与进账单金额是否一致，多余金额结计是否正确。

（8）持票人是否在背面签章。

（9）背书转让汇票背书是否连续。

（10）汇票是否被人民法院止付。

商业银行审查无误后，进行会计处理。

（1）持票人在代理付款行开立账户的会计分录如下：

借：清算资金往来

  贷：吸收存款——活期存款——持票人户

（2）持票人未在代理付款行开立账户。

1）商业银行受理持票人的提示付款时：

借：清算资金往来

  贷：应解汇款

2）转账支付时：

借：应解汇款

  贷：清算资金往来

3）支取现金（个人）时：

借：应解汇款

  贷：库存现金

3. 结清

出票行接到代理付款行划来的第三联解讫通知和联行借方报单时，抽出原专夹保管的汇票卡片，经核对后属本行出票的，按不同情况分别处理。

（1）汇票全额结清。出票行应在汇票卡片的实际结算金额栏填入全部金额，并作如下会计分录：

借：汇出汇款

  贷：清算资金往来

（2）汇票部分付款。出票行应将多余款项转入原存款户，在多余款收账通知的多余金额栏内填写多余金额，加盖转讫章作客户回单，通知申请人。其会计分录如下：

借：汇出汇款

  贷：清算资金往来

    吸收存款——活期存款

（3）汇票退票。申请人由于汇票超过付款期限或其他原因要求退款时，应交回汇票和解讫通知，并按规定提交证明或身份证件。出票行经核对无误，在实际结算金额大写栏内填写“未用退回”字样。其会计分录如下：

借：汇出汇款

  贷：吸收存款——活期存款（或库存现金）

例 3：A 银行接受开户单位 G 公司转账交付的 18 000 元，为其签发银行汇票一张。半个月后 A 银行收到代理付款行经资金汇划系统传来的数据，本行签发的银行汇票结算凭证实际结算金额为 16 000 元，多余金额 2 000 元转入原存款户。A 银行的会计分录如下：

借：吸收存款——活期存款——G 公司　　18 000

　贷：汇出汇款　　18 000

借：汇出汇款　　18 000

　贷：清算资金往来　　16 000

　　吸收存款——活期存款——G 公司　　2 000

三、商业汇票

（一）商业汇票概述

商业汇票是指由出票人签发并委托付款人在指定日期无条件支付确定的金额给收款人或持票人的票据。在商业银行开立账户的法人以及其他组织之间，必须具有真实的交易关系和债权债务关系，才能使用商业汇票。

签发商业汇票必须记载下列内容：①表明“商业汇票”的字样。②无条件支付的委托。③确定的金额。④付款人名称。⑤收款人名称。⑥出票人日期。⑦出票人签章。

商业汇票必须经过承兑。根据承兑人的不同，商业汇票可分为商业承兑汇票和银行承兑汇票。商业承兑汇票可以由付款人签发并承兑，也可以由收款人签发交由付款人承兑。银行承兑汇票应由在承兑行开立存款户的存款人签发。

一般商业汇票的付款期限最长不得超过 6 个月，电子商业汇票的付款期限可以延长到 1 年。商业汇票可以背书转让。商业汇票的提示付款期限为自汇票到期日起 10 日。持票人应在提示付款期内通过开户行委托收款或直接向付款人提示付款。商业汇票的持票人在汇票未到期前需用资金，可持未到期的商业汇票向开户行申请贴现，贴现行也可继续进行再贴现和转贴现。

（二）商业承兑汇票的核算

由银行以外的付款人承兑的汇票为商业承兑汇票。其为一式三联：第一联由承兑人留存；第二联由承兑人承兑后交收款人留存，汇票到期前由持票人开户行随结算凭证交给付款人开户行；第三联由出票人留存。

1. 持票人开户行受理汇票

持票人委托商业银行收款时，应填制委托收款凭证，并在“委托收款凭据名称”栏注明“商业承兑汇票”及汇票号码，连同汇票一并交给开户行。商业银行按有关规定审核无误后，在委托收款凭证各联加盖“商业承兑汇票”戳记，将汇票及委托收款凭证的有关联寄给付款人开户行。

2. 付款人开户行收到汇票

付款人开户行收到持票人开户行寄来的委托收款凭证及汇票时，应按有关规定认真审查，付款人确在本行开户，承兑人在汇票上的签章与预留银行的签章相符的，将第三、四联委托收款凭证留存保管，并将第五联委托收款凭证及时交给付款人。

若付款人在接到开户行的付款通知次日起3日内没有任何异议，并且其银行账户内有足够票款支付的，以第三联委托收款凭证作借方凭证，汇票加盖转讫章作附件，将第四联委托收款凭证寄给收款人开户行。其会计分录如下：

借：吸收存款——活期存款——付款人户

　　贷：清算资金往来

若付款人存款账户不足支付的，应填制付款人未付票款通知书一式三联，连同商业承兑汇票邮寄持票人开户行转交持票人。

若付款人拒付票款，付款人开户行应将有关拒付证明连同第四、五联委托收款结算凭证及商业承兑汇票一起退回持票人开户行。

3. 持票人开户行收到划回票款或退回凭证

持票人开户行收到付款人开户行寄来的报单及有关凭证，办理转账手续。其会计分录如下：

借：清算资金往来

　　贷：吸收存款——活期存款——收款人户

转账后在资金汇划凭证回单上加盖转讫章作收账通知交给收款人，并销记发出委托收款凭证登记簿。持票人开户行接到付款人开户行发来的付款人未付票款通知书或拒绝付款证明和汇票及委托收款凭证，将委托收款凭证、未付票款通知书或拒绝付款证明及汇票退给持票人，并由持票人签收。

（三）银行承兑汇票的核算

银行承兑汇票是指由在承兑行开立存款账户的存款人签发的，由商业银行审查同意承兑的票据。该汇票为一式三联：第一联为卡片，由承兑行留存备查，到期支付时作借方凭证附件；第二联为汇票联，由收款人持有，待到期时交开户行办理托收；第三联为存根，由出票人存查。

1. 办理银行承兑汇票

出票人或持票人持银行承兑汇票向汇票上记载的付款行申请或提示承兑时，商业银行的信贷部门负责按照有关规定和审批程序审查同意后即可与出票人签订承兑协议。商业银行信贷部门将协议的第一联回执留存，另一联及其副本和第一、二联汇票一并交本行会计部门。

会计部门收到后按有关规定认真审核，无误后，在第一、第二联汇票上注明承兑协议编号，并在第二联汇票“承兑人签章”处加盖汇票专用章，并由授权的经办人签名或盖章。由出票人申请承兑的，将第二联汇票交给持票人，一联承兑协议交给出票人。同时，商业银行按汇票票面金额的0.5‰向出票人收取承兑手续费。

承兑行根据第一联汇票卡片填制银行承兑汇票表外科目收入凭证，登记表外科目登记簿，并将第一联汇票卡片和承兑协议副本，专夹保管。其会计分录如下：

借：吸收存款——活期存款

　　贷：手续费及佣金收入

2. 持票人开户行受理汇票

持票人凭汇票委托开户行向承兑行收取票款时，应填制邮划或电划委托收款凭证，在“委托收款凭据名称”栏注明“银行承兑汇票”及其汇票号码，连同第二联汇票一并交送开户行。

商业银行按规定审查无误后，在委托收款凭证各联上加盖“银行承兑汇票”戳记。持票人开户行将第一联委托收款凭证加盖业务公章作回单给持票人；第二联登记“发出委托收款结算凭证登记簿”后，专夹保管；第三联加盖结算专用章，连同第四、五联委托收款凭证和汇票邮寄承兑行。

例4：B公司签发一张商业汇票向其开户行A银行××支行申请承兑。A银行审查同意后，予以承兑，银行承兑汇票金额为100 000元，并按规定收取承兑手续费。其会计分录如下：

借：吸收存款——活期存款　　50

　　贷：手续费及佣金收入　　50

3. 承兑行到期收取票款

承兑行应于票据到期日（遇法定节假日顺延）向出票人收取票款，填制两联特种转账借方传票，一联特种转账贷方传票，并在“转账原因”栏注明“根据××号汇票划转票款”。其会计分录如下：

借：吸收存款——活期存款——出票人户

　　贷：应解汇款

出票人账户无款支付时，应填制两联特种转账借方传票，一联特种转账贷方传票，在“转账原因”栏注明“××号汇票无款支付转入逾期贷款户”。其会计分录如下：

借：逾期贷款——出票人户

　　贷：应解汇款

商业银行将第一联特种转账借方传票加盖业务公章后交给出票人。

出票人账户款项不足支付时，应填制四联特种转账借方传票，一联特种转账贷方传票，在“转账原因”栏注明“××号汇票划转部分票款”。其会计分录如下：

借：吸收存款——活期存款——出票人户

　　逾期贷款——出票人户

　　贷：应解汇款

商业银行应将第一联特种转账借方传票加盖转讫章作支款通知交给出票人。

例5：A银行××支行一个月前为出票人B公司承兑的银行承兑汇票一张，金额为100 000元，已经到期，但B公司账户上只有60 000元的余额。A银行××支行的会计分录如下：

借：吸收存款——活期存款——B公司 60 000

逾期贷款——B公司 40 000

贷：应解汇款 100 000

4. 承兑行支付汇票款项

承兑行收到持票人开户行寄来的委托收款凭证及汇票后，应抽出专夹保管的汇票卡片和承兑协议副本，审查各项内容无误后，于汇票到期日或到期日之后的见票当日，按照委托收款付款的手续处理。其会计分录如下：

借：应解汇款

贷：清算资金往来

付出：银行承兑汇票

5. 持票人开户行收到汇票款项

持票人开户行收到承兑行寄来的联行报单和委托收款凭证或拍来的电报，按照委托收款的款项划回手续处理抽卡事宜并核对无误后办理转账。其会计分录如下：

借：清算资金往来

贷：吸收存款——活期存款——持票人户

商业银行还应在资金汇划凭证回单上盖转讫章作收账通知给持票人。

四、银行本票

（一）银行本票概述

银行本票是指商业银行签发的，承诺在见票时无条件支付确定的金额给收款人或持票人的票据。银行本票分为不定额本票和定额本票两种，不定额银行本票由各商业银行签发和兑付，定额银行本票面额有1 000元、5 000元、10 000元和50 000元四种。

单位和个人在同一票据交换区域需要支付各种款项，均可使用银行本票。银行本票的出票人，为经中国人民银行当地分支行批准办理银行本票业务的银行机构。签发银行本票必须记载下列事项：①表明“银行本票”的字样。②无条件支付的承诺。③确定的金额。④收款人名称。⑤出票日期。⑥出票人签章。银行本票提示付款期限为自出票日起2个月。银行本票见票即付，但注明“现金”字样的银行本票的持有人只能到出票行支取现金，注明“转账”字样的银行本票可以背书转让。

（二）银行本票的核算

1. 银行本票出票

申请人需要使用银行本票，应填写“银行本票申请书”，申请书一式三联，第一联为存根，第二联为借方凭证，第三联为贷方凭证。申请人交现金办理本票的，第二联注销。

出票行受理时应认真审查，无误后，作会计分录如下：

借：吸收存款——活期存款——申请人户（或库存现金）

　　贷：本票

付出：重要空白凭证——银行本票

例 6：A 银行 × × 支行收到开户单位 B 公司填写的银行本票申请书，来行要求签发金额为 30 000 元的银行本票一份。A 银行审核无误，当即予以办理。A 银行 × × 支行的会计分录如下：

借：吸收存款——活期存款——B 公司　　30 000

　　贷：本票　　30 000

　　　　付出：重要空白凭证——银行本票　　30 000 元

2. 银行本票付款

在商业银行开立存款账户的持票人向开户行提示付款时，应在银行本票背面“持票人向银行提示付款签章”处签章，并将银行本票及二联进账单送交开户行。开户行应认真审核本票是否真实、是否超过提示付款期、与进账单上内容是否相符等内容，审核无误后，在进账单上加盖转讫章，将第一联作为收账通知交给持票人，第二联作为贷方凭证，并在银行本票上加盖转讫章，通过票据交换提给出票行。其会计分录如下：

借：清算资金往来

　　贷：吸收存款——活期存款——持票人户

3. 银行本票结清

出票行收到票据交换提入的本票时，抽出专夹保管的本票卡片或存根，经核对相符属本行出票的，以本票作借方凭证，本票卡片或存根联作附件进行转账处理。

（1）出票行划转款项。其会计分录如下：

借：本票

　　贷：清算资金往来

（2）如果出票行签发的是“现金”字样的本票，则结清时的会计分录如下：

借：本票

　　贷：库存现金

例 7：客户 C 持 A 银行 × × 支行签发的“现金”字样的银行本票一份，金额为 2 000 元，来行要求取现，A 银行审核无误后，予以办理。A 银行 × × 支行的会计分录如下：

借：本票　　2 000

　　贷：库存现金　　2 000

（3）出票行受理本行签发的“转账”字样的本票时，除不通过票据交换外，审核等手续如上。其会计分录如下：

借：本票

　　贷：吸收存款——活期存款——持票人户

4. 银行本票退票

申请人因银行本票超过提示付款期限或其他原因要求出票行退款时，应根据本票金额填写一式两联进账单连同本票及有关证明交出票行，商业银行受理后，认真按规定审核，无误后，在本票上注明“未用退回”字样，以进账单为贷方传票，本票为借方传票办理退款处理。其会计分录如下：

借：本票

　　贷：吸收存款——活期存款——出票人户（或库存现金）

进账单第一联加盖银行业务公章后退交申请人，现金本票则由出纳将现款支付给申请人。

5. 银行本票挂失

填明“现金”字样的银行本票丢失，失票人到出票行挂失时，应提交一式两联挂失止付通知书。出票行按规定审核后，抽出原专夹保管的银行本票卡片或存根核对，确属本银行签发并未注销的，方可受理。第一联挂失止付通知书加盖业务公章后作为受理回单交给失票人，第二联挂失止付通知书登记挂失登记簿后，与原本票卡片或存根一并专夹保管，据以控制付款或退款。

银行本票丢失，失票人可以凭人民法院出具的其享有票据权利的证明，向出票行请求付款或退款。出票行审查确实没有支付的，应予以办理付款或退款手续。

第三节　各种结算方式的核算

一、汇兑

汇兑是指汇款人委托商业银行将其款项支付给收款人的结算方式。单位和个人的各种款项结算，均可使用汇兑结算方式。汇兑分为信汇和电汇两种，由汇款人选择使用。

汇款人和收款人均为个人，需要在汇入行支取现金的，应在信、电汇凭证的

"汇款金额"大写栏，先填明"现金"字样，后填写汇款金额。汇兑凭证上记载收款人为个人的，收款人需要到汇入行领取汇款，汇款人应在汇兑凭证上注明"留行待取"字样。信汇凭收款人签章支取的，应在凭证上预留其签章。未在商业银行开立存款账户的收款人，凭信、电汇的取款通知或"留行待取"的，支取款项时，必须交验本人的身份证件，在信、电汇凭证上注明证件名称、号码及发证机关，并在"收款人签章"处签章。信汇凭收款人签章支取的，收款人的签章必须与预留信汇凭证上的签章相符。以收款人姓名开立的应解汇款及临时存款账户，只付不收，付完清户，不计利息。汇入行对收款人拒绝接受的汇款，应及时办理退汇。汇入行对于向收款人发出取款通知，经过2个月无法交付的汇款，应主动办理退汇。

（一）信汇结算业务的核算

信汇是指汇款人委托商业银行以邮寄凭证的方式通知汇入行付款的一种结算方式。

1. 汇出行的核算

汇款人委托商业银行办理信汇时，应填制一式四联的信汇凭证，第一联为回单，第二联为借方凭证，第三联为贷方凭证，第四联为收账通知或代取款收据。

汇出行受理凭证时，应对凭证记载的各项内容进行认真审核。其审核内容主要有以下几项：①信汇凭证必须记载的各项内容是否齐全、正确。②汇款人账户内是否有足够支付的余额。③汇款人签章是否与预留在银行的签章相符。商业银行审核无误后办理转账。汇出行的会计分录如下：

借：吸收存款——活期存款——汇款人户（或库存现金）

　　贷：清算资金往来

2. 汇入行的核算

汇入行收到汇出行寄来的联行报单或转汇行交来的转汇清单和划收凭证，以及第三、四联信汇凭证后，应认真审核，确认无误后进行账务处理。

（1）直接收账的处理。第三联信汇凭证作为贷方凭证，第四联信汇凭证加盖转讫章作收账通知交收款人。其会计分录如下：

借：清算资金往来

　　贷：吸收存款——活期存款——收款人户

（2）不直接收账的处理。第三联信汇凭证作为贷方凭证，第四联信汇凭证由商业银行保管，并以便条通知收款人。其会计分录如下：

借：清算资金往来

　　贷：应解汇款

（二）电汇结算业务的核算

电汇是指汇款人委托商业银行以拍发电报或通过计算机网络电子汇款的方式

通知汇入行付款的一种结算方式。电汇的会计处理同信汇。

二、托收承付

（一）托收承付概述

托收承付是指根据购销合同由收款人发货后委托商业银行向异地付款人收取款项，由付款人向商业银行承认付款的结算方式。

结算的收款单位和付款单位，必须是国有企业、供销合作社以及经营管理较好并经开户行审查同意的城乡集体所有制工业企业。办理托收承付结算的款项内容，必须是商品交易，以及因商品交易而产生的劳务供应款项。代销、寄销、赊销商品的款项，不得办理托收承付结算。收付双方使用托收承付结算必须签有符合法律规定的购销合同，并在合同上说明使用托收承付结算方式。托收承付结算每笔的金额起点为10 000元，新华书店系统每笔结算的金额起点为1 000元。托收承付结算款项的划回方式分为邮寄和电报两种，由收款人选用。

（二）托收承付的核算

1. 收款人开户行受理托收承付

收款人填制托收承付结算凭证一式五联，连同有关单证一起提交开户行。商业银行应及时审查托收凭证，审查时间不得超过次日。商业银行审查无误后，将第一联加盖业务公章后退给收款人，第二联在登记发出托收结算凭证登记簿后专夹保管，其余各联及有关单证一并寄交付款人开户行。

2. 付款人开户行的核算

付款人开户行收到有关单证，经审查无误后，在凭证上填注收到日期和承付期，及时通知付款人。验单付款的承付期为3天，从商业银行对付款人发出承付通知日的次日算起（遇法定节假日顺延）；验货付款的承付期为10天，从运输部门向付款人发出提货通知日的次日算起。

（1）全额付款的核算。付款人在承付期满日开户行营业终了前，账户有足够资金支付全部款项的，付款人开户行应在次日上午（遇法定节假日顺延）以第三联托收凭证作借方凭证。其会计分录如下：

借：吸收存款——活期存款——付款人户

　　贷：清算资金往来

（2）资金不足部分付款的核算。付款人在承付期满日开户行营业终了前，账户只能部分支付的，付款人开户行应在托收凭证上注明当天可以扣收的金额。其会计分录同上。

对延期付款的部分，付款单位开户行应根据延期付款的金额，按每天0.5‰的比例，在每个月的月底向付款单位扣收延付赔偿金，并于次月3日内划转收款单位开户行。

赔偿金的计算方法为承付期满日商业银行营业终了前，单位账户如无足够资金支付的，其不足部分应计赔偿金 1 天，在承付期满次日（如遇节假日，逾期天数顺延，但在以后遇到节假日应照算延付天数）银行营业终了前仍无足够资金支付，其不足部分，应计赔偿金 2 天，以此类推。其计算公式如下：

赔偿金 = 逾期付款金额 × 逾期付款天数 × 0.5‰

（3）逾期付款的核算。付款人开户行要随时掌握付款人账户余额，等到有款时再将逾期付款的金额和赔偿金一并划给收款人，赔偿金的金额同上。

（4）拒绝付款的核算。付款人出具“拒付理由书”，由商业银行审查，分为全部拒付和部分拒付。商业银行对无理拒付的，要强制扣款；对符合规定同意拒付的，应将拒付理由书、拒付证明连同有关单证一并寄交收款人开户行。收款人开户行的会计分录如下：

1）全额划回：

借：清算资金往来

　　贷：吸收存款——活期存款——收款人户

2）部分划回。其会计分录同全额划回处理。

3）无款支付。将托收承付结算凭证、无款支付通知及有关单证退收款人。

4）拒绝付款。将托收承付结算凭证、拒付理由书、拒付证明连同有关单证退收款人。

三、委托收款

（一）委托收款概述

委托收款是指收款人委托商业银行向付款人收取款项的结算方式。单位和个人凭已承兑商业汇票、债券、存单等付款人债务证明办理款项的结算，均可以使用委托收款结算方式。

办理委托收款，收款人应向商业银行提交委托收款凭证和有关债务证明。委托收款在同城和异地均可使用，单位和个人均可以使用，无金额起点限制。委托收款结算款项的划回方式，分为邮寄和电报两种，由收款人选用。付款人审查有关债务证明后，对收款人委托收款的款项需要拒绝付款的，可以在接到通知日的次日起 3 日内出具拒绝证明办理拒绝付款。在同城范围内，收款人收取公用事业费或根据国务院的规定，可以使用同城特约委托收款。

（二）委托收款按期付款的核算

1. 收款人开户行受理委托收款的核算

收款人办理委托收款时，应填写邮寄或电报委托收款凭证一式五联，并提供足以证明可以办理委托收款的依据，在第二联加盖单位印章后一并送交开户行审查。委托收款凭证各联用途：第一联为回单；第二联为收款凭证，收款人开户行作贷方传票；第三联为支款凭证，付款人开户行作借方传票；第四联为收账通知，收款人开户行在款项收妥后给收款人的收账通知；第五联为付账通知。

收款人开户行收到凭证，审核无误后，将第一联加盖业务公章后退给收款人，第二联专夹保管，并登记“发出委托收款凭证登记簿”，第三联加盖结算专用章，连同第四、五联及有关收款依据一并寄付款人开户行。

收款人开户行如不办理全国或省辖联行业务的，向付款人开户行直接发出委托收款凭证，均应在委托收款凭证的“备注”栏加盖“款项收妥划收××（行号）转划我行（社）”戳记，以便付款人开户行向指定的转划行填发报单。

2. 付款人开户行的核算

付款人开户行接到收款人开户行寄来的邮寄或电报第三、四、五联委托收款凭证及有关债务证明经审核无误后，按规定付款时，将第三联委托收款凭证作借方凭证，第四联委托收款凭证填注支付日期后寄交收款人开户行，第五联为付款通知。其会计分录如下：

借：吸收存款——活期存款——付款人户

　　贷：清算资金往来

3. 收款人开户行收到划回款项的核算

收款人开户行接到付款人开户行寄来的第四联委托收款凭证，与留存的第二联委托收款凭证进行核对后办理转账，第二联委托收款凭证作为贷方传票，将第四联委托收款凭证加盖转讫章作为收账通知交给收款人，并销记发出委托收款凭证登记簿。其会计分录如下：

借：清算资金往来

　　贷：吸收存款——活期存款——收款人户

（三）无款支付和拒绝付款的核算

1. 无款支付

商业银行在办理划款时，付款人账户不足支付全部款项，商业银行在委托收款凭证和收到委托收款凭证登记簿上注明退回日期和“无款支付”的字样，并填制三联付款人未付款通知书（用异地结算通知书代），将第一联通知书和第三联委托收款凭证留存备查，将第二、三联通知书连同第四联委托收款凭证邮寄给收款人开户行，留存债务证明的，其债务证明一并邮寄给收款人开户行，如果是电报划款的，则不另拍发电报。

2. 拒绝付款

若付款人拒绝付款的，应在签收日的次日起3天内填制四联拒绝付款理由书以及债务证明和第五联委托收款凭证。付款人开户行经核对无误后，在委托收款凭证和收到委托收款凭证登记簿备注栏注明“拒绝付款”字样，然后将第一联拒付理由书加盖业务公章，作为回单退还付款人，将第二联拒付理由书连同第三联委托收款凭证一并留存备查，将第三、四联拒付理由书连同付款人债务证明和第四、五联委托收款凭证一并寄收款人开户行，如果是电报划款的，则不另拍发电报。

收款人开户行收到第四、五联委托收款凭证及有关债务证明和第三、四联拒绝付款理由书，经核对无误后，抽出第二联委托收款凭证，并在该联凭证备注栏注明“拒绝付款”字样，销记发出委托收款凭证登记簿，然后将第四、五联委托收款凭证及有关债务证明和第四联拒付理由书一并退给收款人。收款人在第三联拒付理由书上签收后，收款人开户行将第三联拒付理由书连同第二联委托收款凭证一并保管备查。

第四节 银行卡业务的核算

一、银行卡概述

银行卡是指商业银行向个人和单位发行的，凭以向特约单位购物、消费和向商业银行存取现金，且具有消费信用的特制载体卡片。作为一种现代支付工具，银行卡一般具有转账结算、存取现金和消费信贷三大功能。它既满足了客户使用者的需求，也拓展了商业银行的业务，完善了商业银行的整体服务功能，同时也为商业银行带来可观的经营效益。

银行卡按是否能提供信用透支功能，可分为信用卡和借记卡。信用卡是指商业银行或其他财务机构签发给那些资信状况良好的用户，用于在指定商户购物和消费，或在指定银行机构存取现金的特制卡片，是一种特殊的信用凭证，也是持卡人信誉的标志。信用卡又分为贷记卡和准贷记卡。贷记卡是指发卡行给予持卡人一定的信用额度，持卡人可在信用额度内先消费、后还款的信用卡。准贷记卡是指持卡人先按商业银行要求交存一定金额的备用金，当备用金不足支付时，可在发卡行规定的信用额度内透支的信用卡。借记卡是指没有信用额度，持卡人先存款、后使用的银行卡。借记卡按功能不同又可分为转账卡、专用卡和储值卡。转账卡具有转账、存取现金和消费功能。专用卡是在特定区域、专用用途使用的借记卡，具有转账、存取现金的功能，其中专用用途是指百货、餐饮、娱乐行业以外的用途。储值卡是商业银行根据持卡人要求将资金转至卡内储存，交易时直接从卡内扣款的预付钱包式借记卡。由于借记卡可视同为存款卡，它的核算同活期存款，故本节主要介绍信用卡的会计处理。

银行卡按发卡对象的不同可分为单位卡和个人卡；按币种的不同可分为人民币卡和外币卡；按信息载体的不同可分为磁条卡和芯片卡。

信用卡的发卡机构必须是经中国人民银行批准的银行（包括外资银行、合资银行），非银行金融机构未经中国人民银行批准不得发行信用卡。非金融机构、境外金融机构的驻华代表机构不得发行信用卡和代理收单结算业务。凡在金融机构开立基本存款账户的单位可申领单位卡。凡具有完全民事行为能力的公民可申领个人卡。对单位卡的存取有如下规定：①单位卡账户的资金一律从其基本存款账户转账存入，不得交存现金，也不得将销货收入的款项存入其账户。②单位卡一律不得支取现金，不得用于10万元以上商品交易、劳务供应款项的结算。对个人卡存取的规定是个人卡账户的资金要以其特有的现金存入、以其工资性款项或属于个人劳动报酬的收入转账存入，严禁将单位的款项存入个人卡账户。持卡人在商业银行支取现金时，需将信用卡和身份证件一并交特约单位。智能卡、照片卡可免验身份证件。信用卡只限于合法持卡人本人使用，不得出租或转借。信用卡透支利息，自签单日或商业银行记账日起15日内按日息0.5‰计算，超过15日按日息1‰计算，超过30日或透支金额超过规定限额的，按日息1.5‰计算。透支计息不分段，按最后期限或者最高透支额的最高利率档次计息。免息期内不计利息，取现不享受免息期。持卡人使用信用卡不得发生恶意透支。恶意透支是指持卡人超过规定限额或超过规定期限，并经发卡行催收无效的透支行为。信用卡丢失，持卡人应立即持本人身份证件或其他有效证明，并按规定提供相关情况，向发卡行或代办行申请挂失。发卡行或代办行审核后办理挂失手续。

二、信用卡发卡的核算

（一）单位卡发卡的核算

单位申请使用信用卡，应按规定填写申请表，发卡行审核同意后，应及时通知申请人前来办理领卡手续，并按规定收取备用金和手续费。

1. *申请人在发卡行开户*

申请人提交支票和三联进账单给商业银行，经商业银行审查无误后，同时另填制一联特种转账贷方凭证作收取手续费凭证。其会计分录如下：

借：吸收存款——活期存款——申请人户

　　贷：吸收存款——信用卡存款——申请人户

　　　　手续费及佣金收入

商业银行经办人员将第一联进账单加盖转讫章作收账通知交给申请人。

2. *申请人不在发卡行开户*

申请人不在发卡行开户的，须填制支票及两联进账单交商业银行，发卡行审查无误后，在第二联进账单上加盖收妥入账戳记，将第一联进账单加盖转讫章作收账通知交给持票人。商业银行提出票据交换并等退票时间过后，以第二联进账单作贷方凭证，并填制一联收取手续费的特种转账贷方凭证办理手续。其会计分录如下：

借：清算资金往来

　　贷：吸收存款——信用卡存款——申请人户

　　　　手续费及佣金收入

（二）个人卡发卡的核算

个人申请使用信用卡，手续同单位卡基本一致。申请人交存现金的，商业银行在收妥后，填制一联收取手续费的特种转账贷方凭证，办理手续后发给其信用卡。其会计分录如下：

借：库存现金

　　贷：吸收存款——信用卡存款——申请人户

　　　　手续费及佣金收入

发卡行在办理信用卡发卡手续时，应登记信用卡账户开销户登记簿和发卡清单，并在发卡清单上记载领卡人身份证号码，并由领卡人签收。

三、信用卡付款的核算

（一）特约单位开户行的处理

信用卡在特约单位购物、消费时，持卡人应将信用卡交特约单位。经特约单位审查无误后打印签购单，由持卡人签名确认，将签购单回单联连同信用卡交还持卡人。每日营业终了，特约单位根据签购单汇总表填制汇计单，并连同签购单和进账单一并送交开户行办理转账。特约单位开户行收到上述单证，经审核无误后，应根据不同情况进行处理。

（1）特约单位与持卡人在同一商业银行开户的，直接办理转账。其会计分录如下：

借：吸收存款——信用卡存款——付款人户

　　贷：吸收存款——活期存款——特约单位户

　　　　手续费及佣金收入

（2）特约单位与持卡人不在同一行处开户的。其会计分录如下：

借：清算资金往来

　　贷：吸收存款——活期存款——特约单位户

　　　　手续费及佣金收入

（二）信用卡支取现金的手续

持卡人凭信用卡支取现金时，应要求持卡人提交身份证件，审核无误后，在取现单上办理刷卡。持卡人在发卡行系统内银行支取现金免费，在同城跨系统银行支取现金时，经办行按规定标准收取费用。

1. 在发卡行取款

借：吸收存款——信用卡存款——申请人户

　　贷：库存现金

2. 不在发卡行取款

借：清算资金往来

　　贷：库存现金

手续费及佣金收入

例 8：外地游客甲，持信用卡来 A 银行××支行要求支取现金 4 000 元。假设手续费率为 1‰。A 银行××支行的会计分录如下：

借：清算资金往来　　4 004
　　贷：库存现金　　4 000
　　　　手续费及佣金收入　　4

（三）持卡人开户行的处理

持卡人开户行收到同城交换来的签购单和汇计单或取现单、联行寄来的报单及签购单和汇计单或取现单时，应按规定认真审核，确认无误后，将签购单或取现单作借方凭证，汇计单留存。其会计分录如下：

借：吸收存款——信用卡存款——付款人户
　　贷：清算资金往来

例 9：A 银行××支行发生下列结算业务，根据各项业务编制会计分录。

（1）第一场交换提回时，发现开户单位 C 公司签发的一张金额为 8 000 元的支票，经审核无误，办理转账。

（2）开户单位 D 公司提交进账单，附 B 银行××支行签发的银行汇票结算凭证一份办理转账，金额为 7 000 元，已解付，实际结算金额为 6 000 元。

（3）客户甲持现金 50 000 元，填写银行本票申请书，来行要求签发银行本票一份，经审核无误，当即予以办理。

（4）交换提回有关信用卡凭证一份，系持卡人乙在 B 银行自动取款机提取现金 1 500 元，当即办理转账。

（5）收到 B 银行××支行寄来异地托收承付凭证一份，金额为 200 000 元，6 月 18 日（周三）承付期满，因付款单位 D 公司账户资金不足，6 月 19 日上午营业时，只能支付 100 000 元，6 月 24 日支付 60 000 元，6 月 30 日才全部付清。

计算赔偿金并作出相关账务处理。

（1）借：吸收存款——活期存款——C 公司　　8 000
　　　　贷：清算资金往来　　8 000

（2）借：汇出汇款　　7 000
　　　　贷：吸收存款——活期存款——D 公司　　1 000
　　　　　　清算资金往来　　6 000

（3）借：库存现金　　50 000
　　　　贷：本票　　50 000

（4）借：吸收存款——信用卡存款——乙　　1 500
　　　　贷：清算资金往来　　1 500

（5）借：吸收存款——活期存款——D 公司　　100 000

　　　　贷：清算资金往来　　100 000

借：吸收存款——活期存款——D 公司　　60 000

　　贷：清算资金往来　　60 000

赔偿金 $= 100\ 000$ 元 $\times 5 \times 0.5‰ + 40\ 000$ 元 $\times 6 \times 0.5‰ = 370$ 元

借：吸收存款——活期存款——D 公司　　40 370

　　贷：清算资金往来　　40 370

第四章　银行往来业务的核算

第一节　银行往来业务概述

一、银行往来业务简述

银行往来是同一商业银行系统内各个行处之间、不同商业银行系统之间以及它们与中国人民银行之间由于办理资金调拨、款项汇划及资金融通等业务引起的资金账务往来。由于经济生活中，各商业银行作为各自独立核算的金融企业，不仅有系统内的联行往来，要核算本系统内的资金调拨、款项汇划等业务，也有各银行之间的代收代付等资金账务往来，这就需要在中国人民银行的组织下，按一定的方式和程序，对银行往来进行核算。同时，中国人民银行为了发挥宏观调控作用，加强对信贷资金的管理，规定商业银行必须在中国人民银行开立存款账户，通过这个账户办理存款、向中国人民银行借款、再贴现和跨系统资金汇划等业务，这就形成了中国人民银行与商业银行之间的资金账务往来。

二、银行往来的核算范围

银行往来主要包括以下三个方面：

（一）商业银行内部的联行往来

商业银行内部的联行往来是指同一商业银行系统内各个行处之间由于办理结算、款项缴拨、内部资金调拨等业务引起的资金业务往来。联行往来是商业银行办理结算业务和划拨内部资金的重要工具，准确、及时、安全地组织系统内部各分行处之间的资金清算，是商业银行会计工作的重要任务。

（二）商业银行之间的往来

商业银行跨系统的结算和汇划业务，通过“跨行汇划款项，相互转汇”核算处理的，即为同业往来。另外，各商业银行在经营过程中，由于资金临时性的短缺发生资金周转困难，向其他商业银行借入短期资金进行调剂的，即为同业拆借。有关的跨系统行处，要在中国人民银行总的指挥下，共同制定切实有效的资金汇划和清算办法，以做到票据、单证不积压、不拖欠，同时要定期清理同业往来账户和清算利息。同城票据清算，即同一城市或同一票据交换区域的商业银行跨系统各行处之间的款项汇划业务。它通过中国人民银行当地分支行组织的同城票据交换处理。同城票据清算由中国人民银行当地分支行组织，各家商业银行经批准后参加，按规定时间和场次提出和提入票据进行清算。

（三）商业银行与中国人民银行之间的往来

商业银行在中国人民银行开立存款账户，作为商业银行与中国人民银行进行资金流通的渠道，也是中国人民银行管理和调控信贷资金的工具。商业银行间跨系统资金往来达到一定金额以及同一商业银行系统的大额汇划款项和资金调拨，按规定一律通过中国人民银行办理转汇，并清算资金。商业银行与中国人民银行的往来包括货币发行与回笼、缴存存款、上缴存款准备金、向中国人民银行再贷款和再贴现、清算本系统联行汇差、调拨业务资金等。商业银行在中国人民银行的存款账户不得透支，要留足备付金，以免备付金不足以及时调度资金。商业银行间的同业拆借要通过双方在中国人民银行的账户划转。商业银行和中国人民银行的往来要体现信贷资金自主核算的要求，严格划分商业银行与中国人民银行信贷资金的界限，不能相互无偿占用。各商业银行间的资金也是如此，不能相互无偿占用，确保中国人民银行通过信贷资金管理实现宏观调控。

第二节　商业银行内部的联行往来业务核算

一、商业银行内部的联行往来业务概述

商业银行是国民经济各部门资金活动的枢纽，各单位因商品交易、劳务供应而发生的货币资金结算，以及商业银行系统内部资金的划拨等，一般都要通过商业银行进行清算。这些资金的划拨、清算除小部分在同一行处办理外，大部分是在同一地区或不同地区的商业银行之间进行的，这就需要通过联行往来划拨资金和处理账务。由此可见，联行往来与国民经济各个部门有着广泛的联系，是清算和划拨各种资金的工具。因此，科学地组织联行凭证传递和账务处理，做好联行往来核算工作，对加速单位资金周转，活跃商品经济，促进经济发展，正确及时地实现商业银行的有关业务，真实、完整地反映联行的往来情况，都有重要的意义。

（一）联行往来的管理

由于我国银行体系中，中国人民银行和商业银行各自建立了系统内联行往来，为了加强对联行往来的管理和监督，切实保证结算业务的顺利往来，联行往来采取“统一领导，分级管理，集中监督，分别核算”的管理办法，实行全国联行往来、分行辖内往来和支行辖内往来三级管理体制。

1. 全国联行往来

全国联行往来适用于全国不同省、市、自治区各行处之间的资金账务往来。经总行批准，颁发全国联行行号、联行专用章和全国联行密押的行处才能办理全国联行往来，由总行负责监督清算。

2. 分行辖内往来

分行辖内往来适用于同一省、市、自治区内各行处之间的资金账务往来。由管辖分行发给分行辖内行号和分行辖内联行往来专用章的各行处才能办理分行辖内往来，由分行负责监督清算。

3. 支行辖内往来

支行辖内往来适用于同一市内各行处之间的资金账务往来。由管辖支行发给支行辖内行号和支行辖内联行往来专用章的各行处才能办理支行辖内往来，由支行负责监督清算。

目前，该管理体制主要适用于仍然采用手工联行做法的行处。

（二）联行往来核算的基本方法

联行往来核算是在各个行处间经过多个环节分别进行的。一笔联行业务，要涉及两个行处。尽管两个行处处理的时间、地点不同，但其联行往来账务却是一个统一的有机整体。任何一个行处、一个环节的联行账务处理如果不及时，或者发生差错，不但会影响单位资金周转，而且将影响整个联行核算工作的顺利进行，甚至导致国家遭受损失。因此，在联行往来的核算中必须要加强全局观，树立整体观念，认真执行联行制度中的有关规定，严密监督，保证资金的安全。

全国联行往来的基本做法主要有两种。一种是集中监督、集中逐笔核对，也叫集中清算制。它是指由各商业银行的总行负责清算。比较典型的有中国工商银行。另一种是集中监督、分散核对，也称分散清算制。它是指由总行的电子计算中心集中监督全国联行往来账，各收报行根据中心编发的对账表逐笔核对。其全部内容可以概括为：直接往来、分别核算；集中监督、分散核对；划分年度、查清结平。本节介绍第一种，即集中监督、集中逐笔核对方式下的联行往来。

（1）直接填发报单，往来分别核算。联行往来是在两个商业银行之间进行的，联行间的资金账务往来一律以报单为依据。当联行往来业务发生时，由发报行编制报单，处理往账，记载发出报单的内容并直接寄发报单给收报行；收报行按照报单所列内容处理来账，记载收到报单的内容。联行往来账务划分往账和来账两个系统，分别用往账科目和来账科目进行核算，这样，有往有来，金额相等，构成了联行账务的对应关系。但具体对各个办理联行往来的行处来说，由于每天发生各种联行业务，并且各行处既是发报行又是收报行，既要处理往账又要处理来账，这就要求往账和来账必须严格划分清楚，分别进行核算。

（2）往来双向报告，分行录磁传输。联行往来账的分散进行，决定了必须设立一个联行往来的监督部门，以监督发报行的往账与收报行的来账。因此，各发报行和收报行于每日营业终了，根据当天的往账和来账业务分别填制往账报告表、来账报告表，并附报告卡报告给管辖分行。管辖分行通过计算机录磁并传输给总行对账中心。

（3）总行集中监督，逐笔配对核销。总行对账中心收到各管辖分行传输的全国联行往账、来账数据信息，按月设户，将往账与来账报告卡进行逐笔配对核销，并通知各管辖分行该月度联行未达查清。

（4）年度查清未达账项，结平上年账务。联行业务连续不断地发生，因此要求联行往来账务应分清年度，不得混淆。新年度开始后，应划分本年账和上年账并分别处理。待上年度全国联行账务全部查清后，各行应将上年度联行账务余额逐级上划，由总行汇总结平上年度联行账务。

二、联行往来核算的会计科目与会计凭证

联行往来核算的会计科目和会计凭证是组织和实现联行往来核算的工具，也是处理联行账务的依据。因此，掌握联行往来会计科目的用途和结构、联行报单的类别和传递程序以及报告表的编制方法，是做好联行往来核算的基础。

（一）会计科目

“联行往账”科目，是全国联行往来专用科目，由发报行使用，核算发报行向省外联行填发联行报单，代理他行收付的款项。发出借方报单，即代理他行付款时，借记本科目；发出贷方报单，即代理他行收款时，贷记本科目。

“联行来账”科目，也是全国联行往来专用科目，由收报行使用，核算收报行收到发报行寄来的联行报单，代理他行收付的款项。收到贷方报单，即本行代理付款时，借记本科目；收到借方报单，即本行代理收款时，贷记本科目。

以上两个科目的年末余额，在新年度开始时，不通过会计分录，直接转入相应的“上年联行往账”和“上年联行来账”科目。

“上年联行往账”科目，是上年全国联行往账在未达账项查清前使用的科目。待未达账项查清，办理余额上划时，通过本年度“联行往账”科目转销本科目余额。

“上年联行来账”科目。收报行收到发报行寄来的上年度填发的报单，应通过本科目办理转账。待未达账项查清，办理余额上划时，经本年度“联行来账”科目转销本科目余额。

“已核对联行来账”科目。收报行收到电子计算中心寄来的对账表，同收到的报单逐笔勾对后，通过本科目办理转账。转账时将对账表内发生额全部转入本科目。其中，核对相符部分同联行来账科目对转；未对上部分，同“未核对报单款项”科目对转。

“未核对报单款项”科目。收报行对账时，如对账表所列报单尚未收到或因报单有误尚未转账，通过本科目进行核算。

（二）会计凭证

联行往来的基本凭证是联行报单。它是联行间办理资金划转和账务核算的重要依据，贯穿于整个联行往来核算过程。联行报单按业务性质的不同，可分为借

方报单和贷方报单两类；按划款方式和用途的不同，又可分为邮划借方和贷方报单、电划借方和贷方报单、电划借方和贷方补充报单六类。

（1）邮划借、贷方报单。邮划借、贷方报单一式四联，发报行签发后将第一联寄收报行作来账卡片；第二联寄收报行作来账报告卡，由其于每日营业终了随联行来账报告表寄总行电子计算中心；第三联留发报行作往账报告卡，每日营业终了随联行报告表寄总行电子计算中心；第四联由发报行留存作往账卡片。

（2）电划借、贷方报单。电划借、贷方报单一式四联，第一、二联缺，第三联的用途同邮划，第四联由发报行据以向收报行拍发电报，之后留存作往账卡片。

（3）电划借、贷方补充报单。电划借、贷方补充报单一式四联，是由收报行收到发报行拍发的电报后填制，第一、二联的用途同邮划，第三联由收报行作转账借方或贷方传票，第四联由收报行作付款或收账通知交给付款单位。

三、联行往来的核算

（一）发报行的核算

1. 签发报单

联行业务发生时，发报行按规定签发联行报单，并加盖联行专用章，需要编密押的，要加编密押。审核无误后，将第一、二联报单连同有关附件寄收报行；如果是电划报单，则根据第四联报单向收报行拍发电报。同时，以第四联报单作联行往账卡片，办理转账。

如果是代付款业务，则签发借方报单。其会计分录如下：

借：联行往账

　　贷：活期存款

如果是代收款业务，则签发贷方报单，并作相反的会计分录。

2. 编制联行往账报告表

联行往账报告表是发报行向总行汇报本行联行业务状况的工作报告，也是总行监督控制发报行正确办理联行往账核算和办理对账的重要依据。发报行应于每日营业终了，将本日发出的全部往账报单第三联先按借贷分开，再按收报行行号顺序排列，并按邮划、电划分别整理，据以编制联行往账报告表一式两份。经审核无误后，一份连同第三联往账报告卡寄总行电子计算中心，另一份与第四联往账卡片一并留存保管。

（二）收报行的核算

1. 审核和处理报单

收报行对收到的联行报单及附件，应就下列内容进行审核：①报单收报行的行名和行号、报单与附件的收、付款单位和户名、账号是否一致。②金额与笔数是否一致。③联行专用章与联行密押是否正确。对于完整无误的报单，应根据第一联报单及附件办理转账。

如收到贷方报单，则会计分录如下：

借：联行来账

　　贷：活期存款

如收到借方报单，则作相反的会计分录。

如收到的是发报行拍发的电报，则据以填制电划借（贷）方补充报单进行相应处理，会计分录同上。

对于不完整的报单，分为可以转账的报单和不可以转账的报单。可以转账的报单，贯彻以行号为准的原则。如果报单上的行号、行名是本行，但附件是他行的；或行号是本行的，行名和附件是他行的，则只要行号是本行的，就以行号为准，按本行报单处理。然后收报行再另外填制联行报单，将款项划至正确的收报行，同时通知原发报行。

例1：某行星海支行于6月9日接到客户装饰公司的委托汇出信汇款30 000元，收款人为省外某地系统内的阳光支行，开户单位为炉具厂，办理转账。请列出两支行的会计分录。

星海支行的会计分录如下：

借：吸收存款——活期存款——装饰公司　　30 000

　　贷：联行往账　　30 000

阳光支行的会计分录如下：

借：联行来账　　30 000

　　贷：吸收存款——活期存款——炉具厂　　30 000

2. 编制联行来账报告表

每日营业终了，收报行将本日收到的全部来账报单第二联先按借、贷方分开，再按发报行行号顺序排列，并按邮划、电划分别整理，据以编制联行来账报告表一式两份，经审核无误后，一份连同第二联来账报告卡寄总行电子计算中心，另一份与第一联来账卡片留存保管。

（三）总行集中逐笔对账

每日营业终了，参加全国联行往来的各经办行将各自编制的联行往账、来账报告表连同报告卡寄管辖分行，管辖分行审核无误后代为录磁，并传递经总行电子计算中心。总行电子计算中心对收到的报告表和报告卡应认真审核，确认无误后将其输入总行对账系统运行。总行对账系统设立往账和来账两大账务组织。

以各分行和经办行为对象，设立报告表登录系统和报告卡登录系统，报告卡登录系统内应按报告卡的日期按月设置未配对、已配对、待配对三个账户。

按往账和来账分别设置相应的全国汇总总账、管辖分行汇总分户账、经办行明细账。总账、分户账、明细账之间相互制约、控制和保持平衡。

总行计算机自动将输入的往账和来账报告卡进行逐笔配对，完全相符的，转入已配对账户，未配对的错误报单和待查对的未达报单，次日向分行和经办行查询。当某月未配对、待配对账户的发生额、余额全部转入已配对账户时，即表明全国联行往来账务全部核对相符。

（四）轧计和清算汇差

联行汇差就某一经办行而言，是其办理联行业务中汇入资金和汇出资金的差额，反映了联行间相互占用资金的关系。

1. 联行汇差的轧算与上划

(1) 经办行。每日营业终了，参加全国联行往来的各经办行要及时轧计汇差，填制汇差资金划拨凭证，向管辖分行上报。如果是应收汇差，则会计分录如下：

借：汇差资金划拨——全国联行汇差资金户

　　贷：全国联行汇差

如果是应付汇差，则作相反的会计分录。

例 2：某行北安支行当日联行往账账户借方发生额为 120 000 元，贷方发生额为 210 000 元；联行来账账户借方发生额为 200 000 元，贷方发生额为 100 000 元，请计算该行当日联行汇差。

联行汇差 = 联行往账借方发生额 + 联行来账借方发生额 –（联行往账贷方发生额 + 联行来账贷方发生额） = 120 000 元 + 200 000 元 –（210 000 + 100 000）元 = 10 000 元

因此，该行当日应收汇差为 10 000 元。

(2) 管辖分行。管辖分行收到辖内各经办行的上报，汇总轧计全辖联行汇差，填制汇差资金划拨凭证，向总行上报。如果是汇总应收汇差，则会计分录如下：

借：汇差资金划拨——总行户

　　贷：汇差资金划拨——全国联行汇差资金户

如果是汇总应付汇差，则作相反的会计分录。

例 3：A 银行江苏省分行营业部所辖各行处汇差资金资料如下：苏州支行为应付汇差 10 000 元，甲支行为应收汇差 130 000 元，乙支行为应收汇差 140 000 元。轧算结果，分行应收汇差为 260 000 元。请写出 A 银行江苏省分行所作会计分录。

该分行所作会计分录如下：

借：汇差资金划拨——总行户	260 000	
——苏州支行户	10 000	
贷：汇差资金划拨——甲支行户		130 000
——乙支行户		140 000

（3）总行。总行收到各管辖分行上报，分别按各行编制汇差资金划拨凭证。如分行为应收汇差，则会计分录如下：

借：全国联行汇差——××分行户

贷：汇差资金划拨——××分行户

分行如果是应付汇差，则作相反的会计分录。

2. 联行汇差资金的清算

汇差资金的清算必须通过各行在中国人民银行开立的备付金账户划拨。各行的联行汇差凡达到规定的时间和额度要及时办理清算，清算要逐级进行，先由应付汇差的经办行按上级行通知将汇差资金上缴分行，分行再将资金划拨给应收汇差的所属经办行，最后，由分行将全辖的应收或应付汇差统一向总行清算。具体过程如下：

（1）经办行上缴应付汇差。其会计分录如下：

借：汇差资金划拨——全国联行汇差资金户

贷：存放中央银行款项

（2）分行收到上缴的应付汇差。其会计分录如下：

借：存放中央银行款项

贷：汇差资金划拨——某行处户

（3）分行将资金下拨给应收汇差经办行。其会计分录如下：

借：汇差资金划拨——全国联行汇差资金户

贷：存放中央银行款项

（4）经办行收到分行拨给的汇差资金。其会计分录如下：

借：存放中央银行款项

贷：汇差资金划拨——全国联行汇差资金户

分行汇总轧计全辖联行汇差，统一向总行提出清算，可参照以上处理进行。

（五）按年度结清上年账务

1. 划清年度

新年度伊始，各行应将联行往账、联行来账、全国联行汇差科目余额，不通过会计分录，直接转入上年联行往账、上年联行来账和全国联行汇差——上年户。与新年度联行账务分别核算，不能混淆。

发报行于新年度开始起，不得再签发上年度的联行报单。收报行于新年度开始起，收到发报行上年度签发的联行报单，应在上年联行来账科目核算，向总行报送联行来账报告表也应分上年度和本年度。

总行于新年度开始，将报告表和报告卡的总账、分户账，以及未配对、已配对、待配对明细账全部结转上年户，与本年度发生的账务严格分开。

2. 上年度联行账务查清的标志

上年度联行账务查清的标志：①全国联行往账与来账的全年累计发生额、余额平衡一致。②全年联行汇差科目上年户借、贷余额相等。③联行往账与来账报告卡全部配对。④总行、管辖分行、经办行的联行往、来账发生额、余额全部核对相符。

3. 上年联行账务的核对与上划

总行在上年度联行未达账项查清后，按各经办行的行号编制“往账与来账余额核对通知单”，发送管辖分行。由管辖分行打印发给所辖各经办行核对，信息反馈无误后，汇总编制全辖“往账与来账余额核对报告单”上报总行。总行全部收齐并核对无误后，即可通知各行上划上年度联行科目余额。各经办行接到通知后，应填制本年度联行报单将余额上划管辖行。

四、电子联行往来的核算

全国电子联行往来（简称电子联行），是指中国人民银行系统内发有电子联行行号的行与行之间通过计算机网络系统和卫星通信技术进行异地资金划拨的账务往来。运用现代化的计算机网络和卫星通信技术处理联行汇划业务，实现清算手段的现代化，简化了核算手续，缩短了资金在途时间，加速了资金周转。

根据“加强资金管理，加速资金周转，严密联行监督，简化业务手续”的原则，电子联行采用“星形结构、纵向往来、随发随收、当时核对、每日结平、存欠反映”的基本做法。电子联行在中国人民银行总行设立资金清算中心，在九大区域分行、北京、重庆营业管理部和省会中心支行设立资金清算中心。各分中心受理联行汇划业务，直接发送到总中心。各分中心之间不发生直接的横向联系，所有分中心之间汇划业务的往来都在通过总中心转收转付。每日营业终了，总中心和分中心核对无误后，结平当日电子联行账务。各金融机构受理异地汇划业务，发出汇划业务的行称汇出行，收到汇划业务的行称汇入行。汇出、汇入资金由中国人民银行当即清算，汇划款项与清算资金同步进行。

电子联行往来核算的会计科目有以下几个：

（1）“电子联行往账”科目，反映发报行通过转发行向收报行进行资金汇划业务。发报行办理代付款业务，借记本科目；办理代收款业务，贷记本科目。余额双方反映，不得轧差反映。与转发行核对后，正常情况下，当日结平无余额。

（2）“电子联行来账”科目，反映收报行收到转发行转来的发报行的资金汇划业务。收报行办理代付款业务，借记本科目；办理代付款业务，贷记本科目。余额双方反映，不得轧差反映。与转发行核对后，正常情况下，当日结平无余额。

（3）“电子清算资金往来”科目，反映各清算分中心和总中心之间的电子联行资金存欠用。每日电子联行往账、来账科目余额分别对清后全额转入本科目，余额轧差反映。本科目不分年度，年终不通过分录结转下年新账。在中国人民银行账务报表全国汇总后，本科目的借方、贷方余额应相等。

电子联行业务核算使用的会计凭证有以下几种：

（1）电子联行转汇借（贷）方清单。该凭证一式三联。第一联为发报依据，由发报行录入员凭以录入电子计算机发往转发行；第二联在发报行会计部门记账后，与有关凭证一并作有关金融机构往来科目传票附加件；第三联是回单，由发报行加盖转讫章后退汇出行。

（2）电子联行往账借（贷）方清单。该凭证一式两联。第一联由发报行作为与汇出行往来科目的记账凭证的附件；第二联由发报行作为电子联行往账卡片。

（3）电子联行来账借（贷）方清单。该凭证一式三联。第一联由收报行作为电子联行来账卡片；第二联由收报行作为与汇入行往来科目的记账凭证的附件；第三联由收报行加盖转讫章后交汇入行。

（4）电划贷方（借方）补充报单。该凭证一式三联。第一联收报行代电子联行来账卡片账；第二联交汇入行代转账传票；第三联由汇入行交开户单位作收付款通知。

（一）汇出行

汇出行收到开户单位提交应转汇的汇划凭证，按规定审核无误后，依划收、划付业务，逐笔填制转汇清单各一式三联，并汇总填制划款凭证办理转账。

如为代收业务，则会计分录如下：

借：活期存款

　　贷：存放中央银行款项

如为借记业务，则作相反的会计分录。转账后，将一联划款凭证连同三联转汇清单和有关汇划凭证一并提交开户的发报行。

（二）发报行

发报行收到汇出行提交的划款凭证、三联转汇清单及有关汇划凭证，经审核无误并确认汇出行账户中存款足够支付时，即可办理转账。

如为代收业务，则会计分录如下：

借：××银行存款

　　贷：电子联行往账

如为代付业务，则作相反的会计分录。

转账后，第三联转汇清单作为回单退回汇出行。在转汇清单第一、二联上逐笔加填收报行行号和加编密押，第二联作有关传票附件留存，第一联提交录入员签收后据以输入电子联行计算机系统，打印出电子联行往账清单。录入计算机的往账信息，经审核无误后，通过通信网络发往转发行，并根据转发行发回的收电回执，由电子计算机累计已发妥往账贷、借记业务笔数、金额。

每日营业终了，发报行发出往账结束包与转发行对清当日往账笔数及金额累计数，收到对账正确回执后填制转账传票，办理转账，将电子联行往账科目金额转入电子清算资金往来科目。

如为代收业务，则会计分录如下：

借：电子联行往账

　　贷：电子清算资金往来

如为代付业务，则作相反的会计分录。

（三）转发行

转发行收到发报行的往账信息，经确认无误后，向发报行发送收电回执，同时，逐笔分批转发收报行，并验证收报行的收电回执。每日终了，转发行与发报行、收报行对账无误后，打印“电子联行往来平衡表”，并汇总各联行的借、贷资金，汇总后各行借、贷资金总额应相等。每月转发行同各发报行、收报行用电传或邮寄对账表方式核对“电子清算资金往来”科目余额，发现不符的，立即查明更正。

（四）收报行

收报行收到转发行发来的来账信息后，经审核无误后，向转发行发送收电回执，并按汇入行打印电子联行来账清单，经逐笔核押无误后，按总数填制两联划款凭证办理转账。

如为代收业务，则会计分录如下：

借：电子联行往账

　　贷：××银行存款

如为代付业务，则作相反的会计分录。

转账后，第三联来账清单盖章后，和一联划款凭证一起交汇入行。每日营业终了，收报行与转发行核对当日来账，无误后，即可填制转账记账凭证办理转账。

如为代收业务，则会计分录如下：

借：电子清算资金往来

　　贷：电子联行来账

若为代付业务，则作相反的会计分录。

（五）汇入行

汇入行接到收报行转来的电子联行贷方或借方来账清单第三联和划收凭证，审核后，自行编制进账凭证和收款或付款通知，并办理转账。

如为代收业务，则会计分录如下：

借：存放中央银行款项

贷：活期存款

若为代付业务，则作相反的会计分录。

转账后，将收（付）款通知加盖转讫章送交收（付）款人。

五、资金汇划与清算业务的核算

资金汇划清算系统是指充分运用先进科技手段，以有利于商业银行资金宏观管理和灵活调度、提高经济效益、防范金融风险、便于核算操作为出发点，建立起来的与商业银行统一法人制和企业化管理相适应的新的联行往来核算系统，是对传统手工联行做法的重大改革。随着我国金融体制改革的不断深入，以及银行结算改革、财务改革的进行，银行联行清算体制也面临着改革的问题。传统的联行清算体制在采用计算机联网处理、加快资金汇进速度、完善联行监控体系、改善内部管理等方面虽然比以往有了长足的进步，但仍不能满足银行商业化管理的要求，尤其是在联行汇差资金的管理上存在很大的漏洞，给商业银行的资金管理与营运带来了很大的负面影响，资金汇划清算系统就是在这一背景下产生的。该核算系统利用先进的计算机网络，将发报行、收报行之间横向的资金往来转换成纵向的资金汇划，资金划拨快捷，资金清算及时，大大减少了在途资金，防止了行与行相互之间的资金存欠，是我国联行往来核算改革的成果和异地划拨资金的发展方向。我国各商业银行自1999年起，先后以资金汇划清算系统取代了原来的联行往来制度。这对提高资金汇划速度，加强资金管理，提高商业银行集约化经营水平和资金使用效益，进一步发挥商业银行的职能作用，都具有重大的意义。

（一）资金汇划清算系统处理的基本方法

资金汇划清算系统由汇划业务经办行、清算行、省分行和总行清算中心通过计算机网络组成。经办行是具体办理结算资金和内部资金汇划业务的行处，汇划业务的发生行是发报经办行，汇划业务的接收行是收报经办行。清算行是在总行清算中心开立备付金存款账户，办理其辖属行处汇划款项清算的分行，包括直辖市分行、总行直属分行及二级分行。省区分行在总行开立备付金户，只办理系统内资金调拨和内部资金利息汇划。总行清算中心是办理系统内各经办行之间的资金汇划、各清算行之间的资金清算及资金拆借、账户对账等账务的核算和管理的部门。

各发报经办行根据发生的结算等资金汇划业务录入数据，全部、及时地发送到发报清算行；发报清算行将辖属各发报经办行的资金汇划信息传输给总行清算中心；总行清算中心对发报清算行传输的汇划数据即时传输给收报清算行；收报清算行当天或次日将汇划信息传输给收报经办行，从而实现资金汇划业务。在清算的整个流程中，清算行处在信息中转的地位，既要向总行清算中心传输发报经办行的汇划信息，又要向收报经办行传输总行清算中心发送过来的汇划业务信息。资金汇划的出口或入口均反映在清算行，使其可以控制所辖经办行的资金汇划与清算。

资金汇划清算的基本做法是实存资金、同步清算、头寸控制、集中监督。实存资金是指以清算行为单位在总行清算中心开立备付金存款账户，用于汇划款项时资金清算。同步清算是指发报经办行通过其清算行经总行清算中心将款项汇划至收报经办行，同时，总行清算中心办理清算行之间的资金清算。头寸控制是指各清算行在总行清算中心开立的备付金存款账户应保证足额存款，总行清算中心对各行汇划资金实行集中清算。清算行备付金存款不足，二级分行可向管辖省区分行借款，省区分行和直辖市分行、直属分行头寸不足可向总行借款。集中监督是指总行清算中心对汇划往来数据发送、资金清算、备付金存款账户资信情况和行际间查询、查复情况进行管理和监督。

（二）资金汇划与清算业务核算的会计科目与会计凭证

1. 资金汇划与清算业务的会计科目

"系统内上存款项"科目，用于核算下级行存放在上级行的资金，凡各清算行和省区分行在总行开立的备付金账户，以及二级分行在省区分行开立的调拨资金户均使用该科目核算，因此该科目下可以设置"上存总行备付金"和"上存省区分行调拨资金"账户。该科目属于资类科目，余额反映在借方。

"系统内款项存放"科目，是各上级行用以核算下级行备付金存款和调拨资金的科目，属于负债类科目，余额反映在贷方。总行使用该科目按清算行和省区分行设"备付金存款户"，省区分行以该科目核算反映二级分行的调拨资金存款的增减变动，在该科目下按二级分行设置"调拨资金存款户"。

"待清算辖内往来"科目，用以核算反映各发、收报经办行与清算行之间的资金汇划往来与清算情况，属于资产负债共同类科目，余额轧差反映。

2. 资金汇划往来的基本凭证

（1）辖内往来汇总记账凭证。"辖内往来汇总记账凭证"是发报经办行日终根据当天向清算行发出的汇划业务信息打印，并以打印的"资金汇划业务清单"作附件。

（2）资金汇划（借方）补充凭证和资金汇划（贷方）补充凭证，是收报经办行接收来账信息后打印的账务记载依据和款项已入账的通知，均为一式二联，一联作有关科目的借方、贷方传票，借方补充凭证的另一联作有关科目的凭证或附件，贷方补充凭证的另一联作收账通知。资金汇划补充凭证是重要的空白凭证，纳入表外科目控制与反映。

（三）汇划款项与资金清算的核算

1. 发报经办行

发报经办行是资金汇划业务的发生行，业务发生后，要经过录入、复核和授权三个环节的处理。汇划业务的发出分为实时处理和批量处理，实时处理主要是对紧急款项的划拨和查询、查复事项要及时处理，其他业务作批量处理。

发报经办行的处理步骤：①由经办人员根据客户填写的汇划凭证用计算机录入汇划凭证内容。②复核人员根据原始汇划凭证，进行全面审查、复核。③授权人员根据“事权划分”的权限进行授权，实时业务全部授权，批量业务根据金额的不同有不同的规定。

业务数据经过录入、复核、授权无误后，产生有效汇划数据，由系统按规定时间发送至清算行。贷报业务的会计分录如下：

借：××科目

　　贷：待清算辖内往来

如为借报业务，则作相反的会计分录。

每日营业终了，发报经办行将电汇凭证第三联，托收承付凭证、委托收款凭证、银行卡凭证第四联，银行汇票第二、三联，银行承兑汇票第二联，储蓄旅行支票、储蓄委收利息清单等，作“待清算辖内往来”科目凭证的附件。“信汇付款指令”信汇业务是在信汇凭证第三联上加盖“结算专用章”后连同第四联邮寄收报经办行，同时应打印输出“辖内往来汇划汇总记账凭证”、“汇划发报汇总”、“资金汇划业务清单”、“资金汇划业务量统计表”等凭证或清单。

为确保发出资金汇划业务的正确，每日营业终了还应进行数据核对。由手工轧记当日原始汇划凭证的笔数和金额、辖内往来汇划凭证的笔数和金额、资金汇划业务量统计表的汇总笔数和金额、汇划发报汇总的笔数和金额、资金汇划业务清单的笔数和金额，上述各项应该一致。

2. 发报清算行

发报清算行收到发报经办行传输来的跨清算行汇划业务后，计算机自动记载“上存系统内款项”科目和“待清算辖内往来”科目有关账户。如收到发报经办行发来的贷方汇划业务，则会计分录如下：

借：待清算辖内往来

　　贷：系统内上存款项——上存总行备付金户

如为借方汇划业务，则作相反的会计分录。

经过按规定权限授权、编押及账务处理后，汇划业务数据由计算机自动传输至总行。

3. 总行清算中心

总行清算中心收到各发报清算行汇划款项，由计算机自动登记后，将款项传送至收报清算行。每日营业终了更新各清算行在总行开立的备付金存款账户。如贷方汇划款项，则会计分录如下：

借：系统内款项存放——发报清算行备付金户

贷：系统内款项存放——收报清算行备付金户

每日营业终了，经账务核对无误后，打印“试算平衡表”、“备付金存款分析表”、“资金汇划系统资金流向表”等，以便分析当日资金汇划业务情况和资金流向情况。

4. 收报清算行

收报清算行收到总行清算中心传来的汇划业务数据，计算机自动检测收报经办行是否为辖属经办行，批量业务处理后次日传送至收报经办行。具体处理方式分为集中式和分散式两种。

集中式是指收报清算行作为业务处理中心，负责全辖汇划收报的集中处理及汇出款、应解汇款等内部账务的集中管理。

（1）收到总行清算中心传来的实时汇划数据后，即代辖属经办行记账。如为贷方汇划业务，则会计分录如下：

借：系统内上存款项——上存总行备付金户

　　贷：待清算辖内往来

借：待清算辖内往来

　　贷：××科目

如为借方汇划业务，则作相反的会计分录。

（2）收到总行清算中心传来的批量汇划数据后，日终进行挂账处理。如为贷方汇划业务，则会计分录如下：

借：系统内上存款项——上存总行备付金

　　贷：其他应付款——待处理汇划款项户

如为借方汇划业务，则会计分录如下：

借：其他应收款——待处理汇划款项户

　　贷：系统内上存款项——上存总行备付金户

次日清算行代收报行确认后记账。如为贷方汇划业务，则会计分录如下：

借：其他应付款——待处理汇划款项户

　　贷：待清算辖内往来

借：待清算辖内往来

　　贷：××科目

如为借方汇划业务，则会计分录如下：

借：待清算辖内往来

　　贷：其他应收款——待处理汇划款项户

借：××科目

贷：待清算辖内往来

分散式是指收报清算行收到总行传来的汇划数据后均传至收报经办行处理。

（1）收到总行清算中心传来的实时汇划数据后，要即时传至收报经办行记账。如为贷方汇划业务，则会计分录如下：

借：系统内上存款项——上存总行备付金户

　　贷：待清算辖内往来

如为借方汇划业务，则作相反的会计分录。

（2）收到总行清算中心传来的批量汇划数据进行挂账处理。会计分录与集中式批量处理收到挂账的会计分录相同，先转入"其他应付款"或"其他应收款"科目，待次日收报经办行确认后，冲减"其他应付款"或"其他应收款"科目并通过"待清算辖内往来"科目传至收报经办行记账。

5. 收报经办行

收报经办行收到清算行传来的批量、实时汇划业务，经检查无误后，打印"资金汇划（借方）补充凭证"或"资金汇划（贷方）补充凭证"一式两份，并自动进行账务处理。

如为贷方汇划业务，则会计分录如下：

借：待清算辖内往来

　　贷：××科目

如为借方汇划业务，则作相反的会计分录。

收报经办行的日终处理与发报经办行的日终处理相同。

（四）资金汇划清算的对账

各清算行每日营业终了自动将汇划资金清算明细数据逐级上传进行明细对账。省区分行收到上传的明细数据后与辖属各清算行汇划业务明细数据入清算信息配对对账。总行收到传来的明细数据后，与各行在总行的"系统内款项存放"科目有关账户汇划业务明细数据及清算信息配对对账，并将对账结果逐级上传，发现疑问要发出对账差错信息，同时登记"对账差错登记簿"。各清算行每日将"系统内借入"科目各借款户清单传至总行和省区分行进行核对。各行每日接收总行发出的对账差错信息后，打印差错清单，在5个工作日内必须查清原因，并按规定处理完毕。

（五）系统内资金调拨及利息计算

1. 备付金存款账户的开立与资金存入

清算行和省区分行在总行清算中心开立备付金存款账户时，可通过中国人民银行将款项直接存入总行清算中心。上存时填制特种转账传票进行账务处理。其会计分录如下：

借：其他应收款——待处理汇划款项户

　　贷：存放中央银行款项

待接到总行清算中心借记信息后，进行账务处理。其会计分录如下：

借：系统内上存款项——上存总行备付金户

贷：其他应收款——待处理汇划款项户

总行清算中心收到各清算行和省区分行上存的备付金后，当日通知有关清算行，进行账务处理。其会计分录如下：

借：存放中央银行款项

贷：系统内款项存放——××分行存放备付金户

各清算行或省区分行通过中国人民银行汇款补足备付金存款，二级分行通过中国人民银行向管辖分行上存用于调拨的资金时，其处理与上述相同。

2. 系统内拆借资金的核算

（1）一般借入。清算行如不能通过中国人民银行汇款补足在总行清算中心的备付金存款，经授权人批准，向管辖行申请借入资金。

省区分行接到二级分行（清算行）资金借款申请书后，经授权人批准，向总行清算中心办理资金借出手续。其会计分录如下：

借：系统内借出——一般借出借入行户

贷：系统内上存款项——上存总行备付金户

总行清算中心收到省区分行借出资金信息后，当日自动进行账务处理。其会计分录如下：

借：系统内款项存放——××省区分行存放备付金户

贷：系统内款项存放——××清算行存放备付金户

清算行收到借款信息后，自动进行账务处理。其会计分录如下：

借：系统内上存款项——上存总行备付金户

贷：系统内借入——一般借入户

省区分行经授权人批准可向总行借款，账务处理同清算行向上级行一般借入款项。

（2）强行借款。如二级分行在总行备付金不足，日终又不能立即借入资金补足，总行清算中心有权主动代省区分行强行向二级分行借出资金，同时通知二级分行和省区分行。

强行借款的处理，除将“系统内借出（入）”科目的“一般借出（入）户”改为“强行借出（入）户”外，其余处理手续与上述相同。

如省区分行在总行的备付金存款余额不足以向二级分行借出资金，则会计分录如下：

借：系统内借出——强行借出户

贷：系统内款项存放——××省区分行存放备付金户

借：系统内款项存放——××省区分行存放备付金户

贷：系统内款项存放——××清算行存放备付金户

省区分行收到总行清算中心代本行强行拆借给辖属二级分行的强行借款通知后，进行账务处理。其会计分录如下：

借：系统内借出——强行借出户

　　贷：系统内上存款项——上存总行备付金户

二级分行收到总行清算中心通知后进行账务处理。其会计分录如下：

借：系统内上存款项——上存总行备付金户

　　贷：系统内借入——强行借入户

3. 归还借款的核算

二级分行在总行清算中心的备付金存款足以归还向省区分行借款时，经授权人批准，向总行清算中心发出还款通知，并填制特种转账凭证，进行账务处理。其会计分录如下：

借：系统内借入——一般借入户或强行借入户

　　贷：系统内上存款项——上存总行备付金户

总行清算中心系统自动更新总行清算中心和省区分行有关账户。总行清算中心的会计分录如下：

借：系统内款项存放——××清算行存放备付金户

　　贷：系统内款项存放——××省区分行存放备付金户

省区分行的会计分录如下：

借：系统内上存款项——上存总行备付金户

　　贷：系统内借出——一般借出户或强行借出户

省区分行向总行清算中心归还借款。其会计分录如下：

借：系统内借入——一般借出户或强行借出户

　　贷：系统内上存款项——上存总行备付金户

总行清算中心的会计分录如下：

借：系统内款项存放——××省区分行存放备付金户

　　贷：系统内借出——一般借出户或强行借出户

二级分行或省区分行借款到期不能归还，到期日营业终了，自动转入各该科目逾期贷款户，并自转入日按规定的逾期贷款利率计算利息。

4. 利息清算的核算

总行清算中心按季计算各清算行及省区分行存入总行的备付金存款和借款利息，并下划各行。

（1）总行清算中心下划存款利息。其会计分录如下：

借：利息支出——系统内往来支出户

　　贷：系统内款项存放——××银行存放备付金户

清算行和省区分行收到后，进行账务处理。其会计分录如下：

借：系统内上存款项——上存总行备付金户

　　贷：利息收入——系统内往来收入户

（2）总行清算中心下划借款利息。其会计分录如下：

借：系统内款项存放——××分行存放备付金户

　　贷：利息收入——系统内往来收入户

清算行和省区分行收到后，进行账务处理。其会计分录如下：

借：利息支出——系统内往来支出户

　　贷：系统内上存款项——上存总行备付金户

各清算行和省区分行在总行清算中心的备付金存款不足支付借款利息的，总行先作强行借款处理，然后按前述账务处理下划借款利息。

省区分行按季向辖属清算行计收借款利息及计付调拨资金存款利息的核算与上述处理相同。

第三节　商业银行之间跨系统往来业务的核算

商业银行之间的往来又称同业往来，是指各商业银行之间由于办理异地结算转汇、同城票据交换、相互融通资金等业务所引起的资金账务往来。它既与结算等业务有着密切的联系，又关系到系统资金清偿，而跨系统资金清偿始终还是要通过各自在中国人民银行开立的准备金存款账户来办理。

一、异地跨系统汇划款项的核算

商业银行跨系统的异地结算，可以通过中国人民银行现代化支付系统清算和转汇，也可以通过跨系统商业银行转汇。本节介绍通过跨系统商业银行转汇的会计处理。

（一）会计科目设置

“存放同业”科目为资产类科目，核算商业银行存放在境内、境外金融机构的存款。商业银行增加在同业的存款，借记本科目，贷记有关科目；减少在同业的存款，借记有关科目，贷记本科目。本科目可分别以“银行汇票”、“银行本票”、“信用卡”等进行明细核算。本科目期末借方余额，反映商业银行存放在同业的各种款项。

“同业存放”科目为负债类科目，核算商业银行吸收的境内、境外金融机构的存款。本科目可按存放金融机构进行明细核算。商业银行增加存款，应按实际收到的金额，借记“存放中央银行款项”等科目，贷记本科目。减少存款作相反的会计分录。本科目期末贷方余额，反映商业银行吸收的同业存放的款项。

（二）账务处理

根据商业银行的机构设置不同，可分别采用以下三种划款方式：

1. 汇出地为双设机构地区

汇出地为双设机构地区是指汇出行所在地区设有汇入行系统内的银行机构。当发生异地汇划款项业务时，汇出行先直接或通过同城票据交换将汇划款项凭证交给跨系统的转汇行，再由转汇行通过本系统内的联行往来将款项划往汇入行，即采取“先横后直”的转汇方式。下面以转汇划收款为例，介绍转汇的核算手续。

（1）汇出行的核算。汇出行根据客户提交的汇款凭证，分不同系统的汇入行逐笔填制“转汇清单”，其会计分录如下：

借：吸收存款——××存款（汇款人户）

　贷：同业存放（或存放中央银行款项）

（2）转汇行的核算。转汇行收到汇出行划转的凭证和转汇清单，审查无误后，通过本系统联行将款项划往异地汇入行转入收款人账户。其会计分录如下：

借：存放同业（或存放中央银行款项）

　贷：联行往账

（3）汇入行的核算。汇入行收到联行划来的款项，审核无误后，为收款单位入账。其会计分录如下：

借：联行来账

　贷：吸收存款——××存款（收款人户）

如为划汇款业务，则各行的会计分录相反。

2. 汇出地为单设机构地区

汇出地为单设机构地区是指汇出行所在地没有汇入行系统的银行机构，而汇入行所在地为双设机构地区。在这种情况下应采取“先直后横”方式在汇出地办理转汇。即由汇出行将款项通过本系统联行至异地本系统的转汇行，然后由本系统转汇行与同城跨系统的汇入行办理转汇和清算资金。

（1）汇出行的核算。汇出行办理的联行业务，如果是代收款项，则会计分录如下：

借：吸收存款——××存款（汇款人户）

　贷：联行往账

如果是代付款项，则作相反的会计分录。

（2）转汇行的核算。汇入地转汇行收到本系统汇出行寄来的联行报单，办理联行来账的业务和系统资金清算。

如果是代收款项，则会计分录如下：

借：联行来账

　贷：同业存放（或存放中央银行款项）

如果是代付款项，则作相反的会计分录。

（3）汇入行的核算。汇入行收到本地区跨系统转汇行划转来的款项，审核无误后，为收款单位收款入账或为付款单位扣款出账。

如果是代收款项，则会计分录如下：

借：同业存放（或存放中央银行款项）

　　贷：吸收存款——××存款（收款人户）

如果是代付款项，则作相反的会计分录。

3. 汇出地、汇入地均为单设机构地区

汇出地、汇入地均为单设机构地区办理跨系统汇划款项时，要就近选择设有双系统银行机构的地区作为转汇地。汇出行先通过本系统联行将款项划至转汇地的联行（代转行），再由其通过同城票据交换将汇划款项转至当地的跨系统转汇行，跨系统转汇行通过联行划转款项至汇入行转入收款人账户。这种方式称作“先直后横再直”的转汇方式。

（1）汇出行的核算。汇出行根据客户提交的汇款凭证，填制本系统联行报单，通过联行系统将款项划转至双设机构地区汇出行系统转汇行。

如果是代收款项，则会计分录如下：

借：吸收存款——××存款（汇款人户）

　　贷：联行往账

如果是代付款项，则作相反的会计分录。

（2）双设机构地区汇出行系统转汇行的核算。双设机构地区汇出行系统转汇行收到本系统汇出行联行报单，经审查无误后，直接通过同城票据交换，向汇入行系统转汇行办理转汇并清算资金。

如果是代收款项，则会计分录如下：

借：联行来账

　　贷：同业存放（或存放中央银行款项）

如果是代付款项，则作相反的会计分录。

（3）双设机构地区汇入行系统转汇行的核算。汇入行系统转汇行收到汇出行系统转汇行提交的转汇清单和汇划凭证，经审核无误后，通过本系统联行将款项划往异地的汇入行。

如果是代收款项，则会计分录如下：

借：同业存放（或存放中央银行款项）

　　贷：联行往账

如果是代付款项，则作相反的会计分录。

（4）汇入行的核算。汇入行收到本系统联行转入的有关凭证，经审核无误后，为收款单位收款入账或为付款单位扣款出账。

如果是代收款项，则会计分录如下：

借：联行来账

　　贷：吸收存款——××存款（收款人户）

如果是代付款项，则作相反的会计分录。

例4：甲地A银行开户单位服装厂提交信汇凭证一份，金额为80 000元，汇往乙地B银行，收款人为棉纺厂，假设双方通过跨系统商业银行转账，且汇出行、汇入行所在地均为单设机构。要求分别写出汇出行、转汇行和汇入行的会计分录。

汇出行的会计分录如下：

借：吸收存款——活期存款　　80 000

　　贷：辖内往来　　80 000

第三地汇出行联行的会计分录如下：

借：辖内往来　　80 000

　　贷：同业存放　　80 000

第三地汇入行联行的会计分录如下：

借：存放同业　　80 000

　　贷：辖内往来　　80 000

汇入行的会计分录如下：

借：辖内往来　　80 000

　　贷：吸收存款——活期存款　　80 000

二、同城票据交换的核算

同城票据交换是同一城市（包括郊区县和毗邻地区）各商业银行相互代收、代付的票据，定时、定点集中相互交换并清算资金存欠的方法。在同城结算业务中，与结算业务有关的收付款单位大都不在同一行处开户，它们之间的结算如果每笔票据业务都采用逐笔送交对方行转账或逐笔清偿存欠款的做法，则不仅增加核算工作量，而且手续过繁，影响及时入账，不利于社会资金周转。因此，同城各行处间的资金账务往来都采取集中票据交换的办法，即定时、定点，集中交换代收、代付的票据，然后轧计差额，清算存欠。集中交换票据的场所称为票据交换所，由中国人民银行主办，参加票据交换的商业银行须经中国人民银行批准并颁发交换行号，方可按规定时间参加交换。

（一）同城票据交换的基本做法

参加票据交换的商业银行均应在中国人民银行开立备付金存款账户，由中国人民银行负责对各商业银行之间的资金存欠进行清算。票据交换分为提出行和提入行两个系统。向他行提出票据的是提出行，提回票据的是提入行。而参加票据交换的商业银行一般既是提出行又是提入行。各行提出交换的票据可分为两类：①由本行开户单位提交，委托本行向他行开户单位付款的各种结算凭证，如由签发人提交的支票，代发工资、划转税款凭证等，称为代收票据或贷方凭证。②由本行开户单位提交的应由他行开户单位付款的各种结算凭证，如收款人解入的支票、银行本票、商业汇票等，称为代付票据或借方凭证。

提出行提出代收票据则表示为本行应付款项，提出代付票据则表示为本行应收款项；提入行提入代收票据则表示为本行应收款项，提入代付票据则表示为本行应付款项。各行在每次交换中当场加计应收或应付款项，最后由票据交换所汇总轧平各行处的应收、应付差额，由中国人民银行办理转账，清算差额。

参加票据交换的行处按规定的交换场次和时间参加票据交换时，应将提出的代收、代付票据，按提入行分别填制“票据交换借方汇总表”和“票据交换贷方汇总表”一式两联，一联与所提出的票据一并提出交换，另一联留存作传票或传票附件。

商业银行设置“同城票据清算”账户进行核算。“同城票据清算”是资产负债共同类账户，用以核算同城交换的款项。提出借方凭证和提回贷方凭证时，记入借方；提出贷方凭证和提回借方凭证时，记入贷方。在当天资金清算后，该账户没有余额。

（二）同城票据交换的具体核算

1. 交换提出

（1）对于提出的代收票据（贷方凭证），提出行的会计分录如下：

借：吸收存款——××存款（付款人户）

贷：清算资金往来——同城票据清算

（2）对于提出的代付票据（借方凭证），提出行的会计分录如下：

借：清算资金往来——同城票据清算

贷：其他应付款

退票时间过后，对他行未退回的代付票据为收款人进账，提出行的会计分录如下：

借：其他应付款

贷：吸收存款——××存款（收款人户）

对于他行退回的代付票据，应将已退回的票据及其他有关凭证等退还收款人。其会计分录如下：

借：其他应付款

贷：清算资金往来——同城票据清算

2. 交换提入

（1）对提回的代收票据（贷方票据），可以直接办理转账。其会计分录如下：

借：清算资金往来——同城票据清算

贷：吸收存款——××存款（收款人户）

如果因其他原因不能进账，则应办理退票。其会计分录如下：

借：清算资金往来——同城票据清算

贷：其他应付款

（2）对于提回的代付票据（借方票据），如果付款单位有足够的资金支付，则会计分录如下：

借：吸收存款——××存款（付款人户）

贷：清算资金往来——同城票据清算

如果付款单位账户资金不足支付或因票据要素错误无法办理支付，则应办理退票。其会计分录如下：

借：其他应收款

贷：清算资金往来——同城票据清算

并将待退的票据专夹保管，以便下场交换时退交原提出行。

3. 清算差额

各参加票据交换的商业银行在票据交换结束后，根据应收差额或应付差额进行资金的清算。对每一个参加票据交换的行处，有如下计算公式：

应收金额 = 提出借方票据金额 + 提入贷方票据金额

应付金额 = 提出贷方票据金额 + 提入借方票据金额

如果应收金额大于应付金额，即为应收差额，反之则为应付差额。

各行交换员将已汇总的应收金额、应付金额及应收或应付差额与交换所打印的相应数据核对一致后，填写“同城票据清算划收（划付）专用转账凭证”一式四联。其中，两联交票据交换所，另两联带回本行进行账务处理。

各行将提出、提入票据全部记入“同城票据清算”科目后，其余额应与本次通过中国人民银行划转存款的金额一致，应收、应付的方向也一致，然后根据带回的“同城票据清算划收（划付）专用转账凭证”办理转账，结清“同城票据清算”科目余额。

如果本次交换为应付差额，则会计分录如下：

借：清算资金往来——同城票据清算

贷：存放中央银行款项

如果本次交换为应收差额，则作相反的会计分录。

例5：A银行某支行票据交换提出借方凭证金额合计为400 000元，提出贷方凭证金额合计为100 000元；提回借方凭证金额合计为600 000元，提回贷方凭证金额合计为200 000元，编制该行清算资金的分录。

该行应收金额合计 = (400 000 + 200 000)元 = 600 000元

该行应付金额合计 = (100 000 + 600 000)元 = 700 000元

应付差额 =（700 000 - 600 000）元 = 100 000 元

其会计分录如下：

借：清算资金往来——同城票据清算　　100 000

　　贷：存放中央银行款项　　100 000

三、同业拆借的核算

同业拆借是指商业银行之间临时融通资金的一种短期资金借贷行为，主要用于解决清算票据交换差额、系统内调拨资金不及时等原因引起的临时性资金不足。

（一）同业拆借的规定

同业拆借的主体是经中国人民银行批准，并在工商行政管理机关登记注册的具有法人资格的银行和非银行金融机构。同业拆借既可以在中国人民银行组织的资金市场进行，也可以在同城或在异地商业银行间进行，但拆借资金都必须通过中国人民银行划拨，不能相互直接拆借。跨地区拆借资金须报中国人民银行管辖分行批准，跨省拆借资金应报中国人民银行总行审批。

资金拆借以日拆为主，金融机构拆出资金的最长期限不得超过对手方由中国人民银行规定的拆入资金最长期限而且到期一般不得展期。拆出与拆入的商业银行双方应商定拆借条件，如拆借金额、利率、期限等，并签订协议，由双方共同履行。

（二）商业银行资金拆出的核算

1. 拆出行的核算

当商业银行对外拆借资金时，应该以拆入行的借据为依据，向中国人民银行填交进账单及转账支票，并编制特种转账借、贷方传票各一联予以转账。其会计分录如下：

借：拆出资金——××行户

　　贷：存放中央银行款项

2. 拆入行的核算

拆入行根据进账单回联，编制特种转账借、贷方传票各一联，进行账务处理。其会计分录如下：

借：存放中央银行款项

　　贷：拆入资金——××行户

3. 中国人民银行的核算

对于作为中介的中国人民银行来说，在收到进账单和转账支票时，以此两凭证代转账借、贷方传票，进行转账。转账后，将进账单回单联转交拆入行。其会计分录如下：

借：××银行准备金存款——拆出行户

贷：××银行准备金存款——拆入行户

（三）商业银行资金收还的核算

1. 拆出行的核算

商业银行在拆出资金按时收回来时，应该根据进账单回单联，编制特种转账借方传票一联，贷方传票两联，予以转账。其会计分录如下：

借：存放中央银行款项

贷：拆出资金——××行户

利息收入——同业往来收入户

2. 拆入行的核算

拆入行应按事先约定的利率，计算应付利息，根据本息填制进账单和转账支票送往中国人民银行，并根据中国人民银行退还的进账单回单联及支票存根，填制转账借方传票两联，贷方传票一联，办理转账。其会计分录如下：

借：拆入资金——××行户

利息支出——同业往来支出户

贷：存放中央银行款项

3. 中国人民银行的核算

中国人民银行收到拆入行的进账单和转账支票，以进账单和支票为记账传票办理转账。转账后，将进账单回单联转交拆出行。其会计分录如下：

借：××银行准备金存款——拆入行户

贷：××银行准备金存款——拆出行户

例6：若6月5日票据交换结束后，经中国人民银行轧算，A银行为应付差额208 000元，B银行为应收差额150 000元，C银行为应收差额58 000元，请写出中国人民银行资金清算的会计分录。

中国人民银行的会计分录如下：

借：A银行准备金存款	208 000	
贷：B银行准备金存款		150 000
C银行准备金存款		58 000

第四节 商业银行与中国人民银行往来业务的核算

一、商业银行与中国人民银行往来业务概述

商业银行与中国人民银行往来是指各商业银行与中国人民银行之间因资金缴存、汇划款项、现金存取、资金融通等引起的资金账务往来。

商业银行在日常经营中与中国人民银行主要有如下往来关系：

（1）在中国人民银行当地分支行开立存款户，将业务资金存入中国人民银

行并与中国人民银行建立收支往来关系。

（2）商业银行要按规定的比率向中国人民银行缴存法定的存款准备金。

（3）商业银行上下级行处之间的业务资金调拨，可以通过开户中国人民银行汇拨。

（4）商业银行与其他商业银行的资金清算和系统内大额汇划款要通过中国人民银行办理。

（5）商业银行的业务现金，要向中国人民银行发行库或发行保管库办理存取。

（6）商业银行可以在核定的额度内向中国人民银行借入资金，商业银行按规定可以通过中国人民银行办理资金拆入、拆出和再贴现。

（7）商业银行可以接受中国人民银行的委托，办理中国人民银行的委托贷款业务。

（8）商业银行经收的国家金库款必须缴存中国人民银行等。

二、商业银行准备金存款账户的开立

商业银行的准备金包括两类：①法定存款准备金，即按照有关法律的规定，根据商业银行吸收存款的增减变化，按照法定比例，必须保留在中国人民银行的存款准备金。②支付准备金，也称备付金，是保证日常资金支付的备用金。

商业银行为满足通过中国人民银行办理各种业务、资金清算以及考核法定存款准备金的需要，各级机构都在中国人民银行开立准备金存款账户。

商业银行在中国人民银行的准备金存款账户，属于资产性质，商业银行用“存放中央银行款项”科目核算；中国人民银行对商业银行的准备金存款账户，属于负债性质，中国人民银行用“××银行准备金存款”科目核算。

三、商业银行向中国人民银行存取款项的核算

根据规定，各商业银行的库存现金由中国人民银行核定最高限额，超过限额部分必须及时存入准备金存款账户，不足限额时，可以从准备金存款账户中支取。

（一）商业银行向中国人民银行存入现金的核算

商业银行向中国人民银行存入现金，应填制“现金缴款单”，连同现金一并交中国人民银行，中国人民银行将款项收妥后，将缴款单回单联退回缴款的商业银行。商业银行根据退回的现金缴款单回单联填制现金付出传票，办理转账业务。

中国人民银行进行账务处理时，会计分录如下：

借：库存现金

　　贷：××银行准备金存款

商业银行进行账务处理时，会计分录如下：

借：存放中央银行款项

贷：库存现金

（二）商业银行向中国人民银行支取现金的核算

商业银行向中国人民银行支取现金时，填写现金支票交中国人民银行，中国人民银行会计部门审核无误后，办理出库手续；商业银行取回现金后，填制现金收入传票，进行账务处理。

中国人民银行进行账务处理时，会计分录如下：

借：××银行准备金存款

贷：库存现金

商业银行进行账务处理时，会计分录如下：

借：库存现金

贷：存放中央银行款项

四、缴存存款的核算

缴存存款包括缴存财政性存款和缴存一般性存款，它们之间性质不同，应注意严格区分，不得混淆。

（一）缴存财政性存款的核算

1. 财政性存款缴存的范围

财政性存款主要是指商业银行代办的中央预算收入、地方金库存款和代理发行国债款项等吸收的财政性存款，属于中国人民银行的资金来源，应全额就地划缴中国人民银行。

2. 缴存财政性存款的一般规定

（1）缴存存款的比例。财政性存款，属于中国人民银行信贷资金，要全额即100%缴存中国人民银行当地分支行，商业银行不得占用。

（2）调整缴存存款的时间。商业银行向中国人民银行缴存存款的时间，除第一次按规定时间外，城市分支行（包括所属部、处）每旬调整一次，于旬后5日内办理；县支行及其所属处所，每月调整一次，于月后8日内办理，如遇调整日最后一天为节假日，则可顺延。

（3）调整缴存存款的计算方法。在办理缴存存款时，采取首次缴存后定期调整存款差额的办法。

3. 调整缴存财政性存款的核算

（1）商业银行的核算。商业银行可设置“缴存中央银行财政性存款”科目，来记载缴存财政性存款的增减变化。

如为调增补缴，则会计分录如下：

借：缴存中央银行财政性存款

贷：存放中央银行款项

如为调减退回，则作相反的会计分录。

(2) 中国人民银行的核算。中国人民银行可设置“××银行划来财政性存款”科目，来记载商业银行缴存财政性存款的增减变化。

如为调增补缴，则会计分录如下：

借：××银行准备金存款——××行户

  贷：××银行划来财政性存款——××行户

如为调减退回，则作相反的会计分录。

(二) 缴存一般性存款的核算

一般性存款准备金是由各商业银行总行缴存中国人民银行。商业银行总行应根据全行旬末一般性存款（除财政性存款之外的其他单位、个人存款）的余额调整一般性存款准备金。若存放中国人民银行的存款余额小（大）于应缴存存款准备金时，应及时调增（减）存款，并填制有关记账凭证，办理转账。

缴存（调增）时的会计分录如下：

借：法定存款准备金

  贷：存放中央银行准备金

退缴时，则作相反的会计分录。

商业银行总行向中国人民银行总行缴存后，再按各一级分行一般性存款余额计算其调增（减）额，向各一级分行发送清算报文收取（退回）法定存款准备金。调增时的会计分录如下：

借：境内分行存放准备金——××分行

  贷：法定存款准备金——××分行

调减时，则作相反的会计分录。分行的处理与总行的处理相似，这里不再详述。

五、向中国人民银行借款的核算

商业银行在执行信贷计划过程中，遇到资金不足，除了采取向上级行申请调入资金、同业间拆借和通过资金市场融通资金等手段外，还可向中国人民银行申请贷款。按照贷款的时间不同分为年度性贷款、季节性贷款和日拆性贷款。

(一) 贷款的发放

商业银行向中国人民银行申请贷款时，应填制一式五联借款凭证。经中国人民银行审核无误后，根据退回的第三联借款凭证办理转账。其会计分录如下：

借：存放中央银行款项

  贷：向中央银行借款

(二) 贷款的归还

贷款到期，商业银行归还时，应填制一式四联还款凭证交中国人民银行办理还款手续。经中国人民银行审核无误后，根据退回的第四联还款凭证及借据办理转账。其会计分录如下：

借：向中央银行借款

金融机构往来支出——央行往来利息支出户

贷：存放中央银行款项

如果贷款行在贷款到期后无款偿还，中国人民银行应于到期日将该笔贷款转入逾期贷款账户，并按规定标准计收逾期贷款利息，待商业银行存款账户有款支付时再一并扣收。

六、再贴现的核算

再贴现是贴现行将已办理贴现的尚未到期的商业汇票向中国人民银行申请再贴现，中国人民银行按照再贴现利率扣除贴现利息后将剩余票据金额支付给再贴现申请人的票据行为，是中国人民银行对商业银行提供流动性的形式之一。商业银行因办理票据贴现而引起资金不足，可以向中国人民银行申请再贴现，贴现期一般不超过6个月。

（一）办理贴现

商业银行持未到期的商业汇票向中国人民银行申请再贴现时，应填制一式五联再贴现凭证，连同汇票一并交中国人民银行。经审查无误后，根据退回的第四联再贴现凭证办理转账。其会计分录如下：

借：存放中央银行款项

利息支出——中央银行往来支出户

贷：再贴现

（二）再贴现到期

再贴现汇票到期日，中国人民银行直接从申请再贴现的商业银行存款账户中扣收再贴现款项，并通知商业银行。商业银行收到中国人民银行的再贴现还款通知时，据以办理转账。其会计分录如下：

借：向中央银行借款

贷：存放中央银行款项

如果商业银行到期存款账户不足支付再贴现款项，应由中国人民银行转入逾期贷款账户，并按规定标准计收罚息，待款项筹足后再一并扣收。

例7：4月10日，A银行持一张金额为60 000元的商业承兑汇票向中国人民银行申请再贴现，汇票到期日为6月6日，月利率为6.5‰。编制办理再贴现时，A银行的会计分录。

贴现天数为57天。再贴现利息如下：

60 000元×57天×6.5‰÷30天=741元

发放时，A银行的会计分录如下：

借：存放中央银行款项　　59 259

利息支出——中央银行往来支出户　　741

贷：再贴现　　60 000

七、通过中国人民银行办理大额汇划业务

各商业银行大额汇划款项（跨系统为10万元以上，系统内为50万元以上）要通过中国人民银行转汇，确保汇划款项和资金清算同步。根据中国人民银行机构的设置情况不同，中国人民银行设置了三种不同的转汇方式，分别是先横后直、先直后横和先直后横再直。

（一）“先横后直”方式

同一地区均有商业银行和中国人民银行机构的，采用“先横后直”的划款方式。

当本地商业银行（如甲地商业银行）汇往异地商业银行（如乙地商业银行）大额款项时应通过中国人民银行当地分支行转汇。

甲地商业银行的会计分录如下：

借：活期存款

贷：存放中央银行款项

中国人民银行甲地分支行的会计分录如下：

借：××银行存款（出汇行）

贷：联行往账

中国人民银行乙地分支行的会计分录如下：

借：联行来账

贷：××银行存款（汇入行）

乙地商业银行的会计分录如下：

借：存放中央银行款项

贷：活期存款

（二）“先直后横”方式

汇出行为单设机构地区、汇入行为双设机构地区，或者汇出行为双设机构地区、汇入行为单设机构地区的，采用“先直后横”的划款方式。

当本地只有商业银行（如甲地商业银行），汇往异地商业银行（如乙地商业银行）大额款项时通过系统内乙地商业银行和中国人民银行转汇，具体核算如下：

甲地汇出行商业银行的会计分录如下：

借：活期存款

贷：联行往来

乙地双设机构地区系统内商业银行的会计分录如下：

借：联行往来

贷：存放中央银行款项

中国人民银行乙地分支行的会计分录如下：

借：××银行存款（乙地系统行）

　　贷：××银行存款（汇入行）

乙地汇入行商业银行的会计分录如下：

借：存放中央银行款项

　　贷：活期存款

（三）“先直后横再直”方式

汇出行和汇入行都是单设机构地区的，可在第三地双设机构地区转划，采用“先直后横再直”的划款方式。

甲地单设机构地区汇出行的会计分录如下：

借：活期存款

　　贷：联行往来

第三地双设机构地区汇出行系统内转汇行的会计分录如下：

借：联行往来

　　贷：存放中央银行款项

中国人民银行第三地分支行的会计分录如下：

借：××银行存款——汇出行系统内转汇行

　　贷：××银行存款——汇入行系统内转汇行

第三地双设机构地区汇入行系统内转汇行的会计分录如下：

借：存放中央银行款项

　　贷：联行往来

乙地单设机构地区汇入行的会计分录如下：

借：联行往来

　　贷：活期存款

第五章　外汇业务的核算

第一节　外汇业务概述

一、外汇与汇率

（一）外汇

外汇是国际汇兑的简称，是国际金融领域里最常见、最普遍使用的概念。外汇有动态的和静态的两种含义。动态的国际汇兑是指国际债权债务的清算活动，以及货币在各国间的流动。而通常所说的外汇，则是指的静态的国际汇兑。静态意义上的外汇又有广义和狭义之分。广义的静态外汇是指一切用外币表示的资产。狭义的静态外汇是指以外币表示的可用于国际之间结算的支付手段。从这个意义上讲，只有存放在国外银行的外币资金，以及将对银行存款的索取权具体化了的外币票据才构成外汇，主要包括银行汇票、支票、银行存款等。在国际金融研究和日常生活中，涉及的外汇主要是狭义的静态外汇。

一种货币要使以其标价的支付手段成为外汇至少应具备以下几个特点：①它必须是被各国普遍接受的货币，而要做到这一点，它的发行国必须在世界经济领域中占有重要的地位，因为一种货币实际上代表了对其发行国生产中的商品劳务的要求权，人们自然不会接受一种没有雄厚经济实力作为后盾的货币作为国际支付手段的。②该货币应能自由兑换和在各国间自由流动，否则它很难在其发行国国外正常地履行清算债权债务的职能。③最后它必须为外国货币，例如，对中国来说人民币不是外汇，人民币只有对中国以外的国家来说才是外汇。

（二）汇率及其标价

汇率亦称“外汇行市或汇价”，是国际贸易中最重要的调节杠杆。一国货币兑换另一国货币的比率，是以一种货币表示另一种货币的价格。由于世界各国货币的名称不同，币值不一，所以一国货币对其他国家的货币要规定一个兑换率，即汇率。

外汇又称外汇牌价。它有汇买价、钞买价、汇卖价（钞卖价）和中间价四种。汇买价是指商业银行买进外汇现汇的价格，钞买价是指商业银行买入外币现钞的价格，汇卖价是指商业银行卖出外汇现汇的价格，卖出外币现钞的价格与卖出外汇现汇的价格相同。汇买价和汇卖价的平均汇率是中间汇率，也就是中间价，即不附加商业银行外汇买卖收益的汇价，也是两国货币的实际汇价。

确定两种不同货币之间的比价，先要确定以哪个国家的货币作为标准。由于确定的标准不同，便产生了两种不同的外汇汇率标价方法。

1. 直接标价法

直接标价法是指以一定单位的外国货币为标准，来计算应付出多少单位本国货币。它就相当于是计算购买一定单位外币应付多少本币，所以也称应付标价法。在国际外汇市场上，包括中国在内的世界上绝大多数国家目前都采用直接标价法。

在直接标价法下，若一定单位的外币折合的本币数额多于前期，则说明外币币值上升或本币币值下跌，称为外汇汇率上升；反之，如果要用比原来较少的本币即能兑换到同一数额的外币，这说明外币币值下跌或本币币值上升，称为外汇汇率下跌，即外币的价值与汇率的涨跌成正比。

2. 间接标价法

间接标价法是指以一定单位的本国货币为标准，来计算应收若干单位的外国货币。在国际外汇市场上，欧元、英镑、澳元等均为间接标价法。在间接标价法中，本国货币的数额保持不变，外国货币的数额随着本国货币币值的变化而变化。如果一定数额的本币能兑换的外币数额比前期少，就说明外币币值上升、本币币值下降，即外汇汇率下跌；反之，如果一定数额的本币能兑换的外币数额比前期多，则说明外币币值下降、本币币值上升，即外汇汇率上升，即外汇的价值与汇率的涨跌成反比。因此，间接标价法与直接标价法相反。

二、外汇记账方法

外币业务涉及的币种有本币和外币。本币和外币之间，外币与外币之间货币单位与币值都不相同。因此，在会计核算上，要求分别以本、外币同时核算和监督各种不同货币业务的收付及缴存情况，必须采用专门的核算方法，即外汇统账制和外汇分账制。由于商业银行的外币交易频繁，涉及的外币币种较多，可以采用分账制记账方法进行日常核算。

外汇统账制是指企业办理各项外币交易时，所有财务组织和处理都以人民币作为记账本位币的外汇业务记账方法，又称本币记账法。

外汇分账制是指企业办理各项外币交易时，所有财务组织和处理都以原币作为记账本位币的外汇业务记账方法，期末按一定的汇率折算，将以原币表示的会计报表折算为以人民币表示的会计报表，又称原币记账法。

采用分账制记账方法，只是财务处理方法不同，其产生的汇兑差额的确认、计量的结果和列报，应当与统账制处理结果一致。

第二节　外汇买卖业务的核算

由于不同国家使用不同的货币，而不同国家货币的币值不同，外汇指定银行在办理外汇收、付业务时，需要将一种货币兑换成另一种货币。不同货币之间的兑换必然是按一定的价格买入一种货币或卖出一种货币。外汇指定银行办理的这种按一定汇价买入一种货币或卖出一种货币的业务，称为外汇买卖。

一、买入外汇

买入外汇又称结汇，是指境内企事业单位、机关和社会团体按国家外汇政策的规定，将各类外汇收入按商业银行挂牌汇率结售给外汇指定银行。外汇指定银行买入外币现汇（或现钞）时，应根据兑入的外币金额并按该外币现汇或外币现钞买入价折算成人民币金额，利息找零业务比照结汇处理，即商业银行在支付储户本息时，元以下辅币不能支付外币零头，可以按牌价以人民币支付。其会计分录如下：

借：××科目	外币	
贷：外汇买卖		外币
借：外汇买卖	人民币	
贷：××科目		人民币

例1：客户甲于2010年某日来到某商业银行，要求将其持有的1 000美元兑换成人民币。假定当日美元的钞买价为100美元=680人民币元。其会计分录如下：

借：库存现金（美元）	1 000	
贷：外汇买卖（美元）		1 000
借：外汇买卖（人民币）	6 800	
贷：库存现金（人民币）		6 800

二、卖出外汇

卖出外汇，又称售汇，是指境内企事业单位、机关和社会团体持有关有效凭证，用人民币到外汇指定银行办理兑换外汇。外汇指定银行卖出外汇时，应将人民币按卖出外汇价折算成外币。其会计分录如下：

借：××科目	人民币	
贷：外汇买卖		人民币
借：外汇买卖	外币	
贷：××科目		外币

例2：G公司经外汇管理局批准用汇，向ABC银行申请用人民币买入美元250万，由ABC银行通过电汇方式支付境外250万美元的货款。当日美元的汇卖

价为 100 美元 =680 人民币元。其会计分录如下：

借：外汇活期存款——G 公司（人民币）　　17 000 000
　　贷：外汇买卖（人民币）　　17 000 000
借：外汇买卖（美元）　　2 500 000
　　贷：汇出汇款（美元）　　2 500 000

三、外汇买卖收入

外汇买卖收入是指商业银行在从事外汇交易、外汇兑换业务中，因不同期限、不同货币之间，以及国际之间的利率、汇率水平的差异而获得的收入。外汇买卖收入以净额反映。外汇买卖业务须逐笔核算，每一笔业务终了，按买入和卖出的汇率差计算损益，发生收益时，借记本科目，贷记“汇兑损益”科目；发生亏损时，借记“汇兑损益”科目，贷记本科目。

例 3：ABC 银行期末人民币以外的“外汇买卖”科目的欧元户余额为借方余额 200 万欧元，期末汇率 1 欧元 =8. 80 元人民币；美元户余额为贷方余额 100 万美元，期末汇率为 1 美元 =6. 80 元人民币。期末“外汇买卖”科目人民币户的余额为贷方余额 800 万元人民币。

汇兑损失 =(2 000 000 欧元 ×8. 80 - 1 000 000 美元 ×6. 80) - 8 000 000 元 = 2 800 000 元

借：汇兑损益（人民币）　　2 800 000
　　贷：外汇买卖（人民币）　　2 800 000

此外，“外汇买卖”科目可以作为“货币兑换”科目的明细科目来用。在本书中，“外汇买卖”科目作为一级科目来用。

第三节　外汇存贷款业务的核算

一、外汇存款业务

外汇存款，又称“外币存款”，是指以可兑换货币表示的在银行账户里的各种存款。从商业银行方面来说，外汇存款是其接受顾客的外币现金、外币汇票或支票等信用工具，并对顾客负有定期或不定期偿付义务的受信行为，即对顾客发生了外汇债务；而从商业银行的顾客方面来说，则是以外币现金、外币汇票或支票等信用工具寄存商业银行，并可定期或不定期向商业银行收回的授信行为，即对商业银行取得了外汇债权。

开办外汇存款业务，是我国外汇指定银行（以下简称存款银行）筹集外汇资金和扩大外汇资金来源的重要渠道，也是它所经营的一项基础业务。而将外汇资金存入商业银行，则是企业和个人运用外汇资金并取得利息收入的一种方式，也是企业从事其他外汇业务所要采取的一种基本手段。

（一）外汇存款的分类

（1）按存款对象及其管理特点的不同可以分为个人外汇存款和单位外汇存款。

单位外汇存款是指在我国境内的机关、团体、企业（包括外国驻华机构及外商投资企业）及在境外的中外企业、团体等单位存放在存款银行里的各项外汇存款。

个人外汇存款是指在我国境内的居民（包括中国居民及在华的外国人、海外华侨、港澳台同胞等）及我国派驻国外及港澳台地区从事学习、工作、进修、科研、讲学等人员以及其他个人（如居住在国外或港澳台地区的外国人、华侨及港澳台同胞）以可兑换货币（外汇及外钞）存入存款银行的各项外汇存款。

（2）对于同业的外汇存款，按存款对象所处地点的不同可以分为国内同业外汇存款与国外同业外汇存款。

国内同业外汇存款是指国内各金融机构在同业里的各项外汇存款。例如，非银行金融机构在中国银行开立的外汇存款账户里的各项外汇存款。

国外同业外汇存款是指国外银行（含在国外及港澳地区的华资银行）在存款银行存放的外汇人民币或其他可兑换货币的存款。

（3）按存款期限的不同可以分为定期外汇存款和活期外汇存款。

定期外汇存款是指存款银行与顾客约定至某一固定时间才可以提用的外汇存款。目前，定期外汇存款主要是采取整存整取的方式，外汇存入商业银行时，由商业银行根据存款数额开具记名式存单交给单位或个人，单位或个人必须根据存入时约定的不同存期档次，到期凭存单支取。

活期外汇存款根据存取方式的不同可分为支票户存款和存折户存款。支票户凭送款单或其他收款凭证存入，凭支票或其他付款凭证支取，如外贸企业由于代理进口的需要而在商业银行开立的进口保证金账户以及企业借入外债而在商业银行开立的外债专户存款等。存折户存款则凭存折和存取款凭条存取，如个人的活期外汇存款等。

（4）按存款货币的不同可以分为美元、日元、英镑、欧元等外币存款。

按照规定，存入货币的种类与支取货币的种类应相同。

（5）按存入的资金形态的不同可以分为外钞户存款和外汇户存款。

外钞户存款，即是外币现钞的存款，这类存款，顾客一般可随时支取外币现钞，但要在存满3个月后，方可委托存款银行根据需要并通过审批和钞买汇卖手续予以汇出。外汇户存款则可随时委托存款银行根据有关规定直接予以汇出。单位外汇存款一般都属外汇户存款，而个人的外汇存款则有外汇户存款和外钞户存款的区别。

（二）存入款项

1. 单位存入款项的核算

（1）由于单位外汇存款为现汇存款，因此存入时外币现钞应通过外汇买卖科目进行钞买汇卖处理。其会计分录如下：

借：库存现金　　外币
　　贷：外汇买卖　　外币
借：外汇买卖——钞买价　　人民币
　　贷：外汇买卖——汇卖价　　人民币
借：外汇买卖——汇卖价　　外币
　　贷：外汇活期（或定期）存款　　外币

例4：ABC公司的财务人员王某将其企业的20 000欧元的现钞存入其外汇活期存款账户，当日欧元的钞买价为100欧元 = 880人民币元，汇卖价为100欧元 = 870人民币。商业银行的会计分录如下：

借：库存现金（欧元）　　20 000
　　贷：外汇买卖（欧元）　　20 000
借：外汇买卖——钞买价（人民币）　　176 000
　　贷：外汇买卖——汇卖价（人民币）　　176 000
借：外汇买卖——汇卖价（欧元）　　20 229.89
　　贷：外汇活期存款（欧元）　　20 229.89

（2）以国外汇款、收妥的托收款或国内联行汇款存入的，则会计分录如下：

借：汇入汇款（或其他科目）　　外币
　　贷：外汇活期（或定期）存款　　外币

2. 个人存入款项的核算

（1）以现钞存入时，会计分录如下：

借：库存现金　　外币
　　贷：外汇活期（或定期）存款——现钞　　外币

（2）境内、境外汇入的汇款或托收的外币票据收妥存入个人外汇存款现汇户时，会计分录如下：

借：汇入汇款（或其他科目）　　外币
　　贷：外汇活期（或定期）存款　　外币

（三）支取款项

1. 单位支取款项

（1）支取外钞。其会计分录如下：

借：外汇活期存款　　外币
　　贷：外汇买卖——汇买价　　外币

借：外汇买卖——汇买价　　人民币
　　贷：外汇买卖——汇卖价　　人民币
借：外汇买卖——汇卖价　　外币
　　贷：库存现金　　外币

（2）支取原币汇往境外或国内异地。其会计分录如下：

借：外汇活期存款　　外币
　　贷：汇出款项　　外币

例5：ABC公司申请从其美元外汇账户中提取美元，折算成欧元10 000元汇往境外；当日美元汇卖价为100美元=680人民币元，欧元汇卖价为100欧元=880人民币元。其会计分录如下：

借：外汇活期存款（美元）　　12 941.18
　　贷：外汇买卖——汇买价（美元）　　12 941.18
借：外汇买卖——汇买价（人民币）　　88 000
　　贷：外汇买卖——汇卖价（人民币）　　88 000
借：外汇买卖——汇卖价（欧元）　　10 000
　　贷：汇出款项（欧元）　　10 000

2. 个人支取款项

（1）支取外钞。其会计分录如下：

借：外汇活期（或定期）存款　　外币
　　贷：库存现金　　外币

个人外汇定期存款现钞户到期提取外币现钞，应同时计算应计利息，一并办理转账。个人外汇活期存款和定期存款的利息的计算、处理和居民人民币储蓄存款基本相同。

（2）兑取人民币现金的核算。其会计分录如下：

存款人要求从现汇户或现钞户取款并兑换成人民币现金，应按当日牌价折算。

借：外汇活期存款——××户　　外币
　　贷：外汇买卖　　外币
借：外汇买卖　　人民币
　　贷：库存现金　　人民币

二、外汇贷款业务

外汇贷款是商业银行以外币为计算单位向企业发放的贷款。外汇贷款有广义和狭义之分。狭义的外汇贷款，仅指我国商业银行运用从境内企业、个人吸收的外汇资金，贷放于境内企业的贷款。广义的外汇贷款，还包括国际融资转贷款，即包括我国从国外借入，通过存款银行转贷于境内企业的贷款。

外汇贷款是商业银行经营的一项重要资产业务，是商业银行运用外汇资金，强化经营机制，获取经济效益的主要手段，也是商业银行借以联系客户的一条主要途径。外汇贷款的开办，对于利用外资和引进先进技术设备，促进我国对外贸易和国际交往的发展，国际商品市场和国际金融市场的变化，都具有十分重要的意义。

（一）外汇贷款的特点与分类

1. 外汇贷款的特点

外汇贷款除了具有商业银行其他信贷业务的一般特点外，还具有以下特点：

（1）借外汇还外汇。贷款使用的货币由借款人选择，汇率风险由借款人承担。

（2）收取承担费。

（3）实行浮动利率。

（4）政策性强，涉及面广，要求高。

（5）借款单位必须有外汇收入或其他外汇来源。

2. 贷款的分类

（1）按外汇贷款投向的不同可以分为固定资金贷款和流动资金贷款。其中，固定资金贷款又可分为技术改造贷款和基本建设贷款。

（2）按融资目的的不同可以分为对外贸易贷款和出口信贷。其中，对外贸易贷款是进出口融资方式，为国际贸易提供资金融通，是商业银行国际信贷业务的一个重要方面；而出口信贷则是为扩大本国大型成套设备、运输工具的出口，由国家给予利息补贴和承担信贷风险的，本国商业银行对本国出口商或外国进口商（或银行）提供的优惠贷款。

（3）按贷款组织方式的不同可以分为银团贷款、联合贷款和单一银行贷款。银团贷款又称辛迪加贷款，是指由一家或几家银行牵头，多家银行参加，按一定的分工和出资比例组成银行集团，向某一特定借款者发放的贷款。联合贷款是指两家或两家以上银行共同对某一客户或某一项目进行贷款，但各家银行分签贷款合同，分别谈贷款条件。

（4）按外汇资金来源的不同可以分为现汇贷款、转贷款、项目贷款、金融信贷和其他。

（5）按外汇贷款期限的不同可以分为短期贷款和中长期贷款。其中，短期贷款是指1年以内（含1年）的贷款；中长期贷款是指1年以上的外汇贷款。

这里仅就短期外汇贷款、买方信贷外汇贷款进行介绍。

（二）短期外汇贷款的核算

1. 贷款的发放

借款单位使用外汇贷款时，应按规定提出书面申请，经商业银行调查审批后，借款单位与商业银行订立借款合同，商业银行据以开立外汇贷款账户和发放贷款。商业银行放款时，使用“短期外汇贷款”科目核算，按不同的借款单位分设账户，同时应审核借款凭证，核对借款单位预留银行存款账户印鉴，根据不同情况进行核算。

（1）用贷款外汇货币支付时，会计分录如下：

借：短期外汇贷款——××贷款户　　外币
　　贷：外汇活期存款——××存款户　　外币

（2）用非贷款外汇货币支付时，会计分录如下：

借：短期外汇贷款——××贷款户　　外币
　　贷：外汇买卖（汇买价）　　外币
借：外汇买卖（汇买价）　　人民币
　　贷：外汇买卖（汇卖价）　　人民币
借：外汇买卖（汇卖价）　　外币
　　贷：外汇活期存款——××存款户　　外币

2. 贷款的还本付息

短期外汇贷款必须按期偿还。还款时，借款单位应填制还款凭证，向商业银行办理归还贷款本息的手续。

（1）借款单位以贷款货币偿还贷款本息的会计分录如下：

借：外汇活期存款——××存款户　　外币
　　贷：短期外汇贷款　　外币
　　　　利息收入　　外币

（2）如果偿还外币不是贷款货币，则会计分录如下：

借：外汇活期存款——××存款户　　外币
　　贷：外汇买卖（汇买价）　　外币
借：外汇买卖（汇买价）　　人民币
　　贷：外汇买卖（汇卖价）　　人民币
借：外汇买卖（汇卖价）　　外币
　　贷：短期外汇贷款　　外币
　　　　利息收入　　外币

（三）买方信贷外汇贷款的核算

买方信贷是指由出口商国家的银行向进口商或进口商国家的银行提供的信贷，用以支付进口货款的一种贷款形式。一般附带条件是贷款必须用于购买债权国的商品。其中，由出口方银行直接贷给进口商的，出口方银行通常要求进口方银行提供担保；如果由出口方银行贷款给进口方银行，再由进口方银行贷给进口商或使用单位的，则进口方银行要负责向出口方银行清偿贷款。

目前，我国商业银行提供的买方信贷分为两种：一种是用于支持本国企业从国外引进技术设备而提供的贷款，即进口买方信贷；另一种是为支持本国船舶和机电设备等产品的出口而提供的贷款，即出口买方信贷。这两种买方信贷的利率、期限、偿期等都不相同。

买方信贷外汇贷款的核算可以分为对外签订协议、支付定金、使用贷款和偿还贷款本息四个环节。

1. 对外签订协议

对外签订协议一般由总行或总行授权分行进行，对外签订的总协议是由总行进行统一的，总行根据协议金额纳入表外科目进行控制。登入表外科目：

收入：买方信贷用款限额

2. 支付定金的核算

(1) 借款单位用现汇支付定金时的会计分录如下：

借：外汇活期存款——××存款户　　外币

　　贷：存放国外同业款项　　外币

(2) 用人民币购买外汇支付定金时的会计分录如下：

借：外汇活期存款——××存款户　　人民币

　　贷：外汇买卖——汇卖价　　人民币

借：外汇买卖——汇卖价　　外币

　　贷：存放国外同业款项　　外币

(3) 申请短期外汇贷款支付时的会计分录如下：

借：短期外汇贷款　　外币

　　贷：存放国外同业款项　　外币

3. 使用贷款的核算

(1) 进口商银行总行收到出口商银行贷款起息日通知时的会计分录如下：

借：全国联行外汇往来　　外币

　　贷：借入买方信贷款　　外币

(2) 进口商银行分行收到出口商银行贷款起息日通知时的会计分录如下：

借：买方信贷外汇贷款　　外币

　　贷：全国联行外汇往来　　外币

4. 偿还贷款本息的核算

买方信贷项下借入款的本息，由总行统一对外偿还，同时由经办行向借款人收回相应的本息。

(1) 进口商银行总行偿还贷款本息时的会计分录如下：

借：借入买方信贷　　外币

　　利息支出　　外币

贷：存放国外同业　　外币

（2）向国内借款单位收回买方信贷外汇贷款本息时，如果借款单位以自有外汇偿还，则会计分录如下：

借：外汇活期存款　　外币

贷：买方信贷外汇贷款　　外币

利息收入　　外币

（3）如果借款单位以人民币购汇偿还，则会计分录如下：

借：外汇活期存款　　人民币

贷：外汇买卖　　人民币

借：外汇买卖　　外币

贷：买方信贷外汇贷款　　外币

利息收入　　外币

第四节　外汇结算业务的核算

外汇结算又称国际结算，是指通过外汇的收付来办理国内企业、事业单位、机关、团体、部队及其他单位和个人与国外有关单位和个人之间的债权债务关系的清算活动。

目前进出口贸易中，以现汇结算为主，主要采用汇款、信用证、托收三种结算方式。

一、汇款结算方式的核算

汇款是指汇出行按照汇款人的要求，以一定的方式，把一定金额的款项划转到国外汇入行，交与收款人的一种结算方式。

（一）汇出国外汇款的核算

在汇款人填写汇款申请书、商业银行接受汇款人的申请后，应按汇款人的要求填写汇款凭证，进行有关的账务处理。

（1）以人民币结汇汇出时的会计分录如下：

借：库存现金　　人民币

贷：外汇买卖　　人民币

手续费及佣金收入　　人民币

借：外汇买卖　　外币

贷：汇出汇款　　外币

（2）以外币存款汇出时，不需经过外汇买卖科目。其会计分录如下：

借：外汇活期存款　　外币

贷：汇出汇款　　外币

借：外汇活期存款　　　　人民币

　　贷：手续费及佣金收入　　　　人民币

款项汇出后，接到国外汇入行的解付通知书（借记报单）时，汇出行进行核销转账。其会计分录如下：

借：汇出汇款　　　　外币

　　贷：存放国外同业　　　　外币

（二）国外汇入汇款的核算

1. 信汇和电汇的核算

国外汇入行收到汇出行的汇款电报或信汇支付委托书正本时，应先验押或验印，审核无误后填制汇款通知书，在收到汇款头寸后，通知收款人来行取款。

收到汇款头寸时的会计分录如下：

借：存放国外同业（或其他科目）　　　　外币

　　贷：汇入汇款　　　　外币

解付汇款时，以原币入账。其会计分录如下：

借：汇入汇款　　　　外币

　　贷：外汇活期存款　　　　外币

汇款解付时，通过外汇买卖科目办理结汇。如以人民币收入有关单位账户，则会计分录如下：

借：汇入汇款　　　　外币

　　贷：外汇买卖　　　　外币

借：外汇买卖　　　　人民币

　　贷：外汇活期存款　　　　人民币

2. 票汇的结算

办理票汇业务时，汇入行收到汇款行寄来的以本行为付款行的票汇通知书时，经核对印鉴及各项内容无误后，凭以转入“汇入汇款”账户，待传票人前来兑取。其会计分录如下：

借：存放国外同业　　　　外币

　　港澳及国外联行往来　　　　外币

　　贷：汇入汇款　　　　外币

当持票人持已背书的汇票来行取款时，经核对出票行印鉴、付款金额、签发日期及收款人背书等无误后，才能办理人民币结汇或支付原币。其会计分录同信汇、电汇业务。

二、信用证结算方式的核算

信用证结算方式是以买卖双方交易合同为基础，是我国对外贸易结算中采用的主要结算方式。下面分别从出口方银行和进口方银行的角度介绍信用证业务的核算。

（一）信用证项下出口业务的核算

信用证项下的出口业务是指出口商根据国外进口商通过国外银行开来的信用证，按照规定的条款经办出口业务后，将出口单据交送开户行，由开户行审核议付，并在向国外进口商开户行收取外汇后，向国内出口商办理结汇的一种结算业务。

1. 受理国外开来信用证

存款银行接到国外银行开来的信用证，对进口商的资信及信用证本身进行审查后，认为可接受时，即编制信用证通知流水号，根据信用证副本编制“国外开来保证凭信”后，将信用证正本通知出口商，受证与通知时，应编制表外科目如下：

收：国外开来保证凭信　　外币

若接到开证行的信用证修改通知书，要求修改金额，或信用证受益人同意修改减少金额时，或受益人同意退证时，或逾期自动注销时，或经受益人同意修改增加金额时，其增减金额还应在表外科目“国外开来保证凭信”中核算。

2. 审单议付

出口商按信用证条款的要求交来全套出口单据后，商业银行应逐项审核，达到“单证一致，单单一致”的要求。审核无误后，应在信用证上批注议付日期并编制银行出口押汇编号，填制“出口寄单议付通知书”，随同全套出口单据寄往开证行收取货款和有关费用。出口寄单议付通知书是议付行出口收汇的索偿证书，也是办理收汇结算的主要核算凭证。

3. 出口结汇

出口结汇是指议付行在收妥出口货款外汇的同时对出口商办理人民币结汇，即议付行按当日现汇买入价买入外汇，再折算成相应的人民币支付给出口公司，以结清代收妥的出口外汇。其账务处理如下：

首先销记表外科目：

付：国外开来保证凭信　　外币

结汇时的会计分录如下：

借：存放国外同业款　　外币

　　贷：外汇买卖　　外币

借：外汇买卖　　人民币

　　贷：外汇活期存款　　人民币

（二）信用证项下进口业务的核算

信用证项下的进口业务是指商业银行根据进口商的申请，向国外出口商开立信用证或信用保证书，凭国外银行寄来的全套信用证单据，按照信用证条款规定对外付款并向进口商办理结汇的一种结算业务。

1. 信用证的开立

进口商根据与出口商签订的贸易合同，填写“开证申请书”，向商业银行申请开立信用证，开证申请书构成进口商与开证行之间的契约关系，是商业银行开立信用证的依据，商业银行收到开证申请书后，应进行审核，根据不同的情况收取开证保证金，并根据开证申请书的内容开立信用证。

收取开证申请人保证金的会计分录如下；

借：外汇活期存款　　　　　　　　　　　　　　　　人民币

　　贷：外汇买卖　　　　　　　　　　　　　　　　　　人民币

借：外汇买卖　　　　　　　　　　　　　　　　　　　外币

　　贷：存入保证金　　　　　　　　　　　　　　　　　外币

2. 信用证的修改

商业银行开出信用证后，进口商如需修改信用证，应向商业银行提出申请。商业银行应认真审核印鉴。经审核同意后，应即时通知国外联行或代理行修改信用证的金额。

对信用证金额增加或减少的修改，都应填制“开往国外保证凭信”传票，并在信用证留底联上批注、结出余额。当信用证到期后，应将逾期失效金额同有关合同联系确认后，填制传票予以冲销，并将信用证留底卡余额结平。

3. 审单付款

商业银行收到国外寄来的全套进口单据后，与原来信用证的条款核对，符合“单证一致、单单一致”的要求，即送进口商审核。商业银行在进口商承付后，即办理付汇手续。

信用证的付款方式主要有即期信用证支付方式和远期信用证支付方式两种。下面分别进行介绍。

（1）即期信用证下付款。商业银行收到由议付行寄来的进口单据，经进口商审核相符确认承付后，商业银行即办理对外付款。其会计分录如下：

借；外汇活期存款——开证人户　　　　　　　　　　外币

　　存入保证金——开证人户　　　　　　　　　　　外币

　　贷：存放国外同业（或其他科目）　　　　　　　　外币

同时，转销表外账户：

付：开往国外保证凭信　　　　　　　　　　　　　　外币

（2）远期信用证项下付款。远期信用证的付款核算包括承兑和到期付款两个阶段。当开证行接到议付行寄来单据后，经审核与信用证相符，应承担信用证到期付款的责任。承兑后开证行发出“承兑通知书”，说明承兑日期、付款到期日及付款人方式。如果议付行要求开证行在承兑后将汇票退回，开证行应予照办，但到期时，开证行必须接到汇票后才能付款，其会计分录与即期信用证进口业务相同。开证行在承兑信用证到期日，抽出“承兑汇票”，在信用证留底注明销账日期并办理转账。其会计分录如下：

借：存入保证金——开证人户　　外币
　　外汇活期存款——开证人户　　外币
　　贷：存放国外同业（或其他科目）　　外币

三、托收结算方式的核算

托收是指出口商为向国外进口商收取货款，开出汇票委托出口地银行通过其在进口地的联行或代理行，向进口商代收货款后汇给出口商的一种结算方式。托收业务的核算包括出口托收和进口代收两个方面。

（一）出口托收的核算

出口托收是指出口商根据贸易合同的规定，在货物发运后委托存款银行向国外进口商收取货款。

出口商根据贸易合同备妥出口托收单据，填制“无证出口托收申请书”，交存款银行办理托收。存款银行审查后，编列顺序号，填制“出口托收委托书”，寄国外代收银行委托收款。发出托收时，应编制表外科目如下：

收：应收外汇托收款项　　外币

当存款银行收到国外银行的贷记报单时，对委托人办理结汇。其会计分录如下：

借：存放国外同业　　外币
　　贷：外汇买卖　　外币
借：外汇买卖　　人民币
　　贷：活期存款——出口商　　人民币

同时，转销表外科目：

付：应收外汇托收款项　　外币

（二）进口代收的核算

进口代收是指存款银行受国外行的委托，代向国内付款人收取款项。存款银行收到国外行寄来的进口代收单据后，应编制顺序号，填制“进口代收单据通知书”，随同单据交送进口商，同时编制表外科目如下：

收：代收外汇托收款项　　外币

在进口商确认付款并交来进口代收单据承认书后，存款银行应办理结汇付款的手续，作会计分录如下：

借：活期存款——进口单位户　　人民币
　　贷：外汇买卖　　人民币
借：外汇买卖　　外币

贷：存放国外同业 外币

同时，转销表外科目：

付：代收外汇托收款项 外币

如进口商不同意承付，应提出拒付理由连同单据退交存款银行，转告国外委托行；如部分拒付，应征得国外委托行同意后再按实际金额付款。拒付时，存款银行应转销表外科目：

收：代收外汇托收款项 外币（红字）

第六章　内部财务的核算

第一节　金融资产的核算

一、金融资产概述

商业银行等金融企业的金融资产主要包括库存现金、应收账款、应收票据、应收利息、应收股利、其他应收款、贷款、垫款、债权投资、股权投资、基金投资、衍生金融资产等。

商业银行应当结合自身业务特点和风险管理要求，将取得的金融资产在初始确认时分为以下几类：①以公允价值计量且其变动计入当期损益的金融资产。②持有至到期投资。③贷款和应收款项。④可供出售的金融资产。上述分类一经确定，不得随意变更。

（一）以公允价值计量且其变动计入当期损益的金融资产

以公允价值计量且其变动计入当期损益的金融资产，可以进一步分为交易性金融资产和直接指定为以公允价值计量且其变动计入当期损益的金融资产。

满足以下条件之一的金融资产，应当划分为交易性金融资产：

(1) 取得该金融资产的目的主要是为了近期内出售。例如，商业银行以赚取差价为目的从二级市场购入的股票、债券和基金等。

(2) 属于进行集中管理的可辨认金融工具组合的一部分，且有客观证据表明商业银行近期采用短期获利方式对该组合进行管理。在这种情况下，即使组合中有某个组成项目持有的期限稍长也不受影响。

(3) 属于衍生工具。但是，被指定为有效套期工具的衍生工具、属于财务担保合同的衍生工具、与在活跃市场中没有报价且其公允价值不能可靠计量的权益工具投资挂钩并须通过交付该权益工具结算的衍生工具除外。其中，财务担保合同是指保证人和债权人约定，当债务人不履行债务时，保证人按照约定履行债务或者承担责任的合同。

商业银行不能随意将某项金融资产直接指定为以公允价值计量且其变动计入当期损益的金融资产。只有满足下列条件之一时，商业银行才能将某项金融资产直接指定为以公允价值计量且其变动计入当期损益的金融资产：

(1) 该指定可以消除或明显减少由于该金融资产的计量基础不同而导致的相关利得或损失在确认和计量方面不一致的情况。

设立这项条件，目的在于通过直接指定为以公允价值计量，并将其变动计入当期损益，以消除会计上可能存在的不配比现象。例如，按照《企业会计准则第22号——金融工具确认和计量》的规定，有些金融资产可以被指定或划分为可供出售金融资产，从而其公允价值变动计入所有者权益，但与之直接相关的金融负债却划分为以摊余成本进行后续计量的金融负债，从而导致“会计不配比”。但是，如果将以上金融资产和金融负债均直接指定为以公允价值计量且其变动计入当期损益的金融资产或金融负债，那么就能够消除这种会计不配比现象。

（2）商业银行的风险管理或投资策略的正式书面文件已载明，该金融资产组合等以公允价值为基础进行管理、评价并向关键管理人员报告。

此项条件着重于商业银行日常管理和评价业绩的方式，而不是金融工具组合中各组成部分的性质。例如，风险投资机构、证券投资基金或类似会计主体，其经营活动的主要目的在于从投资工具的公允价值变动中获取回报。它们在风险管理或投资策略的正式书面文件中对此也有清楚的说明。

在活跃市场中没有报价、公允价值不能可靠计量的权益工具投资，不得指定为以公允价值计量且其变动计入当期损益的金融资产。

以上所指活跃市场，是指同时具有以下特征的市场：①市场内交易的对象具有同质性。②可随时找到自愿交易的买方和卖方。③市场价格信息是公开的。

（二）持有至到期投资

持有至到期投资是指到期日固定、回收金额固定或可确定，且商业银行有明确意图和能力持有至到期的非衍生金融资产。商业银行不能将下列非衍生金融资产划分为持有至到期投资：①在初始确认时即被指定为以公允价值计量且其变动计入当期损益的非衍生金融资产。②在初始确认时被指定为可供出售的非衍生金融资产。③符合贷款和应收款项定义的非衍生金融资产。

如果商业银行管理层决定将某项金融资产持有至到期，则在该金融资产未到期前，不能随意地改变其“最初意图”。也就是说，投资者在取得投资时意图就应当是明确的，除非遇到一些商业银行所不能控制、预期不会重复发生且难以合理预计的独立事件，否则将持有至到期。

“到期日固定、回收金额固定或可确定”是指相关合同明确了投资者在确定的期间内获得或应收取现金流量（如投资利息和本金等）的金额和时间。因此，从投资者的角度来看，如果不考虑其他条件，在将某项投资划分为持有至到期投资时可以不考虑可能存在的发行方重大支付风险。由于要求到期日固定，从而权益工具投资不能划分为持有至到期投资。另外，如果符合其他条件，不能由于某债务工具投资是浮动利率投资而不将其划分为持有至到期投资。

“有明确意图持有至到期”是指投资者在取得投资时意图就是明确的，除非遇到一些商业银行所不能控制、预期不会重复发生且难以合理预计的独立事件，否则将持有至到期。

存在下列情况之一的，表明商业银行没有明确意图将金融资产投资持有至到期：

（1）持有该金融资产的期限不确定。

（2）发生市场利率变化、流动性需要变化、替代投资机会及其投资收益率变化、融资来源和条件变化、外汇风险变化等情况时，将出售该金融资产。但是，无法控制、预期不会重复发生且难以合理预计的独立事件引起的金融资产出售除外。

（3）该金融资产的发行方可以按照明显低于其摊余成本的金额清偿。

（4）其他表明商业银行没有明确意图将该金融资产持有至到期的情况。

据此，对于发行方可以赎回的债务工具，如果发行方行使赎回权，投资者仍可收回其几乎所有初始净投资（含支付的溢价和交易费用），那么投资者可以将此类投资划分为持有至到期。但是，对于投资者有权要求发行方赎回的债务工具投资，投资者不能将其划分为持有至到期投资。

“有能力持有至到期”是指商业银行有足够多的财务资源，并可以不受外部因素影响地将投资持有至到期。

存在下列情况之一的，表明商业银行没有能力将具有固定期限的金融资产投资持有至到期：

（1）没有可利用的财务资源持续地为该金融资产投资提供资金支持，以使该金融资产投资持有至到期。

（2）受法律、行政法规的限制，使商业银行难以将该金融资产投资持有至到期。

（3）其他表明商业银行没有能力将具有固定期限的金融资产投资持有至到期的情况。

商业银行应当于每个资产负债表日对持有至到期投资的意图和能力进行评价。发生变化的，应当将其重新分类为可供出售金融资产进行处理。

（三）贷款和应收款项

贷款和应收款项是指在活跃市场中没有报价、回收金额固定或可确定的非衍生金融资产。商业银行不应当将下列非衍生金融资产划分为贷款和应收款项：①准备立即出售或在近期出售的非衍生金融资产，这类非衍生金融资产应划分为交易性金融资产。②初始确认时被指定为以公允价值计量且其变动计入当期损益的非衍生金融资产。③初始确认时被指定为可供出售的非衍生金融资产。④因债务人信用恶化以外的原因，使持有方可能难以收回几乎所有初始投资的非衍生金融资产。例如，商业银行所持有的证券投资基金或类似的基金等。

贷款及应收款项类的金融资产主要是指商业银行发放的贷款和其他债权，但又不限于商业银行发放的贷款和其他债权。非金融企业持有的现金和银行存款、销售商品或提供劳务形成的应收款项、持有的其他企业的债权（不包括在活跃市场上有报价的债务工具）等，只要符合贷款和应收款项的定义，都可以划分为这一类。划分为贷款和应收款项类的金融资产与划分为持有至到期投资类的金融资产的主要差别在于，前者不是在活跃市场上有报价的金融资产，并且不像持有至到期投资那样在出售或重新分类方面受到较多限制。如果某债务工具投资在活跃市场上没有报价，则商业银行不能将其划分为持有至到期投资。

（四）可供出售金融资产

可供出售金融资产是指初始确认时即被指定为可供出售的非衍生金融资产，以及没有被划分为持有至到期投资、贷款和应收款项、以公允价值计量且其变动计入当期损益的金融资产的金融资产。通常情况下，被划分为此类的金融资产应当在活跃市场上有报价，因此，商业银行从二级市场上购入的有报价的股票、债券、基金等，没有被划分为以公允价值计量且其变动计入当期损益的金融资产或持有至到期投资等金融资产的，可以划分为可供出售金融资产。

二、金融资产的计量

（一）金融资产的初始计量

商业银行初始确认金融资产时，应当按照公允价值计量。对于以公允价值计量且其变动计入当期损益的金融资产或金融负债，相关交易费用应当直接计入当期损益；对于其他类别的金融资产，相关交易费用应当计入初始确认金额。其中，金融资产的公允价值，应当以市场交易价格为基础确定。

交易费用是指可直接归属于购买、发行或处置金融工具新增的外部费用。新增的外部费用是指商业银行不购买、发行或处置金融工具就不会发生的费用，包括支付给代理机构、咨询公司、券商等的手续费和佣金及其他必要支出，不包括债券溢价、折价、融资费用、内部管理成本及其他不直接相关的费用。交易费用构成实际利率的组成部分。

商业银行取得金融资产所支付的价款中包含的已宣告但尚未发放的债券利息或现金股利，应当单独确认为应收项目进行处理。

（二）金融资产的后续计量

金融资产的后续计量与金融资产的分类密切相关。商业银行应当按照以下原则对金融资产进行后续计量：①以公允价值计量且其变动计入当期损益的金融资产，应当按照公允价值计量，且不扣除将来处置该金融资产时可能发生的交易费用。②持有至到期投资，应当采用实际利率法，按摊余成本计量。③贷款和应收款项，应当采用实际利率法，按摊余成本计量。④可供出售金融资产，应当按照公允价值计量，且不扣除将来处置该金融资产时可能发生的交易费用。

1. 实际利率法

实际利率法是指按照金融资产或金融负债（含一组金融资产或金融负债）的实际利率计算其摊余成本及各期利息收入或利息费用的方法。

实际利率是指将金融资产或金融负债在预期存续期间或适用的更短期间内的未来现金流量，折现为该金融资产或金融负债当前账面价值所使用的利率。

商业银行在初始确认以摊余成本计量的金融资产或金融负债时，就应当计算确定实际利率，并在相关金融资产或金融负债预期存续期间或适用的更短期间内保持不变。

在确定实际利率时，应当在考虑金融资产或金融负债所有合同条款（包括提前还款权、看涨期权等）的基础上预计未来现金流量，但不应考虑未来信用损失。

金融资产或金融负债合同各方之间支付或收取的、属于实际利率组成部分的各项收费、交易费用及溢价或折价等，应当在确定实际利率时予以考虑。金融资产或金融负债的未来现金流量或存续期间无法可靠预计时，应当采用金融资产或金融负债在整个合同期内的合同现金流量。

2. 摊余成本

金融资产或金融负债的摊余成本是指该金融资产或金融负债的初始确认金额经下列调整后的结果：

（1）扣除已偿还的本金。

（2）加上或减去采用实际利率法将该初始确认金额与到期日金额之间的差额进行摊销形成的累计摊销额。

（3）扣除已发生的减值损失（仅适用于金融资产）。

需要说明的是，对于要求采用实际利率法摊余成本进行后续计量的金融资产或金融负债，如果有客观证据表明该金融资产或金融负债按实际利率计算的各期利息收入或利息费用与名义利率计算的相差很小，也可以采用名义利率摊余成本进行后续计量。

3. 金融资产相关利得或损失的处理

（1）对于按照公允价值进行后续计量的金融资产，其公允价值变动形成利得或损失，除与套期保值有关外，应当按照下列规定处理：①以公允价值计量且其变动计入当期损益的金融资产公允价值变动形成的利得或损失，应当计入当期损益。②可供出售金融资产公允价值变动形成的利得或损失，除减值损失和外币货币性金融资产形成的汇兑差额外，应当直接计入所有者权益，在该金融资产终止确认时转出，计入当期损益。③可供出售外币货币性金融资产形成的汇兑差额，应当计入当期损益。④采用实际利率法计算的可供出售金融资产的利息收入，应计入当期损益。⑤可供出售权益工具投资的现金股利，应当在被投资单位宣告发放股利时计入当期损益。

（2）以摊余成本计量的金融资产，在发生减值、摊销或终止确认时产生的利得或损失，应当计入当期损益。但是，该金融资产被指定为被套期项目的，相关的利得或损失的处理，适用《企业会计准则第24号——套期保值》。

三、交易性金融资产的核算

交易性金融资产的会计核算处理，着重于该金融资产与金融市场的紧密结合性，反映该类金融资产相关市场变量变化对其价值的影响，进而对商业银行的财务状况和经营成果产生影响。

相关的账务处理如下：

（1）商业银行取得交易性金融资产，按其公允价值，借记“交易性金融资产——成本”科目，按发生的交易费用，借记“投资收益”科目，按已到付息期但尚未领取的利息或已宣告但尚未发放的现金股利，借记“应收利息”或“应收股利”科目，按实际支付的金额，贷记“银行存款”等科目。

（2）交易性金融资产持有期间被投资单位宣告发放的现金股利，或在资产负债表日按分期付息、一次还本债券投资的票面利率计算的利息，借记“应收股利”或“应收利息”科目，贷记“投资收益”科目。

（3）资产负债表日，交易性金融资产的公允价值高于其账面余额的差额，借记“交易性金融资产——公允价值变动”科目，贷记“公允价值变动损益”科目；公允价值低于其账面余额的差额作相反的会计分录。

（4）出售交易性金融资产，应按实际收到的金额，借记“银行存款”等科目，按该金融资产的账面余额，贷记“交易性金融资产——成本”、“交易性金融资产——公允价值变动”科目，按其差额，贷记或借记“投资收益”科目。同时，将原计入该金融资产的公允价值变动转出，借记或贷记“公允价值变动损益”科目，贷记或借记“投资收益”科目。

例1：2009年5月20日，某商业银行从深圳证券交易所购入乙公司股票1 000 000股，占乙公司有表决权股份的5%，支付价款合计5 080 000元，其中，证券交易税等交易费用8 000元，已宣告发放现金股利72 000元。甲公司没有在乙公司董事会中派出代表，甲公司将其划分为交易性金融资产。

2009年6月20日，某商业银行收到乙公司发放的2008年现金股利72 000元。

2009年6月30日，乙公司股票收盘价为5.20元/股。

2009年12月31日，某商业银行仍持有乙公司股票；当日，乙公司股票收盘价为4.90元/股。

2010年4月20日，乙公司宣告发放2009年现金股利2 000 000元。

2010年5月10日，某商业银行收到乙公司发放的2009年现金股利。

2010 年 5 月 17 日，某商业银行以 4.50 元/股的价格将股票全部转让，同时支付证券交易税等交易费用 7 200 元。

假定不考虑其他因素，某商业银行的账务处理如下：

（1）2009 年 5 月 20 日，购入乙公司股票 1 000 000 股：

借：交易性金融资产——乙公司股票——成本　　5 000 000
　　应收股利——乙公司　　72 000
　　投资收益　　8 000
　　贷：银行存款　　5 080 000

乙公司股票的单位成本 =（5 080 000 - 72 000 - 8 000）元 ÷ 1 000 000 股 = 5 元/股

（2）2009 年 6 月 20 日，收到乙公司发放的 2008 年现金股利 72 000 元：

借：银行存款　　72 000
　　贷：应收股利——乙公司　　72 000

（3）2009 年 6 月 30 日，确认乙公司股票公允价值变动 =（5.20 - 5）元/股 × 1 000 000 股 = 200 000 元。其会计分录如下：

借：交易性金融资产——乙公司股票——公允价值变动　　200 000
　　贷：公允价值变动损益——乙公司股票　　200 000

（4）2009 年 12 月 31 日，确认乙公司股票公允价值变动 =（4.90 - 5.20）元/股 × 1 000 000 股 = -300 000 元。其会计分录如下：

借：公允价值变动损益——乙公司股票　　300 000
　　贷：交易性金融资产——乙公司股票——公允价值变动　　300 000

（5）2010 年 4 月 20 日，确认乙公司发放的 2009 年现金股利中应享有的份额 = 2 000 000 元 × 5% = 100 000 元。其会计分录如下：

借：应收股利——乙公司　　100 000
　　贷：投资收益　　100 000

（6）2010 年 5 月 10 日，收到乙公司发放的 2009 年现金股利：

借：银行存款　　100 000
　　贷：应收股利——乙公司　　100 000

（7）2010 年 5 月 17 日，出售乙公司股票 1 000 000 股：

借：银行存款　　4 492 800
　　投资收益　　407 200
　　交易性金融资产——乙公司股票——公允价值变动　　100 000
　　贷：交易性金融资产——乙公司股票——成本　　5 000 000

乙公司股票出售价格 = 4.50 元/股 × 1 000 000 股 = 4 500 000 元

出售乙公司股票取得的价款 = 4 500 000 元 - 7 200 元 = 4 492 800 元

乙公司股票持有期间公允价值变动计入当期损益的金额 = 200 000 元 - 300 000元 = -100 000 元

出售乙公司股票时的账面余额 = 5 000 000 元 + (-100 000) 元 = 4 900 000 元

出售乙公司股票的损益 = 4 492 800 元 - 4 900 000 元 = -407 200 元

同时，借：投资收益——乙公司股票　　　　　　100 000

　　　贷：公允价值变动损益——乙公司股票　　　　　　100 000

原计入该金融资产的公允价值变动 = -100 000 元

四、持有至到期投资的核算

持有至到期投资的会计核算处理，着重于该金融资产的持有者打算“持有至到期”，未到期前通常不会出售或重分类。因此，持有至到期投资的会计处理主要应解决该金融资产实际利率的计算、摊余成本的确定、持有期间的收益确认及将其处置时损益的处理。

相关的账务处理如下：

(1) 商业银行取得的持有至到期投资，应按该投资的面值，借记“持有至到期投资——成本”科目，按支付的价款中包含的已到付息期但尚未领取的利息，借记“应收利息”科目，按实际支付的金额，贷记“银行存款”等科目，按其差额，借记或贷记“持有至到期投资——利息调整”科目。

(2) 资产负债表日，持有至到期投资为分期付息、一次还本债券投资的，应按票面利率计算确定的应收未收利息，借记“应收利息”科目，按持有至到期投资摊余成本和实际利率确定的利息收入，贷记“投资收益”科目，按其差额，借记或贷记“持有至到期投资——利息调整”科目。

持有至到期投资为一次还本付息债券投资的，应按票面利率计算确定的应收未收利息，借记“持有至到期投资——应计利息”科目，按持有至到期投资摊余成本和实际利率计算确定的利息收入，贷记“投资收益”科目，按其差额，借记或贷记“持有至到期投资——利息调整”科目。

(3) 出售持有至到期投资时，应按实际收到的金额，借记“银行存款”等科目，按其账面余额，贷记“持有至到期投资——成本”、“持有至到期投资——利息调整”、“持有至到期投资——应计利息”科目，按其差额，贷记或借记“投资收益”科目。已计提减值准备的，还应同时结转减值准备。

例2：2009 年 1 月 1 日，某商业银行支付价款 1 000 000 元（含交易费用）从上海证券交易所购入 A 公司同日发行的 5 年期公司债券 12 500 份，债券票面价值总额为 1 250 000 元，票面年利率为 4.72%，于年末支付本年度债券利息（即每年利息为 59 000 元），本金在债券到期时一次性偿还。合同约定：A 公司在遇到特定情况时可以将债券赎回，且不需要为提前赎回支付额外款项。某商业银行在购买该债券时，预计 A 公司不会提前赎回。某商业银行有意图也有能力将该债券持有至到期，划分为持有至到期投资。假定不考虑所得税、减值损失等因素。

计算该债券的实际利率 r：

59 000 元 $\times(1+r)^{-1}$ +59 000 元 $\times(1+r)^{-2}$ +59 000 元 $\times(1+r)^{-3}$ +59 000 元 $\times(1+r)^{-4}$ +(59 000 元 +1 250 000 元) $\times(1+r)^{-5}$ =1 000 000 元

采用插值法，计算得出 $r\approx10\%$。

表 6-1 计 算 表 单位：元

日 期	现金流入 ①	实际利息收入 ② = 期初④ ×10%	已收回的本金 ③ = ① - ②	摊余成本余额 ④ = 期初④ - ③
2009 年 1 月 1 日				1 000 000
2009 年 12 月 31 日	59 000	100 000	-41 000	1 041 000
2010 年 12 月 31 日	59 000	104 100	-45 100	1 086 100
2011 年 12 月 31 日	59 000	108 610	-49 610	1 135 710
2012 年 12 月 31 日	59 000	113 571	-54 571	1 190 281
2013 年 12 月 31 日	59 000	118 719①	-59 719	1 250 000
小 计	295 000	545 000	-250 000	1 250 000
2013 年 12 月 31 日	1 250 000	—	1 250 000	0
合 计	1 545 000	545 000	1 000 000	—

① 尾数调整：(1 250 000 +59 000 -1 190 281)元 =118 719 元。

根据表 6-1 中的数据，某商业银行的有关账务处理如下：

(1) 2009 年 1 月 1 日，购入 A 公司债券：

借：持有至到期投资——A 公司债券——成本 1 250 000

贷：银行存款 1 000 000

持有至到期投资——A 公司债券——利息调整 250 000

(2) 2009 年 12 月 31 日，确认 A 公司债券实际利息收入、收到债券利息：

借：应收利息——A 公司 59 000

持有至到期投资——A 公司债券——利息调整 41 000

贷：投资收益——A 公司债券 100 000

借：银行存款 59 000

贷：应收利息——A 公司 59 000

(3) 2010 年 12 月 31 日，确认 A 公司债券实际利息收入、收到债券利息：

借：应收利息——A 公司 59 000

持有至到期投资——A 公司债券——利息调整 45 100

贷：投资收益——A 公司债券 104 100

借：银行存款 59 000

贷：应收利息——A 公司 59 000

（4）2011 年 12 月 31 日，确认 A 公司债券实际利息收入、收到债券利息：

借：应收利息——A 公司 59 000

持有至到期投资——A 公司债券——利息调整 49 610

贷：投资收益——A 公司债券 108 610

借：银行存款 59 000

贷：应收利息——A 公司 59 000

（5）2012 年 12 月 31 日，确认 A 公司债券实际利息收入、收到债券利息：

借：应收利息——A 公司 59 000

持有至到期投资——A 公司债券——利息调整 54 571

贷：投资收益——A 公司债券 113 571

借：银行存款 59 000

贷：应收利息——A 公司 59 000

（6）2013 年 12 月 31 日，确认 A 公司债券实际利息收入、收到债券利息和本金：

借：应收利息——A 公司 59 000

持有至到期投资——A 公司债券——利息调整 59 719

贷：投资收益——A 公司债券 118 719

借：银行存款 59 000

贷：应收利息——A 公司 59 000

借：银行存款 1 250 000

贷：持有至到期投资——A 公司债券——成本 1 250 000

五、可供出售金融资产的核算

可供出售金融资产的会计核算处理，与以公允价值计量且其变动计入当期损益的金融资产的会计处理存在类似之处，如均要求按公允价值进行后续计量。但是，也有一些不同之处，如可供出售金融资产取得时发生的交易费用应当计入初始入账金额、可供出售金融资产后续计量时公允价值变动计入所有者权益、可供出售外币股权投资因资产负债表日汇率变动形成的汇兑损益计入所有者权益等。

相关的账务处理如下：

（1）商业银行取得可供出售的金融资产，应按其公允价值与交易费用之和，借记“可供出售金融资产——成本”科目，按支付的价款中包含的已宣告但尚未发放的现金股利，借记“应收股利”科目，按实际支付的金额，贷记“银行存款”等科目。

商业银行取得的可供出售金融资产为债券投资的，应按债券的面值，借记“可供出售金融资产——成本”科目，按支付的价款中包含的已到付息期但尚未领取的利息，借记“应收利息”科目，按实际支付的金额，贷记“银行存款”等科目，按差额，借记或贷记“可供出售金融资产——利息调整”科目。

(2) 资产负债表日，可供出售债券为分期付息、一次还本债券投资的，应按票面利率计算确定的应收未收利息，借记“应收利息”科目，按可供出售债券的摊余成本和实际利率计算确定的利息收入，贷记“投资收益”科目，按其差额，借记或贷记“可供出售金融资产——利息调整”科目。

可供出售债券为一次还本付息债券投资的，应按票面利率计算确定的应收未收利息，借记“可供出售金融资产——应计利息”科目，按可供出售债券的摊余成本和实际利率计算确定的利息收入，贷记“投资收益”科目，按其差额，借记或贷记“可供出售金融资产——利息调整”科目。

(3) 资产负债表日，可供出售金融资产的公允价值高于其账面余额的差额，借记“可供出售金融资产——公允价值变动”科目，贷记“资本公积——其他资本公积”科目；公允价值低于其账面余额的差额作相反的会计分录。

(4) 出售可供出售金融资产，应按实际收到的金额，借记“银行存款”等科目，按其账面余额，贷记“可供出售金融资产——成本”、“可供出售金融资产——公允价值变动”、“可供出售金融资产——利息调整”、“可供出售金融资产——应计利息”科目，按应从所有者权益中转出的公允价值累计变动额，借记或贷记“资本公积——其他资本公积”科目，按其差额，贷记或借记“投资收益”科目。

为便于比较和理解可供出售金融资产与以公允价值计量且其变动计入当期损益的金融资产的会计处理的主要区别，下面以与例1基本一样的条件举例说明。

例3： 2009年5月20日，某商业银行从深圳证券交易所购入乙公司股票1 000 000股，占乙公司有表决权股份的5%，支付价款合计5 080 000元。其中，证券交易税等交易费用8 000元，已宣告发放现金股利72 000元。某商业银行没有在乙公司董事会中派出代表，某商业银行将其划分为可供出售金融资产。

2009年6月20日，某商业银行收到乙公司发放的2008年现金股利72 000元。

2009年6月30日，乙公司股票收盘价为5.20元/股。

2009年12月31日，乙公司股票收盘价为4.90元/股。

2010年4月20日，乙公司宣告发放2009年现金股利2 000 000元。

2010年5月10日，某商业银行收到乙公司发放的2009年现金股利。

2015年1月10日，某商业银行以4.50元/股的价格将股票全部转让，同时支付证券交易税等交易费用7 200元。

假定不考虑其他因素，同时为方便计算，假定乙公司股票自2010年1月1日至2014年12月31日止价格未发生变化，一致保持为4.90元/股。

某商业银行的账务处理如下：

（1）2009年5月20日，购入乙公司股票1 000 000股：

借：可供出售金融资产——乙公司股票——成本　5 008 000

应收股利——乙公司　72 000

贷：银行存款　5 080 000

乙公司股票的单位成本＝(5 080 000－72 000)元÷1 000 000股＝5.01元/股

（2）2009年6月20日，收到乙公司发放的2008年现金股利72 000元：

借：银行存款　72 000

贷：应收股利——乙公司　72 000

（3）2009年6月30日，确认乙公司股票公允价值变动＝(5.20－5.01)元/股×1 000 000股＝190 000元。其会计分录如下：

借：可供出售金融资产——乙公司股票——公允价值变动　190 000

贷：资本公积——其他资本公积——公允价值变动——乙公司股票　190 000

（4）2009年12月31日，确认乙公司股票公允价值变动＝(4.90－5.20)元/股×1 000 000股＝－300 000元。其会计分录如下：

借：资本公积——其他资本公积——公允价值变动——乙公司股票　300 000

贷：可供出售金融资产——乙公司股票——公允价值变动　300 000

（5）2010年4月20日，确认乙公司发放的2009年现金股利中应享有的份额＝(2 000 000元×5%)＝100 000元。其会计分录如下：

借：应收股利——乙公司　100 000

贷：投资收益——乙公司股票　100 000

（6）2010年5月10日，收到乙公司发放的2009年现金股利：

借：银行存款　100 000

贷：应收股利——乙公司　100 000

（7）2010年1月1日至2014年12月31日止，每年12月31日，乙公司股票公允价值变动为0，每年均不进行会计处理，或作如下相同会计分录：

借：可供出售金融资产——乙公司股票——公允价值变动　0

贷：资本公积——其他资本公积——公允价值变动——乙公司股票　0

（8）2015年1月10日，出售乙公司股票1 000 000股：

借：银行存款　4 492 800

投资收益——乙公司股票　405 200

可供出售金融资产——乙公司股票——公允价值变动　110 000

贷：可供出售金融资产——乙公司股票——成本　5 008 000

乙公司股票出售价格 = 4.50 元/股 × 1 000 000 股 = 4 500 000 元

出售乙公司股票取得的价款 = 4 500 000 元 − 7 200 元 = 4 492 800 元

出售乙公司股票时的账面余额 = 5 008 000 元 + (−110 000)元 = 4 898 000 元

同时，借：投资收益——乙公司股票　110 000

贷：资本公积——其他资本公积——公允价值变动——乙公司股票　110 000

应从所有者权益中转出的公允价值累计变动额 = 190 000 元 − 300 000 元 = −110 000 元

第二节　长期股权投资的核算

一、长期股权投资概述

（一）长期股权投资的概念

长期股权投资包括商业银行持有的对其子公司、合营企业及联营企业的权益性投资以及商业银行持有的对被投资单位不具有控制、共同控制或重大影响，且在活跃市场中没有报价、公允价值不能可靠计量的权益性投资。

商业银行能够对被投资单位实施控制的，被投资单位为本商业银行的子公司。控制是指有权决定一个企业的财务和经营政策，并能据以从该企业的经营活动中获取利益。

商业银行与其他方对被投资单位实施共同控制的，被投资单位为本商业银行的合营企业。共同控制是指按照合同约定对某项经济活动所共有的控制，仅在与该项经济活动相关的重要财务和经营决策需要分享控制权的投资方一致同意时存在。

商业银行能够对被投资单位施加重大影响的，被投资单位为本商业银行的联营企业。重大影响是指对一个企业的财务或经营政策有参与决策的权力，但并不能控制或者与其他方一起共同控制这些政策的制定。

（二）长期股权投资的核算方法

长期股权投资的核算方法有两种：一是成本法；二是权益法。

1. 成本法核算的长期股权投资的范围

（1）商业银行能够对被投资单位实施控制的长期股权投资。即商业银行对子公司的长期股权投资。

商业银行对子公司的长期股权投资应当采用成本法核算，编制合并财务报表时按权益法进行调整。

（2）商业银行对被投资单位不具有控制、共同控制或重大影响，且在活跃市场中没有报价、公允价值不能可靠计量的长期股权投资。

2. 权益法核算的长期股权投资的范围

商业银行对被投资单位具有共同控制或者重大影响时，长期股权投资应当采用权益法核算。

（1）商业银行对被投资单位具有共同控制的长期股权投资。即商业银行对其合营企业的长期股权投资。

（2）商业银行对被投资单位具有重大影响的长期股权投资。即商业银行对其联营企业的长期股权投资。

为了核算长期股权投资，商业银行应当设置“长期股权投资”、“投资收益”等科目。

“长期股权投资”科目核算商业银行持有的采用成本法和权益法核算的长期股权投资，借方登记长期股权投资取得时的成本以及采用权益法核算时按被投资企业实现的净利润计算的应分享的份额，贷方登记收回长期股权投资的价值或采用权益法核算时被投资单位宣告分派现金股利或利润时商业银行按持股比例计算应享有的份额，以及按被投资单位发生的净亏损计算的应分担的份额，期末借方余额，反映商业银行持有的长期股权投资的价值。

二、采用成本法核算的长期股权投资

（一）长期股权投资初始投资成本的确定

除企业合并形成的长期股权投资以外，以支付现金取得的长期股权投资，应当按照实际支付的购买价款作为初始投资成本。商业银行所发生的与取得长期股权投资直接相关的费用、税金以及其他必要支出应计入长期股权投资的初始投资成本。

此外，商业银行取得长期股权投资，实际支付的价款或对价中包含的已宣告但尚未发放的现金股利或利润，应作为应收项目处理，不构成长期股权投资的成本。

（二）取得长期股权投资

取得长期股权投资时，应按照初始投资成本计价。除企业合并形成的长期股权投资以外，以支付现金、非现金资产等其他方式取得的长期股权投资，应按照规定确定的长期股权投资初始投资成本，借记“长期股权投资”科目，贷记“银行存款”等科目。如果实际支付的价款中包含有已宣告但尚未发放的现金股利或利润，则借记“应收股利”科目，贷记“长期股权投资”科目。

例4：某商业银行2007年1月10日购买乙公司发行的股票50 000股，准备长期持有，占有乙公司5%的股份。买入价为6元/股。另外，该银行购买该股票时发生有关税费5 000元，款项已由银行存款支付。

某商业银行应作如下会计处理（单位：元）：

计算初始投资成本：股票成交金额（50 000股×6元/股） 300 000

加：相关税费 5 000

初始投资成本： 305 000

编制购入股票时的会计分录：

借：长期股权投资 305 000

贷：银行存款 305 000

（三）长期股权投资持有期间被投资单位宣告发放现金股利或利润

长期股权投资持有期间被投资单位宣告发放现金股利或利润时，商业银行按应享有的部分确认为投资收益，借记“应收股利”科目，贷记“投资收益”科目。属于被投资单位在取得本企业投资前实现净利润的分配额，应作为投资成本的收回，借记“应收股利”科目，贷记“长期股权投资”科目。

例5：某商业银行2007年5月15日以银行存款购买丙公司的股票100 000股作为长期投资，买入价为10元/股，每股价格中包含有0.20元的已宣告分派的现金股利，另支付相关税费7 000元。

某商业银行应作如下会计处理（单位：元）：

计算初始投资成本：股票成交金额（100 000股×10元/股）

1 000 000

加：相关税费 7 000

减：已宣告分派的现金股利（100 000股×0.20元/股）

20 000

初始投资成本： 987 000

编制购入股票的会计分录：

借：长期股权投资 987 000

应收股利 20 000

贷：银行存款 1 007 000

假定某商业银行2007年6月20日收到丙公司分来的购买该股票时已宣告分派的股利20 000元。此时，应作如下会计处理：

借：银行存款 20 000

贷：应收股利 20 000

在这种情况下，取得长期股权投资时，如果实际支付的价款中包含有已宣告但尚未发放的现金股利或利润，应借记“应收股利”科目，不记入“长期股权投资”科目。

例6：承例4，如果某商业银行于2007年6月20日收到乙公司宣告发放

2006年度现金股利的通知，应分得现金股利5 000元。

某商业银行应作如下会计处理：

借：应收股利 5 000

贷：长期股权投资 5 000

在这种情况下，属于被投资单位在取得本企业投资前实现净利润的分配额，应作为投资成本的收回，借记“应收股利”科目，贷记“长期股权投资”科目，而不是确认为投资收益。

（四）长期股权投资的处置

处置长期股权投资时，按实际取得的价款与长期股权投资账面价值的差额确认为投资损益，并应同时结转已计提的长期股权投资减值准备。商业银行处置长期股权投资时，应按实际收到的金额，借记“银行存款”等科目，按原已计提的减值准备，借记“长期股权投资减值准备”科目，按该项长期股权投资的账面余额，贷记“长期股权投资”科目，按尚未领取的现金股利或利润，贷记“应收股利”科目，按其差额，贷记或借记“投资收益”科目。

例7：某商业银行将其作为长期投资持有的丁公司15 000股股票，以10元/股的价格卖出，支付相关税费1 000元，取得价款149 000元，款项已由银行收妥。该长期股权投资账面价值为140 000元，假定没有计提减值准备。

某商业银行应作如下会计处理（单位：元）：

计算投资收益：股票转让取得价款 149 000

减：投资账面余额 140 000

投资收益： 9 000

编制出售股票时的会计分录：

借：银行存款 149 000

贷：长期股权投资 140 000

投资收益 9 000

在这种情况下，商业银行处置长期股权投资，应按实际取得的价款与长期股权投资账面价值的差额确认为投资损益，并应同时结转已计提的长期股权投资减值准备。

三、采用权益法核算的长期股权投资

（一）取得长期股权投资

取得长期股权投资，长期股权投资的初始投资成本大于投资时应享有的被投资单位可辨认净资产公允价值份额的，不调整已确认的初始投资成本，借记“长期股权投资——成本”科目，贷记“银行存款”等科目。长期股权投资的初始投资成本小于投资时应享有的被投资单位可辨认净资产公允价值份额的，借记“长期股权投资——成本”科目，贷记“银行存款”等科目，按其差额，贷记

"营业外收入"科目。

例8：某商业银行2007年1月20日购买戊公司发行的股票5 000 000股，准备长期持有，占戊公司股份的30%。买入价为6元/股，另外，购买该股票时发生有关税费500 000元，款项已由银行存款支付。2006年12月31日，戊公司的所有者权益的账面价值（与其公允价值不存在差异）为100 000 000元。

某商业银行应作如下会计处理（单位：元）：

计算初始投资成本：股票成交金额（5 000 000股×6元/股）

	30 000 000
加：相关税费	500 000
初始投资成本：	30 500 000

编制购入股票的会计分录：

借：长期股权投资——成本　　30 500 000

　贷：银行存款　　30 500 000

在本例中，长期股权投资的初始投资成本30 500 000元大于投资时应享有的被投资单位可辨认净资产公允价值份额30 000 000元（100 000 000×30%），其差额500 000元不调整已确认的初始投资成本。但是，如果长期股权投资的初始投资成本小于投资时应享有的被投资单位可辨认净资产公允价值份额，则应借记"长期股权投资——成本"科目，贷记"银行存款"等科目，按其差额，贷记"营业外收入"科目。

（二）持有长期股权投资期间被投资单位实现净利润或发生净亏损

根据被投资单位实现的净利润计算应享有的份额，借记"长期股权投资——损益调整"科目，贷记"投资收益"科目。被投资单位发生净亏损则作相反的会计分录，但以本科目的账面价值减记至零为限，借记"投资收益"科目，贷记"长期股权投资——损益调整"科目。以本科目的账面价值减记至零为限是指"长期股权投资——对××单位投资"，该科目由"成本"、"损益调整"、"其他权益变动"三个明细科目组成，账面价值减至零即意味着"对××单位投资"的这三个明细科目合计为零。

被投资单位以后宣告发放现金股利或利润时，商业银行计算应分得的部分，借记"应收股利"科目，贷记"长期股权投资——损益调整"科目。收到被投资单位宣告发放的股票股利时，不进行账务处理，但应在备查簿中登记。

例9：承例8，2007年戊公司实现净利润10 000 000元。某商业银行按照持股比例确认的投资收益为3 000 000元。2008年5月15日，戊公司宣告发放现金股利，每10股派3元，某商业银行可分派到1 500 000元。2008年6月15日，某商业银行收到戊公司分派的现金股利。某商业银行应作如下会计处理：

（1）确认戊公司实现的投资收益时：

借：长期股权投资——损益调整　　3 000 000

　贷：投资收益　　3 000 000

（2）戊公司宣告发放现金股利时：

借：应收股利　　1 500 000

　贷：长期股权投资——损益调整　　1 500 000

（3）收到戊公司宣告发放的现金股利时：

借：银行存款　　1 500 000

　贷：应收股利　　1 500 000

（三）持有长期股权投资期间被投资单位所有者权益的其他变动

在持股比例不变的情况下，被投资单位除净损益外的所有者权益的其他变动，商业银行按持股比例计算应享有的份额，借记或贷记"长期股权投资——其他权益变动"科目，贷记或借记"资本公积——其他资本公积"科目。

例 10：承例 9，2007 年戊公司可供出售金融资产的公允价值增加了 4 000 000元。某商业银行按照持股比例确认相应的资本公积为 1 200 000 元。

某商业银行应作如下会计处理：

借：长期股权投资——其他权益变动　　1 200 000

　贷：资本公积——其他资本公积　　1 200 000

（四）长期股权投资的处置

处置长期投资时，按实际取得的价款与长期股权投资账面价值的差额确认为投资收益，并应同时结转已计提的长期股权投资减值准备。商业银行处置长期股权投资时，应按实际收到的金额，借记"银行存款"等科目，按原已计提的减值准备，借记"长期股权投资减值准备"科目，按该长期股权投资的账面余额，贷记"长期股权投资"科目，按尚未领取的现金股利或利润，贷记"应收股利"科目，按其差额，贷记或借记"投资收益"科目。

同时，还应结转原记入资本公积的相关金额，借记或贷记"资本公积——其他资本公积"科目，贷记或借记"投资收益"科目。

例 11：承例 8、例 9 和例 10，2009 年 1 月 20 日，某商业银行出售所持戊公司的股票 5 000 000 股，出售价为 10 元/股，款项已收回。某商业银行应作如下会计处理：

借：银行存款　　50 000 000

　贷：长期股权投资——成本　　30 500 000

　　　　　　　　——损益调整　　1 500 000

　　　　　　　　——其他权益变动　　1 200 000

　　投资收益　　16 800 000

同时：

借：资本公积——其他资本公积　　1 200 000
　　贷：投资收益　　1 200 000

四、长期股权投资减值

（一）长期股权投资减值金额的确定

1. 商业银行对子公司、合营企业及联营企业的长期股权投资

商业银行对子公司、合营企业及联营企业的长期股权投资在资产负债表日存在可能发生减值的情况时，其可收回金额低于账面价值的，应当将该长期股权投资的账面价值减记至可收回金额，减记的金额确认为减值损失，计入当期损益，同时计提相应的资产减值准备。

2. 商业银行对被投资单位不具有控制、共同控制或重大影响、且在活跃市场中没有报价、公允价值不能可靠计量的长期股权投资

商业银行对被投资单位不具有控制、共同控制或重大影响、且在活跃市场中没有报价、公允价值不能可靠计量的长期股权投资，应当将该长期股权投资在资产负债表日的账面价值，与按照类似金融资产当时市场收益率对未来现金流量折现确定的现值之间的差额，确认为减值损失，计入当期损益。

（二）长期股权投资减值的核算

商业银行计提长期股权投资减值准备，应当设置“长期股权投资减值准备”科目核算。商业银行按应减记的金额，借记“资产减值损失——计提的长期股权投资减值准备”科目，贷记“长期股权投资减值准备”科目。

长期股权投资减值损失一经确认，在以后会计期间不得转回。

第三节　固定资产的核算

一、固定资产概述

（一）固定资产的概念及特征

固定资产是指同时具有以下特征的有形资产：①为生产商品、提供劳务、出租或经营管理而持有的。②使用寿命超过一个会计年度。

从上面的定义可以看出，作为商业银行的固定资产应具备以下两个特征：

（1）持有固定资产的目的，是为了生产商品、提供劳务、出租或经营管理的需要，而不是像持有商品一样为了对外出售。这一特征是固定资产区别于商品等流动资产的重要标志。

（2）商业银行使用固定资产的期限较长，使用寿命一般超过一个会计年度。这一特征表明固定资产的收益期超过一年，能在一年以上的时间里为商业银行创造经济利益。

固定资产在同时满足以下两个条件时，才能予以确认：①与该固定资产有关

的经济利益很可能流入商业银行。②该固定资产的成本能够可靠地计量。

(二) 固定资产的分类

固定资产种类繁多、规格不一，为加强管理，便于组织会计核算，有必要对其进行科学、合理的分类。根据不同的管理需要和核算要求以及不同的分类标准，可以对固定资产进行不同的分类，主要有以下几种分类方法：

1. 按经济用途分类

按固定资产的经济用途分类，可分为生产经营用固定资产和非生产经营用固定资产。

(1) 生产经营用固定资产是指直接服务于企业生产、经营过程的各种固定资产，如生产经营用的房屋、建筑物、机器、设备、器具、工具等。

(2) 非生产经营用固定资产是指不直接服务于生产、经营过程的各种固定资产，如作为职工宿舍使用的房屋、设备和其他固定资产等。

按照固定资产的经济用途分类，可以归类反映和监督企业生产经营用固定资产和非生产经营用固定资产之间的组成和变化情况，借以考核和分析企业固定资产的利用情况，促使企业合理地配备固定资产，充分发挥其效用。

2. 综合分类

按固定资产的使用情况等综合分类，可把企业的固定资产划分为以下七大类：

(1) 生产经营用固定资产。

(2) 非生产经营用固定资产。

(3) 租出固定资产（指在经营租赁方式下出租给外单位使用的固定资产）。

(4) 不需用固定资产。

(5) 未使用固定资产。

(6) 土地（指过去已经估价单独入账的土地。因征地而支付的补偿费，应计入与土地有关的房屋、建筑物的价值内，不单独作为土地价值入账。企业取得的土地使用权，应作为无形资产管理，不作为固定资产管理）。

(7) 融资租入固定资产（指企业以融资租赁方式租入的固定资产，在租赁期内，应视同自有固定资产进行管理）。

由于各个企业的经营性质不同，经营规模各异，对固定资产的分类不可能完全一致。在实际工作中，企业大多采用综合分类的方法作为编制固定资产目录、进行固定资产核算的依据。

(三) 固定资产核算的会计科目

为了核算固定资产，商业银行一般需要设置“固定资产”、“累计折旧”、“在建工程”、“工程物资”、“固定资产清理”等科目，核算固定资产取得、计提折旧、处置等情况。

“固定资产”科目核算商业银行固定资产的原价，借方登记商业银行增加的固定资产原价，贷方登记商业银行减少的固定资产原价，期末借方余额，反映商业银行期末固定资产的账面原价。商业银行应当设置“固定资产登记簿”和“固定资产卡片”，按固定资产类别、使用部门和固定资产名称进行明细核算。

“累计折旧”科目属于“固定资产”的调整科目，核算商业银行固定资产的累计折旧，贷方登记商业银行计提的固定资产折旧，借方登记处置固定资产转出的累计折旧，期末贷方余额，反映商业银行固定资产的累计折旧额。

“在建工程”科目核算商业银行基建、更新改造等在建工程发生的支出。该科目借方登记商业银行各项在建工程的实际支出，贷方登记完工工程转出的成本，期末借方余额反映商业银行尚未达到预定可使用状态的在建工程的成本。

“工程物资”科目核算商业银行为在建工程而准备的各种物资的实际成本。该科目借方登记商业银行购入工程物资的成本，贷方登记领用工程物资的成本，期末借方余额，反映商业银行为在建工程准备的各种物资的成本。

“固定资产清理”科目核算商业银行因出售、报废、毁损、对外投资、非货币性资产交换、债务重组等原因转出的固定资产价值以及在清理过程中发生的费用等。该科目借方登记转出的固定资产价值、清理过程中应支付的相关税费及其他费用，贷方登记固定资产清理完成的处理，期末借方余额，反映商业银行尚未清理完毕的固定资产清理净损失。该科目应按被清理的固定资产项目设置明细账，进行明细核算。

此外，商业银行固定资产、在建工程、工程物资发生减值的，还应当设置“固定资产减值准备”、“在建工程减值准备”、“工程物资减值准备”等科目进行核算。

二、取得固定资产

（一）外购固定资产

商业银行外购的固定资产，应按实际支付的购买价款和相关税费以及使固定资产达到预定可使用状态前所发生的可归属于该项资产的运输费、装卸费、安装费和专业人员服务费等，作为固定资产的取得成本。

（1）商业银行购入不需要安装的固定资产，应按实际支付的购买价款和相关税费以及使固定资产达到预定可使用状态前所发生的可归属于该项资产的运输费、装卸费和专业人员服务费等，作为固定资产成本，借记“固定资产”科目，贷记“银行存款（存放中央银行款项）”等科目。

（2）购入需要安装的固定资产，应在购入的固定资产取得成本的基础上加上安装调试成本等，作为购入固定资产的成本，先通过“在建工程”科目核算，待安装完毕达到预定可使用状态时，再由“在建工程”科目转入“固定资产”科目。

商业银行购入固定资产时，按实际支付的购买价款、运输费、装卸费和其他相关税费等，借记“在建工程”科目，贷记“银行存款（存放中央银行款项）”等科目；支付安装调试等费用时，借记“在建工程”科目，贷记“银行存款（存放中央银行款项）”等科目；安装完毕达到预定可使用状态时，按其实际成本，借记“固定资产”科目，贷记“在建工程”科目。

商业银行基于产品价格等因素的考虑，可能以一笔款项购入多项没有单独标价的固定资产。如果这些资产均符合资产的定义，并满足固定资产的确认条件，则应将各项资产单独确认为固定资产，并按各项固定资产公允价值的比例对总成本进行分配，分别确定各项固定资产的成本。

例 12：某商业银行购入一台不需要安装即可投入使用的设备，取得的增值税专用发票上注明的设备价款为 30 000 元，增值税税额为 5 100 元（假设不允许抵扣），另支付运输费 300 元，包装费 400 元，款项以银行存款支付。

某商业银行应作如下会计处理（单位：元）：

计算固定资产的成本：	固定资产买价	30 000
加：	增值税	5 100
	运输费	300
	包装费	400
固定资产的成本：		35 800

编制购入固定资产的会计分录：

借：固定资产　35 800

　　贷：银行存款（存放中央银行款项）　35 800

例 13：某商业银行用银行存款购入一台需要安装的设备，增值税专用发票上注明的设备买价为 200 000 元，增值税税额为 34 000 元（假设不允许抵扣），支付运输费 10 000 元，支付安装费 30 000 元。甲公司应作如下会计处理：

（1）购入进行安装时：

借：在建工程　244 000

　　贷：银行存款（存放中央银行款项）　244 000

（2）支付安装费时：

借：在建工程　30 000

　　贷：银行存款（存放中央银行款项）　30 000

（3）设备安装完毕交付使用时，确定的固定资产成本 = 244 000 元 + 30 000 元 = 274 000 元

借：固定资产　274 000

　　贷：在建工程　274 000

（二）自行建造固定资产

商业银行自行建造固定资产，应按建造该项资产达到预定可使用状态前所发生的必要支出，作为固定资产的成本。

自建固定资产应先通过“在建工程”科目核算，工程达到预定可使用状态时，再从“在建工程”科目转入“固定资产”科目。商业银行自建固定资产，主要有自营和出包两种方式，由于采用的建设方式不同，其会计处理也不同。

三、固定资产的折旧

（一）固定资产折旧概述

商业银行应当在固定资产的使用寿命内，按照确定的方法对应计折旧额进行系统分摊，根据固定资产的性质和使用情况，合理确定固定资产的使用寿命和预计净残值。固定资产的使用寿命、预计净残值一经确定，不得随意变更。

影响折旧的因素主要有以下几个方面：

（1）固定资产原价。这是指固定资产的成本。

（2）预计净残值。这是指假定固定资产预计使用寿命已满并处于使用寿命终了时的预期状态，商业银行从该项资产处置中获得的扣除预计处置费用后的金额。

（3）固定资产减值准备。这是指固定资产已计提的固定资产减值准备累计金额。

（4）固定资产的使用寿命。这是指商业银行使用固定资产的预计期间，或者该固定资产所能生产产品或提供劳务的数量。商业银行确定固定资产使用寿命时，应当考虑下列因素：①该项资产预计生产能力或实物产量。②该项资产预计有形损耗，如设备使用中发生磨损、房屋建筑物受到自然侵蚀等。③该项资产预计无形损耗，如因新技术的出现而使现有的资产技术水平相对陈旧、市场需求变化使产品过时等。④法律或者类似规定对该项资产使用的限制。

除以下情况外，商业银行应当对所有固定资产计提折旧：

（1）已提足折旧仍继续使用的固定资产。

（2）单独计价入账的土地。

在确定计提折旧的范围时，还应注意以下几点：

（1）固定资产应当按月计提折旧，当月增加的固定资产，当月不计提折旧，从下月起计提折旧；当月减少的固定资产，当月仍计提折旧，从下月起不计提折旧。

（2）固定资产提足折旧后，不论能否继续使用，均不再计提折旧；提前报废的固定资产，也不再补提折旧。所谓提足折旧，是指已经提足该项固定资产的应计折旧额。

（3）已达到预定可使用状态但尚未办理竣工决算的固定资产，应当按照估计价值确定其成本，并计提折旧；待办理竣工决算后，再按实际成本调整原来的暂估价值，但不需要调整原已计提的折旧额。

商业银行至少应当于每年年度终了，对固定资产的使用寿命、预计净残值和折旧方法进行复核。使用寿命预计数与之前的估计数有差异的，应当调整固定资产使用寿命。预计净残值预计数与之前的估计数有差异的，应当调整预计净残值。与固定资产有关的经济利益预期实现方式有重大改变的，应当改变固定资产折旧方法。固定资产使用寿命、预计净残值和折旧方法的改变应当作为会计估计变更。

（二）固定资产的折旧方法

商业银行应当根据与固定资产有关的经济利益的预期实现方式，合理选择固定资产折旧方法。可选用的折旧方法包括年限平均法、工作量法、双倍余额递减法和年数总和法等。

1. 年限平均法

年限平均法的计算公式如下：

年折旧率＝（1－预计净残值率）/预计使用寿命（年）×100%

月折旧率＝年折旧率/12

月折旧额＝固定资产原价×月折旧率

例14：某商业银行有一幢厂房，原价为5 000 000元，预计可使用20年，预计报废时的净残值率为2%。该厂房的折旧率和折旧额的计算如下：

年折旧率＝（1－2%）/20＝4.9%

月折旧率＝4.9%/12＝0.41%

月折旧额＝5 000 000元×0.41%＝20 500元

本例采用了年限平均法计提固定资产折旧。其特点是将固定资产的应计折旧额均衡地分摊到固定资产预计使用寿命内，采用这种方法计算出的每期折旧额是相等的。

2. 工作量法

工作量法的计算公式如下：

单位工作量折旧额＝固定资产原价×（1－预计净残值率）/预计总工作量

某项固定资产月折旧额＝该项固定资产当月工作量×单位工作量折旧额

3. 双倍余额递减法

双倍余额递减法是指在不考虑固定资产预计净残值的情况下，根据每期期初固定资产原价减去累计折旧后的金额和双倍的直线法折旧率计算固定资产折旧的一种方法。采用双倍余额递减法计提固定资产折旧，一般应在固定资产使用寿命到期前两年内，将固定资产账面净值扣除预计净残值后的差额平均摊销。

双倍余额递减法的计算公式如下：

年折旧率＝2/预计使用寿命（年）×100%

月折旧率 = 年折旧率/12

月折旧额 = 每月月初固定资产账面净值 × 月折旧率

例 15：某商业银行一项固定资产的原价为 1 000 000 元，预计使用年限为 5 年，预计报废时的净残值为 4 000 元，按双倍余额递减法计提折旧，每年的折旧额计算如下：

年折旧率 = 2/5 × 100% = 40%

第 1 年应提的折旧额 = 1 000 000 元 × 40% = 400 000 元

第 2 年应提的折旧额 = (1 000 000 − 400 000) 元 × 40% = 240 000 元

第 3 年应提的折旧额 = (600 000 − 240 000) 元 × 40% = 144 000 元

从第 4 年起改用年限平均法（直线法）计提折旧。

第 4 年、第 5 年的年折旧额 = [(360 000 − 144 000) 元 − 4 000 元]/2 = 10 600 元

每年各月折旧额根据年折旧额除以 12 来计算。

4. 年数总和法

年数总和法又称年限合计法，是指将固定资产的原价减去预计净残值后的余额，乘以一个逐年递减的分数计算每年的折旧额，这个分数的分子为固定资产尚可使用寿命，分母为预计使用寿命逐年数字之和。

年数总和法的计算公式如下：

年折旧率 = (预计使用寿命 − 已使用年限)/预计使用寿命 × (预计使用寿命 + 1)/2 × 100%

或者：

年折旧率 = 尚可使用年限/预计使用寿命的年数总和 × 100%

月折旧率 = 年折旧率/12

月折旧额 = (固定资产原值 − 预计净残值) × 月折旧率

（三）固定资产折旧的核算

固定资产应当按月计提折旧，计提的折旧应当记入“累计折旧”科目，并根据用途计入当期损益。商业银行计提固定资产折旧时，借记“业务及管理费”等科目，贷记“累计折旧”科目。

例 16：某商业银行采用年限平均法对固定资产计提折旧。2010 年 1 月份根据“固定资产折旧计算表”，确定的管理部门应分配的折旧额为 600 000 元。该商业银行应作如下会计处理：

借：业务及管理费	600 000	
贷：累计折旧		600 000

四、固定资产的后续支出

固定资产的后续支出是指固定资产在使用过程中发生的更新改造支出、修理费用等。商业银行的固定资产投入使用后，由于各个组成部分的耐用程度不同或

者使用的条件不同，往往会发生固定资产的局部损坏。为了保持固定资产的正常运转和使用，充分发挥其使用效能，就必须对其进行必要的后续支出。

固定资产的更新改造等后续支出，满足固定资产确认条件的，应当计入固定资产成本，如有被替换的部分，应同时将被替换部分的账面价值从该固定资产原账面价值中扣除；不满足固定资产确认条件的固定资产修理费用等，应当在发生时计入当期损益。

在对固定资产发生可资本化的后续支出后，商业银行应将该固定资产的原价、已计提的累计折旧和减值准备转销，将固定资产的账面价值转入在建工程。固定资产发生的可资本化的后续支出，通过“在建工程”科目核算。在固定资产发生的后续支出完工并达到预定可使用状态时，从“在建工程”科目转入“固定资产”科目。

对于商业银行行政管理部门等发生的固定资产修理费用等后续支出，应借记“业务及管理费”等科目，贷记“银行存款（存放中央银行款项）”等科目。

五、固定资产的处置

商业银行在生产经营过程中，可能将不适用或不需用的固定资产对外出售转让，或因磨损、技术进步等原因将固定资产报废，或因遭受自然灾害而对毁损的固定资产进行处理。对于上述事项在进行会计核算时，应按规定程序办理有关手续，结转固定资产的账面价值，计算有关的清理收入、清理费用及残料价值等。

固定资产处置包括固定资产的出售、报废、毁损、对外投资、非货币性资产交换、债务重组等。处置固定资产应通过“固定资产清理”科目核算。具体包括以下几个环节：

（一）固定资产转入清理

商业银行因出售、报废、毁损、对外投资、非货币性资产交换、债务重组等转出的固定资产，按该项固定资产的账面价值，借记“固定资产清理”科目，按已计提的累计折旧，借记“累计折旧”科目，按已计提的减值准备，借记“固定资产减值准备”科目，按其账面原价，贷记“固定资产”科目。

（二）发生清理费用等

对于固定资产清理过程中应支付的相关税费及其他费用，应借记“固定资产清理”科目，贷记“银行存款（存放中央银行款项）”、“应交税费——应交营业税”等科目。

（三）收回出售固定资产的价款、残料价值和变价收入等

对于收回的出售固定资产的价款、残料价值和变价收入等，应借记“银行存款（存放中央银行款项）”、“原材料”等科目，贷记“固定资产清理”科目。

（四）保险赔偿等

对应由保险公司或过失人赔偿的损失，应借记“其他应收款”等科目，贷

记“固定资产清理”科目。

（五）清理净损益

固定资产清理完后，属于生产经营期间正常的处理损失的，借记“营业外支出——处置非流动资产损失”科目，贷记“固定资产清理”科目；属于自然灾害等非正常原因造成的损失的，借记“营业外支出——非常损失”科目，贷记“固定资产清理”科目。如为贷方余额，则借记“固定资产清理”科目，贷记“营业外收入”科目。

例17：某商业银行出售一座建筑物，原价为2 000 000元，已计提折旧1 000 000元，未计提减值准备，实际出售价格为1 200 000元，已收回价款。该商业银行应作如下会计处理：

（1）将出售固定资产转入清理时：

借：固定资产清理　　1 000 000

　　累计折旧　　1 000 000

　　贷：固定资产　　2 000 000

（2）收回出售固定资产的价款时：

借：银行存款（存放中央银行款项）　　1 200 000

　　贷：固定资产清理　　1 200 000

（3）计算销售该固定资产应缴纳的营业税，按规定适用的营业税税率为5%，应缴纳营业税60 000元（1 200 000×5%）：

借：固定资产清理　　60 000

　　贷：应交税费——应交营业税　　60 000

（4）结转出售固定资产实现的利得时：

借：固定资产清理　　140 000

　　贷：营业外收入——非流动资产处置利得　　140 000

六、固定资产减值

固定资产在资产负债表日存在可能发生减值的情况时，其可收回金额低于账面价值的，商业银行应当将该固定资产的账面价值减记至可收回金额，减记的金额确认为减值损失，计入当期损益，同时计提相应的资产减值准备，借记“资产减值损失——计提的固定资产减值准备”科目，贷记“固定资产减值准备”科目。固定资产减值损失一经确认，在以后会计期间不得转回。

第四节　无形资产及其他资产的核算

一、无形资产

无形资产是指商业银行拥有或者控制的没有实物形态的可辨认非货币性资

产。无形资产具有以下三个主要特征：

（一）不具有实物形态

无形资产是不具有实物形态的非货币性资产，它不像固定资产、存货等有形资产具有实物形体。

（二）具有可辨认性

资产满足下列条件之一的，符合无形资产定义中的可辨认性标准：

（1）能够从商业银行中分离或者划分出来，并能单独或者与相关合同、资产或负债一起，用于出售、转让、授予许可、租赁或者交换。

（2）源自合同性权利或其他法定权利，无论这些权利是否可以从商业银行或其他权利或义务中转移或者分离。

无形资产主要包括专利权、非专利技术、商标权、著作权、土地使用权、特许权等。商誉的存在无法与商业银行自身分离，不具有可辨认性，不属于本节所指无形资产。

（三）属于非货币性长期资产

无形资产属于非货币性资产且能够在多个会计期间为商业银行带来经济利益。无形资产的使用年限在一年以上，其价值将在各个受益期间逐渐摊销。

无形资产同时满足以下条件时才能予以确认：①与该资产有关的经济利益很可能流入商业银行。②该无形资产的成本能够可靠地计量。

二、无形资产的核算

为了核算无形资产的取得、摊销和处置等情况，商业银行应当设置“无形资产”、“累计摊销”等科目。

“无形资产”科目核算商业银行持有的无形资产成本，借方登记取得无形资产的成本，贷方登记出售无形资产转出的无形资产账面余额，期末借方余额，反映商业银行无形资产的成本。本科目应按无形资产项目设置明细账，进行明细核算。

“累计摊销”科目属于“无形资产”科目的调整科目，核算商业银行对使用寿命有限的无形资产计提的累计摊销，贷方登记商业银行计提的无形资产摊销，借方登记处置无形资产转出的累计摊销，期末贷方余额，反映商业银行无形资产的累计摊销额。

此外，商业银行无形资产发生减值的，还应当设置“无形资产减值准备”科目进行核算。

（一）无形资产的取得

无形资产应当按照成本进行初始计量。商业银行取得无形资产的主要方式有外购、自行研究开发等。取得的方式不同，其会计处理也会有所差别。

1. 外购无形资产

外购无形资产的成本包括购买价款、相关税费以及直接归属于使该项资产达到预定用途所发生的其他支出。

例 18： 某商业银行购入一项非专利技术，支付的买价和有关费用合计为900 000元，以银行存款支付。该商业银行应作如下会计处理：

借：无形资产——非专利技术品　　900 000

　　贷：银行存款（存放中央银行款项）　　900 000

2. 自行研究开发无形资产

商业银行内部研究开发项目所发生的支出应区分研究阶段支出和开发阶段支出，商业银行自行开发无形资产发生的研发支出，不满足资本化条件的，借记“研发支出——费用化支出”科目，满足资本化条件的，借记“研发支出——资本化支出”科目，贷记“原材料”、“银行存款（存放中央银行款项）”、“应付职工薪酬”等科目。研究开发项目达到预定用途形成无形资产的，应按“研发支出——资本化支出”科目的余额，借记“无形资产”科目，贷记“研发支出——资本化支出”科目。期（月）末，应将“研发支出——费用化支出”科目归集的金额转入“业务及管理费”科目，借记“业务及管理费”科目，贷记“研发支出——费用化支出”科目。

（二）无形资产的摊销

商业银行应当于取得无形资产时分析判断其使用寿命。使用寿命有限的无形资产应进行摊销。使用寿命不确定的无形资产不应摊销。使用寿命有限的无形资产，其残值应当视为零。对于使用寿命有限的无形资产应当自可供使用（即其达到预定用途）当月起开始摊销，处置当月不再摊销。

无形资产摊销方法包括直线法、生产总量法等。商业银行选择的无形资产的摊销方法，应当反映与该项无形资产有关的经济利益的预期实现方式。无法可靠确定预期实现方式的，应当采用直线法摊销。

商业银行应当按月对无形资产进行摊销。无形资产的摊销额一般应计入当期损益，商业银行自用的无形资产，其摊销金额计入业务及管理费；出租的无形资产，其摊销金额计入其他业务成本；某项无形资产包含的经济利益通过所生产的产品或其他资产实现的，其摊销金额应当计入相关资产成本。

例 19： 某商业银行购买了一项特许权，成本为 4 800 000 元，合同规定受益年限为 10 年，该商业银行每月应摊销 40 000 元(4 800 000 ÷ 10 ÷ 12)。每月摊销时，该商业银行应作如下会计处理：

借：业务及管理费　　40 000

　　贷：累计摊销　　40 000

例 20： 2010 年 1 月 1 日，某商业银行将其自行开发完成的非专利技术出租给其他银行，该非专利技术成本为3 600 000元，双方约定的租赁期限为10年，该商业银行每月应摊销30 000元（3 600 000÷10÷12）。每月摊销时，该商业银行应作如下会计处理：

借：其他业务成本　　30 000

　贷：累计摊销　　30 000

（三）无形资产的处置

商业银行处置无形资产，应当将取得的价款扣除该无形资产账面价值以及应交相关税费后的差额计入营业外收入或营业外支出。

（四）无形资产的减值

无形资产在资产负债表日存在可能发生减值的情况时，其可收回金额低于账面价值的，商业银行应当将该无形资产的账面价值减记至可收回金额，减记的金额确认为减值损失，计入当期损益，同时计提相应的资产减值准备，按应减记的金额，借记“资产减值损失——计提的无形资产减值准备”科目，贷记“无形资产减值准备”科目。无形资产减值损失一经确认，在以后会计期间不得转回。

第五节　所有者权益的核算

一、实收资本的核算

《中华人民共和国企业法人登记管理条例》规定，企业申请开业，必须具备国家规定的与其生产经营和服务规模相适应的资金。为了反映和监督投资者投入资本的增减变动情况，商业银行必须按照国家统一的会计制度的规定进行实收资本的核算，真实地反映所有者投入商业银行资本的状况，维护所有者在商业银行的权益。除股份制商业银行以外，其他各类商业银行应通过“实收资本”科目核算，股份制商业银行应通过“股本”科目核算。

商业银行收到所有者投入商业银行的资本后，应根据有关原始凭证（如投资清单、银行通知单等），分别不同的出资方式进行会计处理。

（一）接受现金资产投资

商业银行在核定投入资本总额后，应在实际收到现金资产时进行会计处理。

例21：某股份制商业银行发行普通股10 000 000股，每股面值1元，每股发行价格5元。假定股票发行成功，股款50 000 000元已全部收到，不考虑发行过程中的税费等因素。根据上述资料，该商业银行应作如下账务处理：

应记入“资本公积”科目的金额=50 000 000元－10 000 000元=40 000 000元

编制如下会计分录：

借：银行存款（存放中央银行款项）　　50 000 000

贷：股本　　10 000 000

　　资本公积——股本溢价　　40 000 000

（二）接受非现金资产投资

《中华人民共和国公司法》规定，股东可以用货币出资，也可以用实物、知识产权、土地使用权等可以用货币估价并可以依法转让的非货币财产作价出资；但是，法律、行政法规规定不得作为出资的财产除外。对作为出资的非货币财产应当评估作价，核实财产，不得高估或者低估作价。法律、行政法规对评估作价有规定的，从其规定。全体股东的货币出资金额不得低于公司注册资本的30%。不论以何种方式出资，投资者如在投资过程中违反投资合约，不按规定如期缴足出资额，商业银行可以依法追究投资者的违约责任。商业银行接受非现金资产投资时，应按投资合同或协议约定价值确定非现金资产价值（但投资合同或协议约定价值不公允的除外）和在注册资本中应享有的份额。

例22：某商业银行于设立时收到乙公司作为资本投入的不需要安装的机器设备一台，合同约定该机器设备的价值为2 000 000元，增值税进项税额为340 000元（假设不允许抵扣）。合同约定的固定资产价值与公允价值相符，不考虑其他因素，该商业银行进行会计处理时，应编制如下会计分录：

借：固定资产　　2 340 000

　　贷：实收资本——乙公司　　2 340 000

二、资本公积的核算

资本公积是指商业银行收到投资者的超出其在商业银行注册资本（或股本）中所占份额的投资，以及直接计入所有者权益的利得和损失等。资本公积包括资本溢价（或股本溢价）和直接计入所有者权益的利得和损失等。资本溢价（或股本溢价）是指商业银行收到投资者的超出其在商业银行注册资本（或股本）中所占份额的投资。形成资本溢价（或股本溢价）的原因有溢价发行股票、投资者超额缴入资本等。直接计入所有者权益的利得和损失是指不应计入当期损益、会导致所有者权益发生增减变动的、与所有者投入资本或者向所有者分配利润无关的利得或者损失。资本公积的核算包括资本溢价（或股本溢价）的核算、其他资本公积的核算和资本公积转增资本的核算等内容。

其他资本公积是指除资本溢价（或股本溢价）项目以外所形成的资本公积，其中主要是直接计入所有者权益的利得和损失。本节以因被投资单位除净损益以外的所有者权益的其他变动产生的利得或损失为例，介绍相关的其他资本公积的核算。商业银行对某被投资单位的长期股权投资采用权益法核算的，在持股比例不变的情况下，对因被投资单位除净损益以外的所有者权益的其他变动，如果是利得，则应按持股比例计算其应享有被投资单位所有者权益的增加数额；如果是损失，则作相反的会计分录。在处置长期股权投资时，应转销与该笔投资相关的其他资本公积。

例 23：某商业银行于 2011 年 1 月 1 日向 A 公司投资 8 000 000 元，拥有该公司 20% 的股份，对该公司有重大影响，因而对 A 公司的长期股权投资采用权益法核算。2011 年 12 月 31 日，A 公司除净损益之外的所有者权益增加了 1 000 000元。假定除此以外，A 公司的所有者权益没有变化，该商业银行的持股比例没有变化，A 公司资产的账面价值与公允价值一致，不考虑其他因素。该商业银行的会计分录如下：

借：长期股权投资——A 公司　　200 000

　贷：资本公积——其他资本公积　　200 000

经股东大会或类似机构决议，用资本公积转增资本时，应冲减资本公积，同时按照转增前的实收资本（或股本）的结构或比例，将转增的金额记入“实收资本”（或“股本”）科目下各所有者的明细账。

三、留存收益的核算

留存收益包括盈余公积和未分配利润两个部分。利润分配是指商业银行根据国家有关规定和企业章程、投资者协议等，对商业银行当年可供分配的利润所进行的分配。利润分配的顺序依次是：①提取法定盈余公积。②提取任意盈余公积。③向投资者分配利润。

（一）未分配利润的核算

未分配利润是经过弥补亏损、提取法定盈余公积、提取任意盈余公积和向投资者分配利润等利润分配之后剩余的利润。它是商业银行留待以后年度进行分配的历年结存的利润。相对于所有者权益的其他部分来说，商业银行对于未分配利润的使用有较大的自主权。

商业银行应通过“利润分配”科目，核算商业银行利润的分配（或亏损的弥补）和历年分配（或弥补）后的未分配利润（或未弥补亏损）。该科目应分别按“提取法定盈余公积”、“提取任意盈余公积”、“应付现金股利或利润”、“盈余公积补亏”、“未分配利润”等进行明细核算。商业银行未分配利润通过“利润分配——未分配利润”明细科目进行核算。年度终了，商业银行应将全年实现的净利润或发生的净亏损，自“本年利润”科目转入“利润分配——未分配利润”科目，结转后，“利润分配——未分配利润”科目如为贷方余额，则表示累积未分配的利润数额；如为借方余额，则表示累积未弥补的亏损数额。

例 24：某商业银行年初未分配利润为 0，本年实现净利润 2 000 000 元，本年提取法定盈余公积 200 000 元，宣告发放现金股利 800 000 元。假定不考虑其他因素，该商业银行会计处理如下：

（1）结转本年利润：

借：本年利润　　　　　　　　　　　　　　　　2 000 000

　　贷：利润分配——未分配利润　　　　　　　　　　2 000 000

如果该商业银行当年发生亏损，则应借记“利润分配——未分配利润”科目，贷记“本年利润”科目。

（2）提取法定盈余公积、宣告发放现金股利：

借：利润分配——提取法定盈余公积　　　　　　200 000

　　　　　　——应付现金股利　　　　　　　　800 000

　　贷：盈余公积　　　　　　　　　　　　　　　　200 000

　　　　应付股利　　　　　　　　　　　　　　　　800 000

同时，

借：利润分配——未分配利润　　　　　　　　1 000 000

　　贷：利润分配——提取法定盈余公积　　　　　　200 000

　　　　　　　　——应付现金股利　　　　　　　　800 000

结转后，如果“未分配利润”明细科目的余额在贷方，则表示累计未分配的利润；如果余额在借方，则表示累积未弥补的亏损。本例中，“利润分配——未分配利润”明细科目的余额在贷方，此贷方余额为 1 000 000 元（本年利润 2 000 000元－提取法定盈余公积 200 000－支付现金股利 80 000 元）即为该商业银行本年年末的累计未分配利润。

（二）盈余公积的核算

盈余公积是指商业银行按规定从净利润中提取的积累资金。公司制商业银行的盈余公积包括法定盈余公积和任意盈余公积。

按照《中华人民共和国公司法》的有关规定，商业银行应当按照净利润（减弥补以前年度亏损，下同）的 10% 提取法定盈余公积。法定盈余公积累计额已达注册资本的 50% 时可以不再提取。值得注意的是，在计算提取法定盈余公积的基数时，不应包括年初未分配利润。商业银行可根据股东大会的决议提取任意盈余公积。法定盈余公积和任意盈余公积的区别在于其各自计提的依据不同，前者以国家的法律法规为依据；后者由商业银行的权力机构自行决定。

商业银行提取的盈余公积经批准可用于弥补亏损、转增资本、发放现金股利或利润等。

1. 提取盈余公积

商业银行按规定提取盈余公积时，应通过“利润分配”和“盈余公积”等科目处理。

例 25：某商业银行本年实现净利润为 5 000 000 元，年初未分配利润为 0。经股东大会批准，按当年净利润的 10% 提取法定盈余公积。假定不考虑其他因素，该商业银行的会计分录如下：

借：利润分配——提取法定盈余公积　　　　　　　　500 000

　　贷：盈余公积——法定盈余公积　　　　　　　　　500 000

本年提取盈余公积金额 = 5 000 000 元 × 10% = 500 000 元

2. 盈余公积补亏

例 26：经股东大会批准，某商业银行用以前年度提取的盈余公积弥补当年亏损，当年弥补亏损的金额为 600 000 元。假定不考虑其他因素，该商业银行的会计分录如下：

借：盈余公积　　　　　　　　　　　　　　　　　600 000

　　贷：利润分配——盈余公积补亏　　　　　　　　　600 000

3. 盈余公积转增资本

例 27：因扩大经营规模需要，经股东大会批准，某商业银行将盈余公积 400 000元转增股本。假定不考虑其他因素，该商业银行的会计分录如下：

借：盈余公积　　　　　　　　　　　　　　　　　400 000

　　贷：股本（实收资本）　　　　　　　　　　　　　400 000

第六节　收入、费用与利润的核算

一、收入的核算

商业银行的营业收入是指商业银行在日常活动中形成的、会导致所有者权益增加的、与所有者投入资本无关的经济利益的总流入，包括利息收入、手续费及佣金收入、汇兑收益和其他营业收入等。

（一）收入的确认原则

商业银行的营业收入同时满足下列条件的，才能予以确认：

1. 相关的经济利益很可能流入商业银行

商业银行在确定营业收入是否很可能收回时，应当根据对方企业的信誉和生产经营情况、双方就结算方式和期限等达成的合同或协议条款等因素，综合进行判断。如果估计收入收回的可能性不大，就不应确认收入。

2. 收入的金额能够可靠地计量

当收入金额能够可靠地计量时，商业银行才能确认收入。

（二）收入核算的会计科目

"利息收入"科目，核算商业银行根据《企业会计准则第 14 号——收入》确认的利息收入，包括发放的各类贷款（银团贷款、贸易融资、贴现和转贴现融出资金、协议透支、信用卡透支和垫款等）、与其他金融机构（中国人民银行、同业等）之间发生资金往来业务、买入返售金融资产等所取得的利息收入等。资产负债表日，商业银行应按合同约定的名义利率计算确定的应收利息的金额，借记“应收利息”、“买入返售金融资产”等科目，按《企业会计准则第14号——收入》或《企业会计准则第22号——金融工具确认和计量》计算确定的利息收入金额，贷记本科目，按其差额，借记或贷记“贷款——溢折价”等科目。期末，应将本科目余额转入“本年利润”科目，结转后本科目无余额。

“手续费及佣金收入”科目，核算商业银行根据《企业会计准则第14号——收入》确认的手续费及佣金收入，包括办理结算业务、咨询业务、担保业务、代保管等代理业务以及办理受托贷款及投资业务等取得的手续费及佣金，如结算手续费收入、佣金收入、业务代办手续费收入、基金托管收入、咨询服务收入、担保收入、受托贷款手续费收入、代保管收入和代理买卖证券、承销证券、兑付证券、保管证券、保险业务等代理业务以及其他相关服务实现的手续费收入及佣金等。商业银行确认的手续费及佣金收入，按应收金额，借记“应收账款”、“代理承销证券款”等科目，贷记本科目；实际收到手续费时，借记“银行存款（存放中央银行款项）”、“结算备付金”、“吸收存款”等科目，贷记“应收账款”等科目。期末，应将本科目余额转入“本年利润”科目，结转后本科目无余额。

“汇兑损益”科目，核算商业银行外币货币性项目因汇率变动而形成的收益或损失。本科目借方反映因汇率变动而产生的汇兑损失，贷方反映因汇率变动而产生的汇兑收益。期末，“外汇买卖”各外币明细科目的期末余额，应按照期末汇率折合为记账本位币。按照期末汇率折合的记账本位币金额与“外汇买卖——记账本位币”科目余额之间的差额，如为贷方余额，则借记“外汇买卖——记账本位币”科目，贷记本科目；如为借方余额，则借记本科目，贷记“外汇买卖——记账本位币”科目。期末，应将本科目的余额转入“本年利润”科目，结转后本科目无余额。

（三）收入的账务处理

例28：某商业银行向乙公司贷款，第一季度贷款利息为60 000元，结息日如果乙公司有足够存款支付该笔利息，则银行可填制贷款利息结算凭证，办理转账。该商业银行确认利息收入的会计分录如下：

借：活期存款	60 000	
贷：利息收入		60 000

二、费用的核算

（一）费用概述

商业银行的费用是指商业银行在日常活动中发生的、会导致所有者权益减少的、与向所有者分配利润无关的经济利益的总流出，主要包括利息支出、手续费及佣金支出、汇兑损失、营业税金及附加、业务及管理费、其他业务成本等。

（二）费用核算的会计科目

“利息支出”科目，核算商业银行发生的利息支出，包括吸收的各种存款（单位存款、个人存款、信用卡存款、特种存款和转贷款资金等）、与其他金融机构（中国人民银行、同业等）之间发生资金往来业务、卖出回购金融资产等产生的利息支出以及按期分摊的未确认融资费用等。资产负债表日，商业银行应按《企业会计准则第22号——金融工具确认和计量》计算确定的各项利息费用的金额，借记本科目，按合同约定的名义利率计算确定的应付利息的金额，贷记“应付利息”、“卖出回购金融资产款”等科目，按其差额，借记或贷记“吸收存款——溢折价”等科目。期末，应将本科目余额转入“本年利润”科目，结转后本科目无余额。

“手续费及佣金支出”科目，核算商业银行发生的各项手续费、佣金等支出。商业银行发生手续费、佣金等支出时，借记本科目，贷记“银行存款（存放中央银行款项）”、“存放同业”、“库存现金”、“应付账款”等科目。期末，应将本科目余额转入“本年利润”科目，结转后本科目无余额。

“业务及管理费”科目，核算商业银行在业务经营和管理过程中所发生的各项费用，包括折旧费、业务宣传费、业务招待费、电子设备运转费、钞币运送费、安全防范费、邮电费、劳动保护费、外事费、印刷费、低值易耗品摊销、职工工资、差旅费、水电费、修理费、职工教育经费、工会经费、税金、会议费、诉讼费、公证费、咨询费、无形资产摊销、长期待摊费用摊销、取暖降温费、聘请中介机构费、技术转让费、绿化费、董事会费、财产保险费、劳动保险费、待业保险费、住房公积金、物业管理费、研究费用等。商业银行不应再设置“管理费用”科目。商业银行发生上述费用时，借记本科目，贷记“现金”、“银行存款（存放中央银行款项）”、“应付职工薪酬”、“累计折旧”等科目。期末，应将本科目余额转入“本年利润”科目，结转后本科目无余额。

（三）费用的账务处理

例29：某商业银行销售部2010年8月份共发生费用220 000元，其中：销售人员薪酬为100 000元，销售部专用办公设备折旧费为50 000元，业务费为70 000元（均用银行存款支付）。该商业银行的会计分录如下：

借：业务及管理费	220 000	
贷：应付职工薪酬		100 000
累计折旧		50 000
银行存款（存放中央银行款项）		70 000

三、利润的核算

（一）利润及其构成

商业银行的利润是指商业银行在一定会计期间的经营成果。利润包括收入减去费用后的净额、直接计入当期利润的利得和损失等。直接计入当期利润的利得和损失是指应当计入当期损益、会导致所有者权益发生增减变动的、与所有者投入资本或者向所有者分配利润无关的利得或者损失。

利润相关计算公式如下：

1. 营业利润

营业利润 = 利息净收入 + 手续费及佣金净收入 + 投资收益（ - 投资损失）+ 汇兑收益（ - 汇兑损失）+ 公允价值变动收益（ - 公允价值变动损失）+ 其他业务收入 - 营业税金及附加 - 业务及管理费 - 资产减值损失 - 其他业务成本

2. 利润总额

利润总额 = 营业利润 + 营业外收入 - 营业外支出

其中，营业外收入是指商业银行发生的与其日常活动无直接关系的各项利得。

营业外支出是指商业银行发生的与其日常活动无直接关系的各项损失。

3. 净利润

净利润 = 利润总额 - 所得税费用

其中，所得税费用是指商业银行确认的应从当期利润总额中扣除的所得税费用。

（二）营业外收入与营业外支出的核算

1. 营业外收入的核算

营业外收入是指商业银行发生的与其日常活动无直接关系的各项利得。营业外收入并不是商业银行经营资金耗费所产生的，不需要商业银行付出代价，实际上是经济利益的净流入，不可能也不需要与有关的费用进行配比。营业外收入主要包括非流动资产处置利得、盘盈利得、罚没利得、捐赠利得、确实无法支付而按规定程序经批准后转作营业外收入的应付款项等。

非流动资产处置利得包括固定资产处置利得和无形资产出售利得。固定资产处置利得是指商业银行出售固定资产所取得的价款或报废固定资产的材料价值和变价收入等，扣除处置固定资产的账面价值、清理费用、处置相关税费后的净收益；无形资产出售利得是指商业银行出售无形资产所取得的价款，扣除无形资产的账面价值、出售相关税费后的净收益。

盘盈利得，主要是指对现金等清查盘点中盘盈的现金等，报经批准后计入营业外收入的金额。

罚没利得是指商业银行取得的各项罚款，在弥补由于违反合同或协议而造成的经济损失后的罚款净收益。

捐赠利得是指商业银行接受捐赠产生的利得。

商业银行应通过“营业外收入”科目，核算营业外收入的取得及结转情况。

该科目贷方登记商业银行确认的各项营业外收入，借方登记期末转入本年利润的营业外收入，结转后该科目无余额。该科目应按照营业外收入的项目进行明细核算。

商业银行确认营业外收入时，借记“固定资产清理”、“银行存款”、“待处理财产损溢”、“应付账款”等科目，贷记“营业外收入”科目。期末，应将“营业外收入”科目余额转入“本年利润”科目，借记“营业外收入”科目，贷记“本年利润”科目。

例 30：某商业银行将固定资产报废清理的净收益 8 000 元转作营业外收入。其会计分录如下：

借：固定资产清理　　8000

　贷：营业外收入　　8000

例 31：某商业银行本期营业外收入总额为 180 000 元，期末结转本年利润。其会计分录如下：

借：营业外收入　　180 000

　贷：本年利润　　180 000

2. 营业外支出的核算

营业外支出是指商业银行发生的与其日常活动无直接关系的各项损失，主要包括非流动资产处置损失、盘亏损失、罚款支出、公益性捐赠支出、非常损失等。

非流动资产处置损失包括固定资产处置损失和无形资产出售损失。固定资产处置损失是指商业银行出售固定资产所取得的价款或报废固定资产的材料价值和变价收入等，不足以抵补处置固定资产的账面价值、清理费用、处置相关税费所发生的净损失；无形资产出售损失是指商业银行出售无形资产所取得的价款，不足以抵补出售无形资产的账面价值、出售相关税费后所发生的净损失。

盘亏损失，主要是指对财产清查盘点中盘亏的资产，在查明原因处理时按确定的损失计入营业外支出的金额。

罚款支出是指商业银行由于违反税收法规、合同等而支付的各种滞纳金和罚款。

公益性捐赠支出是指商业银行对外进行公益性捐赠发生的支出。

非常损失是指商业银行对于因客观因素（如自然灾害等）造成的损失，在扣除保险公司赔偿款后应计入营业外支出的净损失。

商业银行应通过“营业外支出”科目，核算营业外支出的发生及结转情况。该科目借方登记商业银行发生的各项营业外支出，贷方登记期末转入本年利润的营业外支出。结转后该科目无余额。该科目应按照营业外支出的项目进行明细核算。

商业银行发生营业外支出时，借记“营业外支出”科目，贷记“固定资产清理”、“待处理财产损溢”、“库存现金”、“银行存款”等科目。期末，应将“营业外支出”科目余额转入“本年利润”科目，借记“本年利润”科目，贷记“营业外支出”科目。

例32：某商业银行用银行存款支付税款滞纳金30 000元。其会计分录如下：

借：营业外支出　　30 000

　　贷：银行存款　　30 000

例33：某商业银行本期营业外支出总额为840 000元，期末结转本年利润。其会计分录如下：

借：本年利润　　840 000

　　贷：营业外支出　　840 000

（三）所得税费用的核算

所得税是根据商业银行应纳税所得额的一定比例上交的一种税金。商业银行在计算确定当期所得税以及递延所得税费用（或收益）的基础上，应将两者之和确认为利润表中的所得税费用（或收益）。计算公式如下：

所得税费用(或收益)＝当期所得税＋递延所得税费用(－递延所得税收益)

递延所得税费用＝递延所得税负债增加额＋递延所得税资产减少额

1. 当期所得税的计算

应纳税所得额是在商业银行税前会计利润（即利润总额）的基础上调整确定的。计算公式为：应纳税所得额＝税前会计利润＋纳税调整增加额－纳税调整减少额。纳税调整增加额主要包括税法规定允许扣除项目中，商业银行已计入当期费用但超过税法规定扣除标准的金额（如超过税法规定标准的工资支出、业务招待费支出），以及商业银行已计入当期损失但税法规定不允许扣除的金额（如税收滞纳金、罚款、罚金）。纳税调整减少额主要包括按税法规定允许弥补的亏损和准予免税的项目，如前五年内的未弥补亏损和国债利息收入等。

商业银行当期所得税的计算公式为：应交所得税＝应纳税所得额×所得税税率

例34：某商业银行2007年度按《企业会计准则》计算的税前会计利润为19 700 000元，所得税税率为25%。当年按税法核定的全年计税工资为2 000 000元，全年实发工资为2 200 000元；经查，该商业银行当年营业外支出中有100 000元为税款滞纳罚金。假定该商业银行全年无其他纳税调整因素。

本例中，该商业银行有两项纳税调整因素：一是已计入当期费用但超过税法规定标准的工资支出；二是已计入当期营业外支出但按税法规定不允许扣除的税款滞纳金，这两个因素均应调整增加应纳税所得额。该商业银行当期所得税的计算如下：

纳税调整数 = 2 200 000 元 - 2 000 000 元 + 100 000 元 = 300 000 元

应纳税所得额 = 19 700 000 元 + 300 000 元 = 20 000 000 元

当期应交所得税税额 = 20 000 000 元 × 25% = 5 000 000 元

2. 所得税费用的会计处理

商业银行应根据规定，对当期所得税加以调整计算后，据以确认应从当期利润总额中扣除的所得税费用。

例 35：承例 34，某商业银行递延所得税负债年初数为 400 000 元，年末数为 500 000 元，递延所得税资产年初数为 250 000 元，年末数为 200 000 元。该商业银行的会计处理如下。

该商业银行所得税费用的计算如下：

递延所得税费用 = (500 000 - 400 000) 元 + (250 000 - 200 000) 元 = 150 000 元

所得税费用 = 当期所得税 + 递延所得税费用

= 5 000 000 元 + 150 000 元 = 5 150 000 元

会计分录如下：

借：所得税费用	5 150 000	
贷：应交税费——应交所得税		5 000 000
递延所得税负债		100 000
递延所得税资产		50 000

（四）本年利润的核算

会计期末结转本年利润的方法有表结法和账结法两种。年度终了，应将本年收入和支出相抵后结出的本年实现的净利润，由“本年利润”科目转入“利润分配”科目。

年末结转本年利润的会计分录如下：

1. 将各损益类科目年末余额转入“本年利润”科目

（1）结转各项收入、利得类科目：

借：利息收入

　　手续费及佣金收入

　　汇兑损益

　　投资收益

　　公允价值变动损益

　　其他业务收入

　　营业外收入

　　贷：本年利润

（2）结转各项费用、损失类科目：

借：本年利润

贷：利息支出
手续费及佣金支出
其他业务成本
营业税金及附加
业务及管理费
资产减值损失
营业外支出

2. 将确认的所得税费用转入“本年利润”科目

借：本年利润
贷：所得税费用

3. 将“本年利润”科目年末余额转入“利润分配——未分配利润”科目

借：本年利润
贷：利润分配——未分配利润

第七章　财务会计报告

第一节　财务会计报告概述

一、财务会计报告的定义与构成

财务会计报告是指商业银行对外提供的反映商业银行某一特定日期财务状况和某一会计期间经营成果、现金流量和所有者权益等会计信息的书面文件。它以账簿记录为主要依据，经过加工、汇总形成，是会计核算的最终成果，是传递会计信息的主要手段。财务会计报告通常包括财务报表及其附注和其他应当在财务会计报告中披露的相关信息和资料。

财务报表，是对商业银行财务状况、经营成果和现金流量的结构性表述，是财务会计报告的核心内容。财务报表至少应包括以下几个部分：资产负债表、利润表、现金流量表、所有者权益变动表和附注。

财务报表可以按照不同的标准进行分类：①按财务报表编报期间的不同，可以分为中期财务报表和年度财务报表。中期财务报表包括月报、季报和半年报等。②按财务报表编报主体的不同，可以分为个别财务报表和合并财务报表。个别财务报表是由企业在自身会计核算基础上对账簿记录进行加工而编制的财务报表，主要用以反映企业自身的财务状况、经营成果和现金流量情况。合并财务报表是以母公司和子公司组成的企业集团为会计主体，根据母公司和其子公司的财务报表，由母公司编制的综合反映企业集团财务状况、经营成果和现金流量的财务报表。

二、财务会计报告编制的要求

商业银行在编制财务会计报告的过程中必须按照一定的程序、方法和统一的要求进行编制。为了真实、正确地反映企业的财务状况和经营成果，保证财务会计报告所提供的信息能够满足使用者的需要，编制财务会计报告时必须符合以下要求：

（1）商业银行应当以持续经营为基础，根据实际发生的交易或事项，依据各项会计准则确认和计量的结果编制财务报表。

（2）依据重要性原则，在编制财务报表的过程中，对于性质或功能不同的项目要单独列报，但不具有重要性的项目除外；对于性质或功能相同的项目应予以合并。

（3）财务报表项目的列报应当在各个会计期间保持一致，不得随意变更。但下列情况除外：①会计准则要求改变财务报表项目的列报。②商业银行经营业务的性质发生重大变化后，变更财务报表项目的列报能够提供更可靠、相关的会计信息。

（4）财务报表项目应当以总额列报，资产和负债、收入和费用不能相互抵销，即不得以净额列报，但《企业会计准则》另有规定的除外。

（5）商业银行在列报当期财务报表时，至少应当提供所有列报项目上一可比会计期间的比较数据，以及与理解当期财务报表相关的说明，但《企业会计准则》另有规定的除外。

此外，商业银行应当在财务报表的表首部分披露：编报商业银行的名称；报表涵盖的会计期间；货币单位和名称；财务报表是合并财务报表的，应当予以标明。商业银行至少应当编制年度财务报表。

第二节　资产负债表

一、资产负债表的内容

资产负债表是反映商业银行在某一特定日期财务状况的会计报表。它反映了商业银行在特定日期所拥有或控制的经济资源，所要承担的现实义务和所有者对商业银行净资产的剩余要求权。

根据会计恒等式“资产 - 负债 = 所有者权益”，商业银行的资产负债表应该按照资产、负债和所有者权益项目分类列报。《企业会计准则》强调金融企业的各项资产或负债，按照流动性顺序列示能够提供可靠且相关信息的，可以按照其流动性顺序列示。

资产按照流动性可分为流动资产和非流动资产。资产满足下列条件之一的，应当归为流动资产：

（1）预计在一个正常营业周期中变现、出售或耗用。

（2）主要为交易目的而持有。

（3）预计在资产负债表日起一年内（含一年，下同）变现。

（4）自资产负债表日起一年内，交换其他资产或清偿负债的能力不受限制的现金或现金等价物。

流动资产以外的资产应当归类为非流动资产，并应按其性质分类列示。

负债是商业银行所要承担的现时义务，反映商业银行的财务状况。按照债务偿还期限的长短一般分为流动负债和非流动负债。满足下列条件之一的，应当归类为流动负债：

（1）预计在一个正常营业周期中清偿。

（2）主要为交易目的而持有。

（3）自资产负债表日起一年内到期应予以清偿。

（4）商业银行无权自主地将清偿推迟至资产负债表日后一年以上。

流动负债以外的负债，应当归类为非流动负债。非流动负债应当按照长期负债的性质分类列示。

另外，商业银行还要特别注意以下方面：

（1）对于在资产负债表日起一年内到期的负债，商业银行预计能够自主地将清偿义务展期至资产负债表日后一年以上的，应当归类为非流动负债；不能自主地将清偿义务展期的，即使在资产负债表日后、财务报表批准报出日前签订了重新安排清偿计划协议，该项负债也应当归类为流动负债。

（2）商业银行在资产负债表日或之前违反了长期借款协议，导致贷款人可随时要求清偿的负债，应当归类为流动负债。

（3）贷款人在资产负债表日或之前同意提供在资产负债表日起一年以上的宽限期，商业银行能够在此期限内改正违约行为，且贷款人不能要求随时清偿的负债，应当归类为非流动负债。

所有者权益同负债一样也是按照需要偿还时间的长短来列示的，偿还时间短的排在前面。所有者权益在商业银行破产清算之前不需要偿还的排在最后面。所有者权益按照实收资本（或股本）、资本公积、盈余公积、未分配利润等项目列示。

二、资产负债表的格式

资产负债表根据会计要素及要素项目的排列方式的不同，格式也各有不同。常见的资产负债表有报告式和账户式两种格式。在我国，资产负债表采用账户式。

账户式资产负债表是将表分为左右两边，左边列示资产项目，反映全部资产的分布及形态；右边列示负债项目和所有者权益项目，反映负债和所有者权益的内容和构成情况。左边合计数 = 右边合计数，即资产各项目的合计数 = 负债合计数 + 所有者权益合计数。资产负债表还就各项目再分为“年初余额”和“期末余额”两栏分别填列。账户式资产负债表可以清晰地显示商业银行资产和权益之间的平衡关系。资产负债表的具体格式如表 7-1 所示。

三、资产负债表的编制方法

1. 资产负债表“年初余额”栏的填列方法

表中的“年初余额”栏通常根据上年年末有关项目的期末余额填列，且与上年末资产负债表“期末余额”栏一致。商业银行在首次执行新会计准则时，应当按照《企业会计准则第38号——首次执行企业会计准则》的要求对首次执行新准则当年的“年初余额”栏中的有关项目进行相应调整。此外，如果商业银行上年度资产负债表规定的项目名称和内容与本年不一致，应对上年末资产负债表相关项目的名称和数字按照本年度的规定进行调整，填入“年初余额”栏。

表 7-1 资产负债表

会商银 01 表

编制单位：　　　　　　　　　__年__月__日　　　　　　　　　单位:元

资产	期末余额	年初余额	负债及所有者权益(或股东权益)	期末余额	年初余额
资产：			负债：		
现金及存放中央银行款项			向中央银行借款		
存放同业款项			同业及其他金融机构存放款项		
贵金属			拆入资金		
拆出资金			交易性金融负债		
交易性金融资产			衍生金融负债		
衍生金融资产			卖出回购金融资产款		
买入返售金融资产			吸收存款		
应收利息			应付职工薪酬		
发放贷款和垫款			应交税费		
可供出售金融资产			应付利息		
持有至到期投资			预计负债		
长期股权投资			应付债券		
投资性房地产			递延所得税负债		
固定资产			其他负债		
无形资产			负债合计		
递延所得税资产			所有者权益(或股东权益)：		
其他资产			实收资本(股本)		
			资本公积		
			减:库存股		
			盈余公积		
			一般风险准备		
			未分配利润		
			所有者权益(或股东权益)合计		
资产总计			负债和所有者权益(或股东权益)总计		

2. 资产负债表“期末余额”栏的填列方法

“期末余额”栏一般应根据资产、负债和所有者权益类科目的期末余额填列。

(1) 根据总账账户余额直接填列。如“拆出资金”、“交易性金融资产”、“应收利息”、“递延所得税资产”、“应付职工薪酬”、“应交税费”、“应付利息”、“预计负债”、“递延所得税负债”等项目，应根据有关总账科目的余额填列。

（2）根据同类科目余额相加后填列。如“现金及存放中央银行款项”项目是根据“库存现金”和“存放中央银行款项”科目的期末余额相加后填列。

（3）根据明细账科目余额计算填列。“应付债券”项目应根据“应付债券”科目的明细账科目余额分析填列；“未分配利润”项目应根据“利润分配”科目中的“未分配利润”明细科目期末余额填列。

（4）根据总账余额和明细账科目余额分析计算填列。资产负债表的某些项目不能根据总账账户的期末余额或若干个总账账户的期末余额或若干个总账账户的期末余额计算填列，也不能根据有关账户的相关明细账户的期末余额分析计算填列，而是根据总账账户和明细账户的期末余额计算填列。

（5）根据有关科目余额减去其备抵科目余额后的净额填列。如“长期股权投资”科目应当根据“长期股权投资”科目的期末余额减去“长期股权投资减值准备”科目余额后的净额填列。“固定资产”科目应当根据“固定资产”科目的期末余额减去“累计折旧”、“固定资产减值准备”科目余额后的净额填列。

四、资产负债表的作用

资产负债表是最重要的财务报表，为管理层、投资者、债权人和国家等报表使用者提供资料，对报表使用者作出相关决策有着重要的作用。它主要反映商业银行以下几个方面情况：①商业银行所拥有或控制的经济资源及其分布状况。②其所承担的负债及其状况。③所有者权益的构成及其状况。④为商业银行未来财务状况变化趋势提供信息。报表使用者可以据此分析商业银行资产结构及其资产质量的总体状况、分析商业银行贷款质量及其内在风险、评价商业银行的经营业绩，预测其发展前景，进而作出合理的经济决策。

第三节　利　润　表

一、利润表的结构

利润表是反映商业银行在一定会计期间的经营成果的会计报表。商业银行通过编制利润表可以如实反映商业银行实现的收入情况、费用耗费情况，以及商业银行生产经营活动的成果，即净利润的实现情况。

常见的利润表结构主要有单步式和多步式两种。我国商业银行的利润表一般采用多步式。通过对当期的收入、费用、支出项目按性质加以归类，按利润形成的主要环节列示一些中间性利润指标，分步计算当期净损益。通常分为以下几步：

（1）以利息净收入、手续费及佣金净收入和其他业务收入为基础，减去营业税金及附加、业务及管理费、资产减值损失、其他业务成本，加上公允价值变动收益（减损失）、投资收益（减损失）和汇兑收益（减损失）计算出营业利润。

（2）在营业利润的基础上，加上营业外收入，减去营业外支出，计算出利润总额。

（3）在利润总额的基础上，减去所得税费用，计算出净利润或净亏损。

（4）根据净利润和商业银行发行在外的股份计算每股收益。

利润表的格式如表7-2所示。

表7-2 利 润 表

会商银02表

编制单位：　　　　　　　　　　　　__年__月__日　　　　　　　　　　　　单位:元

项　　目	本期金额	上期金额
一、营业收入		
利息净收入		
利息收入		
利息支出		
手续费及佣金净收入		
手续费及佣金收入		
手续费及佣金支出		
投资收益(损失以“-”号填列)		
其中:对联营企业和合营企业的投资收益		
公允价值变动收益(损失以“-”号填列)		
汇兑收益(损失以“-”号填列)		
其他业务收入		
二、营业支出		
营业税金及附加		
业务及管理费		
资产减值损失		
其他业务成本		
三、营业利润(亏损以“-”号填列)		
加:营业外收入		
减:营业外支出		
四、利润总额(亏损以“-”号填列)		
减:所得税费用		
五、净利润(净亏损以“-”号填列)		
六、每股收益:		
(一)基本每股收益		
(二)稀释每股收益		

二、利润表的编制方法

利润表中的栏目分为"上期金额"和"本期金额"两栏。"上期金额"栏应根据上年该期利润表"本期金额"栏内所列数字填列。如果上年该期利润表规定的各个项目的名称和内容同本期不一致，应对上年该期利润表各项目的名称和数字按本期的规定进行调整，填入"上期金额"栏。

"本期金额"栏反映各项目的本期实际发生额。报表内各项目的填列方法如下：

(1)"营业收入"项目，反映"利息净收入"、"手续费及佣金净收入"、"投资收益"、"公允价值变动收益"、"汇兑收益"、"其他业务收入"等项目的合计金额。

(2)"利息净收入"项目，反映"利息收入"项目金额减去"利息支出"项目金额后的余额。其中，"利息收入"、"利息支出"项目反映商业银行经营存贷款业务等确认的利息收入和支出。

(3)"手续费及佣金净收入"项目，反映"手续费及佣金收入"项目金额减去"手续费及佣金支出"项目金额后的余额。其中，"手续费及佣金收入"、"手续费及佣金支出"项目反映商业银行确认的包括办理结算业务等在内的手续费、佣金收入和发生的支出。

(4)"汇兑收益"项目，反映商业银行进行外汇买卖或外币兑换等业务而发生的汇兑净收益或损失，根据"汇兑收益"科目的发生额分析填列。

(5)"营业支出"项目，反映商业银行各项与经营业务有关的支出费用的总和，根据"营业税金及附加"、"业务及管理费"、"资产减值损失"、"其他业务支出"等项目的发生额分析填列。

(6)"业务及管理费"项目，反映商业银行在业务经营和管理过程中发生的电子设备运转费、安全防范费、物业管理费等费用。

三、利润表的作用

利润表提供的盈利（或亏损）的信息，往往是衡量管理成绩的依据，对债权人、投资者及税务机关等相关报表使用者具有重要作用。通过利润表可以了解：商业银行利润的多少或亏损的程度及形成原因，据以分析、考核商业银行经营目标和利润计划的执行情况；商业银行经营业绩的主要来源和构成，据以判断净利润的质量及风险，进而预测净利润的持续性；商业银行依法纳税情况；对商业银行投资的价值和回报，判断商业银行的资本保值增值情况。利润表中的信息与资产负债表中的信息相结合，还可以提供进行财务分析的基本资料，如资产收益率、存货周转率等财务指标，表现商业银行资金周转情况以及商业银行的盈利能力，便于报表使用者判断商业银行未来的发展趋势，作出正确的经济决策。

第四节 现金流量表

一、现金流量表的内容及结构

（一）现金流量表的内容

现金流量表是以现金为基础编制的，反映商业银行在一定时期内现金和现金等价物流入和流出的财务状况变动表。它能够综合反映商业银行获得现金和现金等价物的能力。现金流量对商业银行非常重要，是商业银行时刻都离不开的“血液”。

现金是指商业银行的库存现金以及可以随时用于支付的存款。不能随时用于支付的存款不属于现金。现金主要包括库存现金及存入本行营业部门的银行存款、存放中央银行款项、存放同业款项（可随时用于支付的款项）。现金等价物是指商业银行持有的期限短、流动性强、易于转换为已知金额的现金、价值变动风险小的投资。

（二）现金流量表的结构

现金流量表是以现金及现金等价物为基础按照收付实现制原则编制，将权责发生制下的盈利信息调整为收付实现制下的现金流量信息。根据商业银行业务活动的性质和现金流量的来源，现金流量表在结构上将商业银行在一定期间产生的现金流量分为以下三类：

（1）经营活动产生的现金流量。经营活动是指商业银行投资活动或筹资活动以外的所有交易或事项。它主要包括吸收存款、发放贷款、同业存放、同业拆借、利息收入和利息支出、收回的已于前期核销的贷款等。

（2）投资活动产生的现金流量。投资活动是指商业银行长期资产的构建和不包括在现金等价物范围内的投资及其处置活动。它包括权益性证券的投资、债券投资、固定资产、无形资产和其他长期投资等。

（3）筹资活动产生的现金流量。筹资活动是指导致商业银行资本及债务规模和构成发生变化的活动。这里所说的资本，既包括实收资本（股本），也包括资本溢价（股本溢价）。它主要包括吸收权益性资本、发行债券、借入资金、支付股利和偿还债务等。

二、现金流量表的格式及其编制方法

（一）现金流量表的格式

现金流量表的具体格式如表7-3和表7-4所示。

我国商业银行现金流量表采用报告式结构，由主表和补充材料两部分组成，分类反映经营活动、投资活动和筹资活动产生的现金流量，最后汇总反映商业银行某一会计期间现金及现金等价物的净增加额。

表 7-3 现金流量表

会商银 03 表

编制单位： __年__月 单位:元

项 目	本期金额	上期金额
一、经营活动产生的现金流量：		
客户存款和同业存放款项净增加额		
向中央银行借款净增加额		
向其他金融机构拆入资金净增加额		
收取利息、手续费及佣金的现金		
收到其他与经营活动有关的现金		
经营活动现金流入小计		
客户贷款及垫款净增加额		
存放中央银行和同业款项净增加额		
支付手续费及佣金的现金		
支付给职工及为职工支付的现金		
支付的各项税费		
支付其他与经营活动有关的现金		
经营活动现金流出小计		
经营活动产生的现金流量净额		
二、投资活动产生的现金流量：		
收回投资收到的现金		
取得投资收益收到的现金		
收到其他与投资活动有关的现金		
投资活动现金流入小计		
投资支付的现金		
购建固定资产、无形资产和其他长期资产支付的现金		
支付其他与投资活动有关的现金		
投资活动现金流出小计		
投资活动产生的现金流量净额		
三、筹资活动产生的现金流量：		
吸收投资收到的现金		
发行债券收到的现金		
收到其他与筹资活动有关的现金		
筹资活动现金流入小计		

（续）

项　　目	本期金额	上期金额
偿还债务支付的现金		
分配股利、利润或偿付利息支付的现金		
支付其他与筹资活动有关的现金		
筹资活动现金流出小计		
筹资活动产生的现金流量净额		
四、汇率变动对现金及现金等价物的影响		
五、现金及现金等价物净增加额		
加：期初现金及现金等价物余额		
六、期末现金及现金等价物余额		

表 7-4　现金流量表补充资料

补　充　资　料	本期金额	上期金额
1. 将净利润调节为经营活动现金流量：		
净利润		
加：资产减值准备		
固定资产折旧、油气资产折耗、生产性生物资产折旧		
无形资产摊销		
长期待摊费用摊销		
处置固定资产、无形资产和其他长期资产的损失（收益以“-”号填列）		
固定资产报废损失（收益以“-”号填列）		
公允价值变动损失（收益以“-”号填列）		
财务费用（收益以“-”号填列）		
投资损失（收益以“-”号填列）		
递延所得税资产减少（增加以“-”号填列）		
递延所得税负债增加（减少以“-”号填列）		
存货的减少（增加以“-”号填列）		
经营性应收项目的减少（增加以“-”号填列）		
经营性应付项目的增加（减少以“-”号填列）		
其他		
经营活动产生的现金流量净额		
2. 不涉及现金收支的重大投资和筹资活动：		
债务转为资本		

（续）

补 充 资 料	本期金额	上期金额
一年内到期的可转换公司债券		
融资租入固定资产		
3. 现金及现金等价物净变动情况：		
现金的期末余额		
减：现金的期初余额		
加：现金等价物的期末余额		
减：现金等价物的期初余额		
现金及现金等价物增加额		

（二）现金流量表的编制方法

编制现金流量表时，列报经营活动现金流量的方法有直接法和间接法两种。

直接法是指以利润表中的营业收入为起算点，调节与经营活动有关的项目的增减变动，然后计算出经营活动产生的现金流量。采用直接法编报的现金流量表，有助于报表使用者分析商业银行经营活动产生的现金流量的来源和用途，预测和评价商业银行现金流量的发展前景。

间接法是指将净利润调整为经营活动现金流量，实际上是将按权责发生制原则确定的净利润调整为现金净流入，并排除投资活动和筹资活动对现金流量的影响。采用间接法编制的现金流量表，有助于将净利润与经营活动产生的现金流量净额进行比较，了解净利润与经营活动产生现金流量差异的原因，从现金流量的角度分析净利润的质量。

因此，我国企业会计准则规定企业应当采用直接法编制现金流量表，同时要求在附注中提供以净利润为基础调节到经营活动现金流量的信息。

三、现金流量表的作用

商业银行编制现金流量表，能够为会计报表使用者提供一定会计期间内现金及现金等价物流入和流出的信息，以便其了解和评价商业银行获取现金和现金等价物的能力，并据以预测商业银行未来的现金流量。现金流量表弥补了资产负债表和利润表提供信息的不足，有助于报表使用者分析商业银行收益质量及现金净流量的影响因素。现金流量表有助于报表使用者评价商业银行支付能力、偿债能力和周转能力，以便预测商业银行未来的现金流量，进而作出合理的经济决策。

第五节 所有者权益变动表

一、所有者权益变动表的内容

所有者权益变动表是反映商业银行所有者权益的各组成部分当期的增减变动情况的报表。所有者权益变动表不仅要反映所有者权益总量的增减变动，还应反映所有者权益增加和减少变动情况的重要结构性信息，特别是要反映直接计入所有者权益的利得和损失，让财务报表使用者能够准确了解所有者权益增减的根源。

在所有者权益变动表中，商业银行至少应当单独列示反映下列信息项目：①净利润。②直接计入所有者权益的利得和损失项目及其总额。③会计政策变更和差错更正的累积影响金额。④所有者投入资本和向所有者分配利润等。⑤提取的盈余公积。⑥实收资本或股本、资本公积、盈余公积、未分配利润期初和期末余额及其调节情况。

二、所有者权益变动表的结构及填列方法

（一）所有者权益变动表的结构

所有者权益变动表包括表头和正表两部分。其中，表头列示所有者权益变动表、编制单位、货币单位、会计分期等信息。正表以矩阵的形式列示：一方面，列示导致所有者权益变动的交易或事项，改变了以往仅仅按照所有者权益的各部分反映所有者权益变动的情况，而是从所有者权益变动的来源对特定时期所有者权益变动情况进行全面反映；另一方面，按照所有者权益各组成部分（包括实收资本、资本公积、盈余公积、未分配利润和库存股）及其总额列示交易或事项对所有者权益的影响。此外，商业银行还需要提供比较所有者权益变动表，因此所有者权益变动表还就各项目再分为“本年金额”和“上年金额”两栏分别填列。所有者权益的具体结构如表 7-5 所示。

表 7-5 所有者权益变动表

编制单位： ______年度 单位：元

项目	本年金额							上年金额						
	实收资本（或股本）	资本公积	减：库存股	盈余公积	一般风险准备	未分配利润	所有者权益合计	实收资本（或股本）	资本公积	减：库存股	盈余公积	一般风险准备	未分配利润	所有者权益合计
一、上年年末余额														
加：会计政策变更														

（续）

项 目	本年金额							上年金额						
	实收资本（或股本）	资本公积	减：库存股	盈余公积	一般风险准备	未分配利润	所有者权益合计	实收资本（或股本）	资本公积	减：库存股	盈余公积	一般风险准备	未分配利润	所有者权益合计
前期差错更正														
二、本年年初余额														
三、本年增减变动金额（减少以“－”号填列）														
（一）净利润														
（二）直接计入所有者权益的利得和损失														
1. 可供出售金融资产公允价值变动净额														
（1）计入所有者权益的金额														
（2）转入当期损益的金额														
2. 现金流量套期工具公允价值变动净额														
（1）计入所有者权益的金额														
（2）转入当期损益的金额														
（3）计入被套期项目初始确认金额中的金额														

（续）

项目	本年金额							上年金额						
	实收资本（或股本）	资本公积	减：库存股	盈余公积	一般风险准备	未分配利润	所有者权益合计	实收资本（或股本）	资本公积	减：库存股	盈余公积	一般风险准备	未分配利润	所有者权益合计
3. 权益法下被投资单位其他所有者权益变动的影响														
4. 与计入所有者权益项目相关的所得税影响														
5. 其他														
上述（一）和（二）小计														
（三）所有者投入和减少资本														
1. 所有者投入资本														
2. 股份支付计入所有者权益的金额														
3. 其他														
（四）利润分配														
1. 提取盈余公积														
2. 提取一般风险准备														
3. 对所有者（或股东）的分配														
4. 其他														
（五）所有者权益内部结转														
1. 资本公积转增资本（或股本）														

（续）

项　目	本年金额							上年金额						
	实收资本（或股本）	资本公积	减：库存股	盈余公积	一般风险准备	未分配利润	所有者权益合计	实收资本（或股本）	资本公积	减：库存股	盈余公积	一般风险准备	未分配利润	所有者权益合计
2. 盈余公积转增资本（或股本）														
3. 盈余公积弥补亏损														
4. 一般风险准备弥补亏损														
5. 其他														
四、本年年末余额														

（二）所有者权益变动表的填列方法

所有者权益变动表根据所有者权益账户及其所属的各明细账户的发生额分析填列。“上年金额”栏内各项数字，根据上年所有者权益变动表中的“本年金额”栏的数据填列。“本年金额”栏各项数字一般应根据“实收资本”、“资本公积”、“盈余公积”、“一般风险准备”、“未分配利润”、“库存股”、“以前年度损益调整”等账户进行分析填列。其具体内容如下：

（1）“上年年末余额”项目，反映商业银行上年年末各所有者项目的余额。

（2）“会计政策变更”、“前期差错更正”项目，反映商业银行由于会计政策变更或前期会计差错对以前年度所有者各项目的影响金额，主要涉及“盈余公积”、“未分配利润”项目。

（3）“本年年初余额”项目，反映所有者权益各项目的“上年年末金额”经过“会计政策变更”、“前期差错更正”项目调整后的金额。

（4）“本年增减变动金额”项目，反映商业银行所有者权益的增加或减少额。该项目根据“净利润”、“直接计入当期所有者权益的利得和损失”等项目对所有者权益的影响金额合计填列。

（5）“净利润”项目，反映商业银行全年实现的净利润。该项目根据“利润表”中的“净利润”项目金额填入本表“未分配利润”项目。

（6）“直接计入所有者权益的利得和损失”项目。该项目根据“资本公积”账户的明细账户分析计算填入本表的“资本公积”项目。

(7)“可供出售金融资产公允价值变动净额”项目，反映可供出售金融资产公允价值变动对资本公积的影响净额。该项目根据“资本公积——其他资本公积”明细账户的本期发生额分析填入本表的“资本公积”项目。

(8)“权益法下被投资单位其他所有者权益变动的影响”项目，反映商业银行按照权益法核算长期股权投资时，被投资单位其他所有者权益变动对本商业银行所有者权益的影响。该项目根据“资本公积——其他资本公积”明细账户的本期发生额分析填入本表的“资本公积”项目。

(9)“与计入所有者权益项目相关的所得税影响”项目。该项目根据“资本公积——其他资本公积”明细账户的本期发生额分析填入本表的“资本公积”项目。

(10)“所有者投入资本”项目。该项目根据“实收资本”、“资本公积——资本溢价”账户本期发生额分析计算填入本表的“实收资本”和“资本公积”项目。

(11)“股份支付计入所有者权益的金额”项目。该项目根据“实收资本”、“资本公积——资本溢价”和“利润分配——转作股本的股利”账户本期发生额分析计算填入本表的“实收资本”、“资本公积”和“未分配利润”项目。

(12)“提取盈余公积”项目。该项目根据“盈余公积”、“利润分配”账户及其所属明细账户本期发生额分析计算填入本表的“盈余公积”和“未分配利润”项目。

(13)“对所有者（或股东）的分配”项目。该项目根据“利润分配—应付现金股利或利润”账户本期发生额分析计算填入本表的“未分配利润”项目。

(14)“资本公积转增资本（或股本）”项目。该项目根据“资本公积—资本溢价”和“实收资本”账户本期发生额分析计算填入本表的“资本公积”和“实收资本”项目。

(15)“盈余公积转增资本（或股本）”项目。该项目根据“盈余公积”和“实收资本”账户本期发生额分析计算填入本表的“盈余公积”和“实收资本”项目。

(16)“本年年末余额”项目应与资产负债表中所有者权益项目的“期末余额”项目金额相等。

三、所有者权益变动表的作用

所有者权益变动表反映了商业银行各项交易和事项引起的所有者权益增减变动，及其所有者权益各组成部分增减变化的结构性信息，有助于报表使用者分析商业银行所有者权益的来源和构成。同时该表不仅列示了直接计入所有者权益的利得和损失，也列示了归属于所有者权益变动的净利润，体现了商业银行综合收益的特点。所有者权益变动表全面体现了商业银行所有者权益年度变化情况，综合体现了商业银行当期经营活动对净资产的影响，便于信息使用者准确把握所有者权益的增减变动情况，进而深入分析商业银行资本保值增值情况，从而作出理性的投资决策。

第六节 财务报表附注

一、附注概述

附注是对资产负债表、利润表、现金流量表和所有者权益变动表等报表中列示项目的文字描述或明细资料，以及对未能在这些报表中列示项目的说明等。附注是财务报表的重要组成部分。

二、附注的主要内容

商业银行财务报表附注的主要内容包括以下内容：

（一）商业银行的基本情况

（1）商业银行注册地、组织形式和总部地址。

（2）商业银行的业务性质和主要经营活动。

（3）母公司以及集团母公司的名称。

（4）财务会计报告的批准报出者和财务会计报告批准报出日。

（二）财务报表的编制基础

（三）遵循企业会计准则的声明

商业银行应当明确说明编制的财务报表符合企业会计准则的要求，真实、公允地反映了商业银行的财务状况、经营成果和现金流量等有关信息，以此明确商业银行编制财务报表所依据的制度基础。如果商业银行编制的财务报表只是部分地遵循了企业会计准则，则附注中不得作出这种表述。

（四）重要会计政策及会计估价

（五）会计政策和会计估计变更以及差错更正的说明

（六）重要报表项目的说明

（1）现金及存放中央银行款项的披露格式见表 7-6。

表 7-6 现金及存放中央银行款项的披露

项 目	期末账面余额	年初账面余额
库存现金		
存放中央银行法定准备金		
存放中央银行超额存款准备金		
存放中央银行的其他款项		
合计		

（2）拆出资金的披露格式见表7-7。

表7-7 拆出资金的披露

项　　目	期末账面余额	年初账面余额
拆放其他银行		
拆放非银行金融机构		
减：贷款损失准备		
拆出资金账面价值		

（3）交易性金融资产（不含衍生金融资产）的披露格式见表7-8。

表7-8 交易性金融资产（不含衍生金融资产）的披露

项　　目	期末公允价值	年初公允价值
债券		
基金		
权益工具		
其他		
合计		

如有指定为以公允价值计量且其变动计入当期损益的金融资产，应比照上述格式进行披露。

（4）衍生工具的披露格式见表7-9。

表7-9 衍生工具的披露

<table>
<tr><th rowspan="4">类　　别</th><th colspan="6">期末金额</th><th colspan="6">年初金额</th></tr>
<tr><th colspan="3">套期工具</th><th colspan="3">非套期工具</th><th colspan="3">套期工具</th><th colspan="3">非套期工具</th></tr>
<tr><th rowspan="2">名义金额</th><th colspan="2">公允价值</th><th rowspan="2">名义金额</th><th colspan="2">公允价值</th><th rowspan="2">名义金额</th><th colspan="2">公允价值</th><th rowspan="2">名义金额</th><th colspan="2">公允价值</th></tr>
<tr><th>资产</th><th>负债</th><th>资产</th><th>负债</th><th>资产</th><th>负债</th><th>资产</th><th>负债</th></tr>
<tr><td>利率衍生工具
衍生工具1
⋮</td><td></td><td></td><td></td><td></td><td></td><td></td><td></td><td></td><td></td><td></td><td></td><td></td></tr>
<tr><td>货币衍生工具
衍生工具1
⋮</td><td></td><td></td><td></td><td></td><td></td><td></td><td></td><td></td><td></td><td></td><td></td><td></td></tr>
<tr><td>权益衍生工具
衍生工具1
⋮</td><td></td><td></td><td></td><td></td><td></td><td></td><td></td><td></td><td></td><td></td><td></td><td></td></tr>
</table>

（续）

类别	期末金额						年初金额					
	套期工具			非套期工具			套期工具			非套期工具		
	名义金额	公允价值		名义金额	公允价值		名义金额	公允价值		名义金额	公允价值	
		资产	负债		资产	负债		资产	负债		资产	负债
信用衍生工具 衍生工具1 ⋮												
其他衍生工具												
合计												

（5）买入返售金融资产的披露格式见表7-10。

表7-10　买入返售金融资产的披露

项　　目	期末账面余额	年初账面余额
证券		
票据		
贷款		
其他		
减:坏账准备		
买入返售金融资产账面价值		

（6）发放贷款及垫款情况。

1）贷款及垫款按个人和企业分布情况的披露格式如下表7-11。

表7-11　贷款及垫款按个人和企业分布情况的披露

项　　目	期末账面余额	年初账面余额
个人贷款和垫款 —信用卡 —住房抵押 —其他		
企业贷款和垫款 —贷款 —贴现 —其他		

（续）

项　　目	期末账面余额	年初账面余额
贷款和垫款总额		
减：贷款损失准备 　其中：单项计提数 　　　　组合计提数		
贷款和垫款账面价值		

2）贷款及垫款按行业分布情况的披露格式如下表7-12。

表7-12　贷款及垫款按行业分布情况的披露

行业分布	期末账面余额	比例(%)	年初账面余额	比例(%)
农牧业、渔业				
采掘业				
房地产业				
建筑业				
金融保险业				
⋮				
其他行业				
贷款和垫款总额				
减：贷款损失准备 　其中：单项计提数 　　　　组合计提数				
贷款和垫款账面价值				

注：银行可以按行业风险集中情况自行确定行业分布。

3）贷款及垫款按地区分布情况的披露格式如下表7-13。

表7-13　贷款及垫款按地区分布情况的披露

地区分布	期末账面余额	比例(%)	年初账面余额	比例(%)
华南地区				
华北地区				
⋮				
其他地区				
贷款和垫款总额				

（续）

地区分布	期末账面余额	比例(%)	年初账面余额	比例(%)
减:贷款损失准备 其中:单项计提数 组合计提数				
贷款和垫款账面价值				

注：银行可以按地区风险集中情况自行确定地区分布。

4）贷款及垫款按担保方式分布情况的披露格式如下表7-14。

表7-14 贷款及垫款按担保方式分布情况的披露

项 目	期末账面余额	年初账面余额
信用贷款		
保证贷款		
附担保物贷款		
其中:抵押贷款		
质押贷款		
⋮		
贷款和垫款总额		
减:贷款损失准备 其中:单项计提数 组合计提数		
贷款和垫款账面价值		

（7）可供出售金融资产的构成及期末、期初公允价值等信息的披露格式见表7-15。

表7-15 可供出售金融资产的构成及期末、期初公允价值等信息的披露

项 目	期末公允价值	年初公允价值
债券 其中:债券类别1 ⋮		
权益工具 其中:权益类别1 ⋮		
其他		
合计		

（8）持有至到期投资的构成及期末、期初公允价值等信息的披露格式见表7-16。

表7-16　持有至到期投资的构成及期末、期初公允价值等信息的披露

项　　目	期末账面余额	年初账面余额	期末公允价值
债券 其中：债券类别1 ⋮			
其他			
持有至到期投资合计			
减：持有至到期投资减值准备			
持有至到期投资账面价值			

（9）其他资产（存出保证金、应收股利、其他应收可、抵债资产）期末账面余额和年初账面余额的披露。

（10）商业银行应当分别按借入中央银行款项、国家外汇存款等披露期末账面余额和年初账面余额。

（11）商业银行应当分别按同业、其他金融机构存放款项披露期末账面余额和年初账面余额。

（12）商业银行应当分别按银行拆入、非银行拆入披露期末账面余额和年初账面余额。

（13）交易性金融负债（不含衍生金融负债）的期初、期末公允价值。

（14）卖出回购金融资产的披露格式见表7-17。

表7-17　卖出回购金融资产的披露

项　　目	期末账面余额	年初账面余额
证券		
票据		
贷款		
其他		
合计		

（15）吸收存款的披露格式见表7-18。

表 7-18 吸收存款的披露

项 目	期末账面余额	年初账面余额
活期存款 —公司 ⋮		
定期存款（含通知存款） —公司 ⋮		
其他存款（含汇出汇款、应解汇款等）		
合计		

（16）应付债券的披露格式见表 7-19。

表 7-19 应付债券的披露

债券类型	发行日	到期日	利率	期初账面余额	本期增加额	本期减少额	期末账面余额
债券类别 1							
⋮							
合计							

注：发行次级债券的，应补充披露发行总面值、转换选择权条款、未摊销发行成本余额等；发行可转换公司债券的，应补充披露发行日可转换公司债券面值。债券成分和权益成分的初始确认金额、本期和上期的利息总额等。

（17）其他负债的披露格式见表 7-20。

表 7-20 其他负债的披露

项 目	期末账面余额	年初账面余额
存入保证金		
应付股利		
其他应付款		
⋮		
合计		

（18）披露一般风险准备的期末、年初余额及计提比例。

（19）利息收入和支出的披露格式见表 7-21。

表 7-21 利息收入和支出的披露

项 目	本期发生额	上期发生额
利息收入		
—存放同业		
—存放中央银行		
—拆出资金		
—发放贷款及垫款		
其中:个人贷款和垫款		
公司贷款和垫款		
票据贴现		
—买入返售金融资产		
—债券投资		
—其他		
其中:已减值金融资产利息收入		
利息支出		
—同业存放		
—向中央银行借款		
—拆入资金		
—吸收存款		
—卖出回购金融资产		
—发行债券		
—其他		
利息净收入		

（20）手续费及佣金净收入的披露格式见表 7-22。

表 7-22 手续费及佣金净收入的披露

项 目	本期发生额	上期发生额
手续费及佣金收入		
—结算与清算手续费		
—代理业务手续费		
—信用承诺手续费及佣金		
—银行卡手续费		
—顾问和咨询费		
—托管及其他受托业务佣金		
—其他		

（续）

项　目	本期发生额	上期发生额
手续费及佣金支出 —手续费支出 —佣金支出		
手续费及佣金净收入		

（21）投资收益的披露格式见表7-23。

表7-23　投资收益的披露

项　目	本期发生额	上期发生额
以公允价值计量且其变动计入当期损益的金融工具投资		
可供出售权益工具投资		
长期股权投资		
其他		
合计		

（22）公允价值变动收益的披露格式见表7-24。

表7-24　公允价值变动收益的披露

项　目	本期发生额	上期发生额
交易性金融工具		
指定为以公允价值计量且其变动计入当期损益的金融工具		
衍生工具		
其他		
合计		

（23）业务及管理费的披露格式见表7-25。

表7-25　业务及管理费的披露

项　目	本期发生额	上期发生额
电子设备运转费		
安全防范费		
物业管理费		
其他		
合计		

（24）分部报告。商业银行应当区分主要报告形式和次要报告形式披露分部信息。主要报告形式应按规定披露较为详细的分部信息，如分部收入、分部费用、分部利润、分部资产和分部负债等；次要报告形式则披露较为简单的分部信息。

（25）担保物。按照《企业会计准则第37号——金融工具列报》第21条和第22条的相关规定进行披露。

（26）金融资产转移（含资产证券化）。按照《企业会计准则第37号——金融工具列报》第20条的相关规定进行披露。

（七）其他需要说明的重要事项

这主要包括或有和承诺事项、资产负债表日后非调整事项、关联方关系及交易等。

（八）风险管理

按照《企业会计准则第37号——金融工具列报》第25条至第45条的相关规定进行披露。

第二篇

非银行金融企业会计

第八章 保险公司的会计核算

保险公司的主要经营对象是保险风险。保险公司（通常也称保险人）承担的被保险人的保险风险是通过与投保人签订的保险合同来体现的。保险合同分为原保险合同和再保险合同。

第一节 原保险合同的会计核算

一、原保险合同概述

（一）保险合同的定义

保险合同是指保险人与投保人约定保险权利义务关系，并承担源于被保险人保险风险的协议。其中，保险人是指与投保人订立保险合同，并承担赔偿或者给付保险金责任的保险公司。对于原保险合同而言，投保人是指与保险公司订立原保险合同，并按照合同约定负有支付保险费义务的自然人、法人或其他组织；对于再保险合同而言，投保人是指与保险公司（再保险接受人）订立再保险合同，并按照合同约定负有支付保险费义务的保险公司。被保险人是指其财产或者人身受保险合同保障，享有保险金请求权的自然人、法人或其他组织，投保人可以为被保险人。

承担被保险人的保险风险是保险合同的本质特征，是保险合同区别于其他合同的关键。保险人承担的保险风险是被保险人已经存在的风险，其表现形式有多种，如可能对被保险人财产造成损害或毁坏的水灾的发生或不发生，被保险人是否能生存到合同约定的年龄，被保险人是否会患合同约定的重大疾病等。如果保险人承担了被保险人的保险风险，双方签订的合同是保险合同；如果保险人没有承担被保险人的保险风险，承担的是其他风险，如金融工具价格、商品价格、汇率、费率指数、信用等级、信用指数等可能发生变化的风险，则双方签订的合同不是保险合同。有时，保险人与投保人签订的合同可能具有保险合同的法律形式，但是保险人并没有承担被保险人的保险风险。在这种情况下，双方签订的合同就不属于保险合同。根据保险人与投保人签订的协议，如果保险人承担源于被保险人的保险风险不重大，双方签订的合同也不属于保险合同。

（二）原保险合同的定义

原保险合同是指保险人向投保人收取保费，对约定可能发生的事故因其发生所造成的财产损失承担赔偿保险金责任，或者当被保险人死亡、伤残、疾病或达到约定的年龄、期限时承担给付保险金责任的协议。保险人与投保人签订原保险合同，承担了源于被保险人的保险风险。判断保险人与投保人签订的合同是否属于原保险合同，应当关注合同的经济实质而不是法律形式，并根据合同条款判断保险人是否承担了被保险人的保险风险。如果保险人能够判断一组相对同质的合同中的某项合同，使保险人承担了被保险人的保险风险，那么不需要对该组相对同质合同中的其他合同进行分析判断，就可以确定该组相对同质的所有合同均属于原保险合同。确定保险人是否承担了被保险人的保险风险，应当根据产品合同条款判断发生保险事故是否可能导致保险人承担赔付保险金责任。如果发生保险事故可能导致保险人承担赔付保险金责任，则保险人承担了被保险人的保险风险；如果发生保险事故不可能导致保险人承担赔付保险金责任，则保险人没有承担被保险人的保险风险。其中，保险事故是指保险合同约定的保险责任范围内的事故。例如，被保险人死亡、伤残、疾病或者达到约定的年龄、期限时仍生存，火灾、爆炸、暴雨、台风、洪水、雷击、泥石流、雹灾、碰撞、自燃等可能造成财产损失的事故，均可在合同中约定作为保险事故。

（三）原保险合同的分类

根据保险人在原保险合同延长期内是否承担赔付保险金责任，可将原保险合同分为寿险原保险合同和非寿险原保险合同。如果保险人在原保险合同延长期内承担赔付保险金责任，则该原保险合同为寿险原保险合同；如果保险人在原保险合同延长期内不承担赔付保险金责任，则该原保险合同为非寿险原保险合同。通常情况下，定期寿险、终身寿险、两全保险、年金保险、长期健康保险等均属于寿险原保险合同；企业财产保险、家庭财产保险、工程保险、责任保险、信用保险、保证保险、机动车交通事故责任强制保险、船舶保险、货物运输保险、农业保险、短期健康保险和意外伤害保险等均属于非寿险原保险合同。

原保险合同延长期是指投保人自上一期保费到期日未交纳保费，保险人仍承担赔付保险金责任的期间。原保险合同是否存在延长期取决于保单是否存在现金价值。在保单存在现金价值时，即使投保人后期未交保费，保险人仍可以保单现金价值自动垫缴保费，从而延长原保险合同有效期，直至保单现金价值用完为止。也就是说，如果保单存在现金价值，则原保险合同存在延长期；反之，则原保险合同不存在延长期。宽限期是保险人给予投保人延期缴费的一种优惠，由合同加以约定，被保险人在宽限期内发生保险事故，保险人应负保险责任。

保单现金价值是指寿险原保险合同具有的价值，通常体现为投保人解除原保险合同时，由保险人向投保人退还的金额。对于寿险原保险合同而言，保险人通常采取均衡保费的方法收取保费，将投保人交纳的全部保费在整个交易期内均摊。在被保险人年轻时，死亡概率低，投保人交纳的保费比实际需要的多，多交的保费由保险人逐年积累；在被保险人年老时，死亡概率高，投保人当期交纳的保费不足以支付当期赔付款，不足的部分将正好由被保险人年轻时多交的保费予以弥补。这部分多交的保费加上每年产生的利息滚存累积的金额，就是保单现金价值。通常情况下，保险人在出现以下情况时，应当按照合同约定向投保人退还保单现金价值：①保险人根据规定解除保险合同，且投保人已经交足两年以上保险费。②以死亡为给付保险金条件的合同，自合同成立之日起两年内被保险人自杀。③被保险人故意犯罪导致其自身伤残或死亡，且投保人已经交足两年保险费。④投保人解除合同，且已经交足两年以上保险费。

（四）混合风险合同的分拆

保险人与投保人签订的合同，有可能使得保险人既承担保险风险，又承担其他风险。对于既含有保险风险又含有其他风险的合同，保险人应当分情况进行处理。保险风险部分和其他风险部分能够区分，并且能够单独计量的，保险人可以将保险风险部分和其他风险部分进行分拆，也可以不将二者进行分拆。通常情况下，只有在保险人根据合同条款就可以清楚地区分保险风险部分和其他风险部分，并且分拆处理后能够提供有关保险人财务状况和经营成果等更可靠、更相关的会计信息时，保险人才可以将二者进行分拆。保险人将保险风险部分和其他风险部分进行分拆的，保险风险部分应确定为原保险合同，其他风险部分不应确定为原保险合同。保险人不将保险风险部分和其他风险部分进行分拆的，或者二者不能够区分，或虽能够区分但不能够单独计量的，应将整个合同确定为原保险合同。

例 1：B 财产保险股份有限公司（以下简称 B 公司）的 A 投资保障型（3 年期）合同约定，每份保险金额为 20 000 元，每份保险金额对应的保险投资金为 4 000元，每份保险的年保费为 24 元。保费由保险人从投资收益中获得（年收益率预计为 2.2%），投保人无需在交纳保险投资金外另行支付。

本例中，B 公司的 A 投资保障型合同既有保险风险部分又有投资风险部分。根据合同条款可以清楚地认定保险风险部分为年保费 24 元，其他风险部分为保险投资金 4 000 元。因此，B 公司可以将保险风险部分和其他风险部分进行分拆，将保险风险部分确定为原保险合同，将其他风险部分不确定为原保险合同。

二、原保险合同收入的确认与计量

只有保费收入同时满足规定的条件，才能予以确认。

（一）原保险合同成立并承担相应的保险责任

原保险合同成立是指原保险合同已经签订。承担相应保险责任是指保险人在原保险合同生效时开始承担约定的保险责任。保险人和投保人在签订原保险合同时，通常会约定一个保险责任起讫时间。例如，某非寿险原保险合同约定，保险责任起讫时间以保险单载明的时间为准，从保险责任起始日起，每 12 个月为一个保险年度。再如，某寿险原保险合同约定，保险责任自保险人同意承保并收到首期保费的次日零时开始，至合同列明的终止性保险事故发生时止。如果原保险合同签订日和生效日不是同一天，则保险人在合同生效日前收到的款项，不应确认为保费收入，而应确认为一笔负债。

（二）与原保险合同相关的经济利益很可能流入

与原保险合同相关的经济利益很可能流入是指与原保险合同相关的保费收回的可能性大于不能收回的可能性，即保费收回的可能性超过50%。保险人在确定保费能否收回时，应当结合以前和投保人交往的直接经验、投保人的信用和财务状况、其他方面取得的信息等因素，进行综合判断。如果投保人信用良好，能够按照合同约定的期限和金额按期支付保费，则通常意味着相关的经济利益很可能流入；如果投保人破产、死亡，财务状况出现严重困难，或由于其他原因造成投保人的生产或生存环境严重恶化，则通常意味着相关的经济利益不是很可能流入。通常情况下，对于一次性收取保费的原保险合同，签订合同时就会收到保费，即意味着相关的经济利益已经流入；对于分期收取保费的原保险合同，签订合同时会收到第一期保费，其他各期保费尚未收到，因此，其他各期保费是否能够收回，需要保险人进行职业判断。

（三）与原保险合同相关的收入能够可靠地计量

保险人签发的原保险合同，保费金额通常已经确定，这表明保费收入金额能够可靠地计量。对于非寿险原保险合同和寿险原保险合同，由于保险人承担的保险风险性质不同，保费计量依据的假设不同，保费收入的计量方法也各不相同。

1. 非寿险原保险合同

非寿险原保险合同的保险期间一般较短（通常为一年或短于一年），保费通常是一次性收取。即使在分期收取保费的情况下，投保人一般也不能单方面取消合同，保险人在签订原保险合同时通常即可认为保费收回的可能性大于不能收回的可能性。因此，保险人应当根据原保险合同约定的保费总额确定保费收入金额。

例2：2009年1月1日，B财产保险股份有限公司（以下简称B公司）与王某签订一份家庭财产保险合同，保险金额为2 000 000元，保险期间为1年，保费为2 000元。合同规定，B公司自2月1日零时起开始承担保险责任。合同签订当日，B公司收到王某缴纳的全部保费并存入银行。

B公司的账务处理如下：

(1) 1月1日收到保费2 000元。

借：银行存款　　2 000

　　贷：预收保费　　2 000

(2) 2月1日确认原保费收入2 000元。

借：预收保费　　2 000

贷：保费收入　　2 000

例 3：2009 年 1 月 1 日，B 财产保险股份有限公司（以下简称 B 公司）与 N 公司签订一份工程保险合同，保险金额为 8 000 000 元，保险期间为 2009 年 1 月 1 日零时至 2010 年 12 月 31 日 24 时；保费总额为 8 000 元，分两年于每年年初等额收取。合同生效当日，B 公司收到第一期保费并存入银行。B 公司的账务处理如下：

（1）2009 年 1 月 1 日收到保费 4 000 元，确认原保费收入 8 000 元。

借：银行存款　　4 000

　　应收保费　　4 000

　贷：保费收入　　8 000

（2）2010 年 1 月 1 日收取保费 4 000 元。

借：银行存款　　4 000

　贷：应收保费　　4 000

2. 寿险原保险合同

寿险原保险合同的保险期间一般较长，保费通常分期收取，一次性收取的较少，投保人可以单方面取消合同，保费的收回存在不确定性。因此，对于分期收取保费的寿险原保险合同，保险人应当根据当期应收取的保费确定保费收入金额；对于一次性收取保费的寿险原保险合同，保险人应当根据一次性应收取的保费确定保费收入金额。

例 4：2008 年 12 月 31 日，C 人寿保险股份有限公司（以下简称 C 公司）与李某签订一份定期寿险合同，保险金额为 2 000 000 元，保险期间为 2009 年 1 月 1 日零时至 2028 年 12 月 31 日 24 时；保费总额为 120 000 元，分 5 期于前 5 年每年 1 月 1 日等额收取。合同生效当日，C 公司收到李某缴纳的第一期保费 24 000 元（120 000 ÷ 5），C 公司的账务处理如下：

借：银行存款　　24 000

　贷：保费收入　　24 000

以后各年收取保费的账务处理同上。

例 5：2008 年 12 月 31 日，C 人寿保险股份有限公司（以下简称 C 公司）与王某签订一份两全保险合同，保险金额为 1 000 000 元，保费总额为 160 000 元，保险期间为 2009 年 1 月 1 日零时至 2019 年 12 月 31 日 24 时。合同生效当日，C 公司收到 N 公司缴纳的保费总额 160 000 元。C 公司的账务处理如下：

借：银行存款　　160 000

　贷：保费收入　　160 000

三、原保险合同准备金的确认与计量

原保险合同准备金包括未到期责任准备金、未决赔款准备金、寿险责任准备金和长期健康险责任准备金。其中，未到期责任准备金、未决赔款准备金适用于非寿险原保险合同，寿险责任准备金、长期健康险责任准备金适用于寿险原保险合同。未决赔款准备金、寿险责任准备金、长期健康险责任准备金又称为保险责任准备金。

（一）未到期责任准备金

未到期责任准备金是指保险人为尚未终止的非寿险保险责任提取的准备金。在保险人按原保险合同约定的保费总额确认保费收入的情况下，为了真实地反映保险人当期已赚取的保费收入，保险人就有必要在确认保费收入的当期期末，按照保险精算部门确定的未到期责任准备金金额，提取未到期责任准备金，作为保费收入的调整，并确认未到期责任准备金负债。从性质上讲，未到期责任准备金属于未赚取保费收入的调整，确认未到期责任准备金就是确认未赚取保费收入的调整。随着时间的推移，保险风险在逐渐减少，未赚取的保费收入也随之转化为已赚取的保费收入。因此，通常情况下，对同一尚未终止的非寿险保险责任而言，保险人在资产负债表日按照保险精算部门重新计算确定的未到期责任准备金金额应当小于上一资产负债表日已确认的未到期责任准备金余额。为了真实地反映保险人当期期末已赚取的保费收入，保险人应当在资产负债表日，按照保险精算部门重新计算确定的未到期责任准备金金额与已确认的未到期责任准备金余额的差额，对未到期责任准备金余额进行调整。

例 6：2009 年 11 月 1 日，B 财产保险股份有限公司（以下简称 B 公司）确认 D 公司投保的 M 财产保险合同保费收入 96 000 元；11 月 30 日，B 公司保险精算部门计算确定 M 财产保险合同未到期责任准备金金额为 88 000 元；12 月 31 日，B 公司保险精算部门计算确定 M 财产保险合同未到期责任准备金金额为 80 000元。B 公司的账务处理如下：

（1）11 月 1 日确认原保费收入 96 000 元。

借：银行存款　　96 000

　　贷：保费收入　　96 000

（2）11 月 30 日确认未到期责任准备金 88 000 元。

借：提取未到期责任准备金　　88 000

　　贷：未到期责任准备金　　88 000

（3）12 月 31 日调减未到期责任准备金 8 000 元（88 000 元 - 80 000 元）。

借：未到期责任准备金　　8 000

　　贷：提取未到期责任准备金　　8 000

（二）未决赔款准备金

未决赔款准备金是指保险人为非寿险保险事故已发生尚未结案的赔偿提取的准备金，包括已发生已报案未决赔偿准备金、已发生未报案未决赔偿准备金和理赔费用准备金。其中，已发生已报案未决赔偿准备金是指保险人为非寿险保险事故已发生并已向保险人提出索赔、尚未结案的赔偿提取的准备金。已发生已报案未决赔款准备金的基础数据主要来源于理赔部门，应当反映理赔部门对于理赔模式、赔付支出变化、零赔案、大赔案等问题的经验和判断。已发生未报案未决赔偿准备金是指保险人为非寿险保险事故已发生、尚未向保险人提出索赔的赔案提取的准备金。理赔费用准备金是指保险人为非寿险保险事故已发生尚未结案的赔案可能发生的律师费、诉讼费、损失检验费、相关理赔人员薪酬等理赔查勘费用提取的准备金。根据与具体赔案之间的关系，理赔费用准备金可分为直接理赔费用准备金和间接理赔费用准备金。保险人专门设置的理赔部门发生的理赔人员薪酬，通常应当根据与具体赔案之间的关系，分别归属于直接理赔费用准备金和间接理赔费用准备金。直接理赔费用准备金是指保险人为直接发生于具体赔案的律师费、诉讼费、损失检验费等提取的理赔费用准备金。间接理赔费用准备金是指保险人为非直接发生于具体赔案的理赔人员薪酬等理赔查勘费用提取的理赔费用准备金。在计算确定间接理赔费用准备金的金额时，保险精算部门通常采用比率分摊法进行评估。保险人与投保人签订原保险合同，向投保人收取保费，同时承担了在保险事故发生时向受益人赔付保险金的责任。对于非寿险原保险合同，在保险事故发生之前，保险人承担的向受益人赔付保险金的责任是一种潜在义务，不满足负债的确认条件，不应当确认为负债。保险事故一旦发生，保险人承担的向受益人赔付保险金的责任变成一种现时义务，满足负债的确认条件，应当确认为负债。因此，保险人应当在非寿险保险事故发生的当期，按照保险精算部门确定的未决赔款准备金额，提取未决赔款准备金，并确认未决赔款准备金负债。

例7：2009年5月31日，B财产保险股份有限公司（以下简称B公司）保险精算部门计算确定的某类财产保险合同未决赔偿准备金金额为200 000元。其中，已发生已报案未决赔款准备金为120 000元，已发生未报案未决赔款准备金为40 000元，理赔费用准备金为40 000元。B公司的账务处理如下：

借：提取保险责任准备金	200 000	
贷：保险责任准备金		200 000

（三）寿险责任准备金和长期健康险责任准备金

寿险责任准备金是指保险人为尚未终止的人寿保险责任准备提取的准备金。长期健康险责任准备金是指保险人为尚未终止的长期健康保险责任准备提取的准备金。通常情况下，对于定期寿险、终身寿险、两全寿险、年金寿险等原保险合同，保险人应当在确认保费收入的当期，根据保险精算部门确定的寿险责任准备金确认寿险责任准备金负债；对于长期健康保险等原保险合同，保险人应当在确认保费收入的当期，根据保险精算部门确定的长期健康险责任准备金确认长期健康险责任准备金负债。保险人与投保人签订原保险合同，向投保人收取保费，同时承担了在保险事故发生时向受益人赔付保险金的责任，这种责任是保险人承担的现实义务。寿险原保险合同保险事故的表现形式是被保险人死亡、伤残、疾病或者达到约定的年龄、期限，对于这类保险事故，保险人承担赔付保险金责任导致经济利益流出的可能性超过50%。虽然寿险原保险合同保险事故具体发生的时间具有不确定性，保险事故发生时具体应当给付的金额具有不确定性，但是，根据保险精算的原理，保险人能够可靠地估计承担的向受益人赔付保险金责任的大小和时间。因此，保险人承担的向受益人赔付保险金的责任满足负债的确认条件，应当确认为负债，即保险人应当在确认寿险保费收入的当期，按照保险精算部门确定的寿险责任准备金金额，提取寿险责任准备金、长期健康险责任准备金，并确认为负债。

例8：2009年12月31日，C人寿保险股份有限公司（以下简称C公司）保险精算部门计算确定的某团体终身寿险合同寿险责任准备金金额为240 000元。C公司的账务处理如下：

借：提取保险责任准备金　　240 000

　　贷：保险责任准备金　　240 000

（四）保险责任准备金充足性测试

保险人在非寿险保险事故发生的当期，已经根据保险精算部门确定的未决赔款准备金金额确认了保险责任准备金（未决赔款准备金）；在确认寿险保费收入的当期，已经根据保险精算部门确定的寿险责任准备金、长期健康险责任准备金金额确认了保险责任准备金（寿险责任准备金、长期健康险责任准备金）。但是，随着理赔案件调查的深入（如未决赔款准备金）和时间的推移（如寿险责任准备金、长期健康险责任准备金），原定保险精算假设可能发生变化，从而导致已确认的保险责任准备金金额与保险人应承担的赔付保险金责任不一致。此时，如果不对已确认的保险责任准备金金额进行调整，就不能真实地反映保险人承担的赔付保险金责任。基于会计信息质量特征中的谨慎性要求，并考虑成本效益原则，保险人应当至少于每年年度终了，以掌握的有关资料为依据，选择恰当的方法对保险责任准备金进行充足性测试。如果保险人保险精算部门重新计算确定的相关保险责任准备金金额超过充足性测试日已确认的相关保险责任准备金余额的，应当按照其差额补提相关保险责任准备金；如果保险人保险精算部门重新计算确定的相关保险责任准备金金额小于充足性测试日已确认的相关保险责任准备金余额的，不调整相关保险责任准备金。

例9：2009年12月31日，B财产保险股份有限公司（以下简称B公司）保险精算部门计算确定的某财产保险合同未决赔款准备金金额为320 000元，前期已确认的相关未决赔款准备金金额为220 000元。B公司补提未决赔款准备金100 000元（320 000 - 220 000）的账务处理如下：

借：提取保险责任准备金 100 000

　　贷：保险责任准备金 100 000

（五）原保险合同提前解除

投保人由于各种原因可能提前解除保险人与投保人签订的原保险合同。投保人要求提前解除原保险合同的，保险人应当按照原保险合同的约定计算确定应退还投保人的金额，其表现形式是退保费。原保险合同提前解除时，保险人应当分别按不同的原保险合同进行处理。

1. 非寿险原保险合同

对于非寿险原保险合同，投保人在保险责任开始后要求提前解除原保险合同的，保险人可以收取自保险责任开始之日起至合同解除之日止期间的保险费，剩余的应当退还投保人的保险费即为退保费。投保人在保险责任开始前要求提前解除原保险合同的，投保人应当向保险人支付手续费，保险人应当退还保险费。保险人在这种情况下退还的保险费不是退保费，而是预收保费的退还。同时，保险人在确认非寿险原保险合同保费收入的当期，通过确认未到期责任准备金，已将保费收入调整为已赚取的保费收入。在非寿险原保险合同提前解除时，尚未赚取的保费收入已经不可能再赚取。因此，保险人应当在非寿险原保险合同提前解除时，转销相关的尚未赚取的保费收入，即转销相关未到期责任准备金余额。对于非寿险原保险合同确认的未决赔款准备金，其确认的前提条件是发生非寿险保险事故。在发生非寿险保险事故的情况下，理性的投保人是不可能要求解除合同的，因此，一般也就不存在转销相关的未决赔款准备金余额。

例10：2009年10月8日，B财产保险股份有限公司（以下简称B公司）收到N公司通知，要求提前解除投保的企业财产保险合同。B公司按约定计算应退还N公司保费12 000元，并于当日以银行存款转账支付。假定B公司已为该企业财产保险合同确认未到期责任准备金10 000元。

B公司的账务处理如下：

借：保费收入 12 000

　　贷：银行存款 12 000

借：未到期责任准备金 10 000

　　贷：提取未到期责任准备金 10 000

2. 寿险原保险合同

对于寿险原保险合同，投保人在保险责任开始后提前解除原保险合同的，如果在犹豫期内，保险人应当在扣除手续费后退还保险费，退还的保险费作为退保费，应直接冲减保费收入。如果过了犹豫期，保险人应当按照合同约定退还保险单的现金价值，保险人退还的保险单的现金价值即为退保费，应计入退保金。同时，保险人在确认寿险原保险合同保费收入的当期，已经将未来应承担的赔付保险金责任确认为寿险责任准备金、长期健康险责任准备金。在寿险原保险合同提前解除时，保险人原确认的未来应承担的赔付保险金责任已经不复存在，应当同时转销相关准备金余额。因此，保险人应当在寿险原保险合同提前解除时，转销已确认的相关寿险责任准备金、长期健康险责任准备金。

四、原保险合同成本的确认与计量

原保险合同成本是指原保险合同发生的、会导致所有者权益减少的、与向所有者分配利润无关的经济利益的总流出。原保险合同成本主要包括发生的手续费或佣金支出、赔付成本，以及提取的未决赔款准备金、寿险责任准备金、长期健康险责任准备金等。

（一）保单取得成本

保单取得成本是指保险人在取得原保险合同过程中发生的支出，包括发生的手续费或佣金支出、保单签订费、医药费、检查费等。其中，保险人在取得原保险合同过程中发生的手续费或佣金支出，是保单取得成本的主要内容。现行保单取得成本的会计处理方法主要有两种：一种是将保单取得成本资本化，在保险期间内采用一定的方法进行摊销，计入当期损益，如美国；另一种是将保单取得成本在发生时计入当期损益，国际会计准则理事会在关于保险合同项目第二阶段的初步结论中倾向于采用这种方法，我国实务中也采用这种方法。

（二）赔付成本

赔付成本包括保险人支付的赔款、给付，以及在理赔过程中发生的律师费、诉讼费、损失检验费、相关理赔人员薪酬等理赔费用。

1. 非寿险原保险合同

（1）确定支付赔付款项。对于非寿险原保险合同，保险人在发生保险事故当期，已经根据保险精算部门计算确定的未决赔款准备金金额，确认了保险责任准备金（未决赔款准备金）负债，同时确认提取保险责任准备金，计入了当期损益。因此，保险人在确定了实际应支付赔偿款项金额的当期，应当先将确定支付的赔偿款项金额计入当期赔付支出，然后按照确定支付的赔偿款项金额，冲减相应的保险责任准备金（未决赔款准备金）余额。保险人将实际应支付的赔偿款确认为赔付支出单独核算，而不是直接冲减未决赔款准备金余额，主要是为了满足赔付率监管的需要，并与未决赔款准备金精算实务相衔接。在实务中，保险精算部门是根据有效保单定期计算未决赔款准备金余额，已决保单没有包括在有效保单内。在资产负债表日，会计部门根据保险精算部门的计算结果按差额确认未决赔款准备金时，已经自动将已决保单相关的未决赔款准备金转销。

例11： 2009年4月12日，B财产保险股份有限公司（以下简称B公司）确定应赔偿张某投保的家庭财产保险款160 000元，款项尚未支付。2009年4月30日，B公司为该保险事故确认的未决赔款准备金金额为160 000元。B公司的账务处理如下：

借：赔付支出 160 000

　贷：应付赔付款 160 000

借：保险责任准备金 160 000

　贷：提取保险责任准备金 160 000

保险人在保险事故发生后较短的时间内（通常为保险事故发生当月）即能够结案定损的，保险人不需要先确认未决赔款准备金，再予以转销，而可以直接将确定支付的赔付款项金额计入当期损益。

例12：2009年5月15日，B财产保险股份有限公司（以下简称B公司）某被保险人发生交通事故死亡；5月20日，B公司确定应赔偿该保险受益人保险款240 000元并于当日支付。B公司的账务处理如下：

借：赔付支出 240 000

　贷：银行存款 240 000

（2）发生理赔费用。保险事故发生后，保险人为了确定应承担赔付保险金责任的金额，需要经过一系列的调查核实过程，如现场查勘、审查有关单证、审核责任、核定赔偿范围等。在这一过程中发生的律师费、诉讼费、损失检验费、相关理赔人员薪酬等，即为理赔费用。

保险人发生的理赔费用，应当在实际发生的当期计入赔付支出，同时冲减相应的保险责任准备金（未决赔款准备金、寿险责任准备金、长期健康险责任准备金）余额。理赔费用准备金中包括的相关理赔人员薪酬，应当在实际分配的当期计入赔付支出，同时冲减相应的保险责任准备金（未决赔款准备金、寿险责任准备金、长期健康险责任准备金）余额。

例13：2009年5月31日，C财产保险股份有限公司（以下简称C公司）分配相关理赔人员薪酬86 000元，其中与寿险责任准备金有关的金额为46 000元，与长期健康险责任准备金有关的金额为40 000元。C公司的账务处理如下：

借：赔付支出 86 000

　贷：应付职工薪酬 86 000

借：保险责任准备金——寿险责任准备金 46 000

　　　　　　　——长期健康险责任准备金 40 000

　贷：提取保险责任准备金 86 000

2. 寿险原保险合同

对于寿险原保险合同，保险人在确认保费收入当期，已经根据保险精算部门计算确定的寿险责任准备金、长期健康险责任准备金金额，确认了保险责任准备金（寿险责任准备金、长期健康险责任准备金）负债，同时确认提取保险责任准备金，计入当期损益。保险人在确定了实际支付给付款项金额的当期，应当先将确定支付的给付款项金额，计入当期赔付支出；然后，应当按照确定支付的给付款项金额，冲减相应的保险责任准备金（寿险责任准备金、长期健康险责任准备金）余额。

例 14：2009 年 6 月 30 日，C 公司确定应给付李某投保的团体终身寿险款项 1 200 000 元，款项尚未支付。C 公司的账务处理如下：

借：赔付支出　　1 200 000

　　贷：应付赔付款　　1 200 000

借：保险责任准备金　　1 200 000

　　贷：提取保险责任准备金　　1 200 000

（三）损余物资

损余物资是指保险人对非寿险保险事故承担赔偿保险金责任后取得的原保险标的受损后的财产。通常情况下，保险人承担赔偿保险金责任时，一般将取得的有关财产折价给受益人，该财产不属于保险人的损余物资，不应当纳入保险人的资产负债表内反映，而应当将其从应支付的赔偿款项中扣除，按扣除后的金额支付给受益人。如果保险人承担赔偿保险金责任时，没有将取得的原保险标的受损后的有关财产折价给受益人，则该资产属于保险人的损余物资，在满足确认条件时应纳入保险人的资产负债表内反映。保险人取得的损余物资是对其发生赔付支出的补偿，因此，在确认损余物资时，应当按照同类或类似资产的市场价格计算确定的金额确认为资产，同时冲减赔付支出。同类或类似资产，通常是指与损余物资的性质相同、功能相近的资产。保险人处置损余物资时，应当根据收到的金额与相关损余物资账面价值的差额，调整当期赔付支出。

例 15：张某投保的小轿车发生被盗保险事故，B 公司已结案并支付保险金。2009 年 4 月 12 日，B 公司通过公安部门找回了该被盗小轿车，参照同类资产的市场价格确定的入账价值为 160 000 元。B 公司的账务处理如下：

借：损余物资　　160 000

　　贷：赔付支出　　160 000

（四）代位追偿款

代位追偿款是指保险人承担赔偿保险金责任后，依法从被保险人取得代位追偿权向第三者责任人索赔而应取得的赔款。保险人承担赔付保险金责任后应取得的代位追偿款，只有在同时满足《企业会计准则第 25 号——原保险合同》规定的条件时才能予以确认。对于不满足确认条件的代位追偿款，保险人不应当确认。在判断代位追偿款能否收回时，保险人应当根据以往的经验、债务人的财务状况和现金流量等相关信息进行合理估计。如果判断代位追偿款收回的可能性大于不能收回的可能性，就应当认为代位追偿款能够收回。如果判断代位追偿款收回的可能性小于不能收回的可能性，就不应当确认应收代位追偿款，而应当提供确凿的证据。保险人确认的应收代位追偿款，其实质是对保险人发生的赔付支出的补偿，在确认时应当冲减赔付支出。收到应收代位追偿款时，保险人应当按照收到的金额与相关应收代位追偿款账面价值的差额，调整当期赔付支出。

例16：2009年5月15日，李某投保的小轿车发生碰撞保险事故，B公司赔偿保险金责任后，取得向责任方代位追偿的权利，估计能够收回的代位追偿款为60 000元。6月23日，B公司从责任方收到代位追偿款58 000元，款项已存入银行。B公司的账务处理如下：

（1）5月15日确认应收代位追偿款60 000元。

借：应收代位追偿款	60 000	
贷：赔付支出		60 000

（2）6月23日收到应收代位追偿款58 000元。

借：银行存款	58 000	
赔付支出	2 000	
贷：应收代位追偿款		60 000

第二节　再保险合同的会计核算

一、再保险合同概述

保险公司主要从事风险经营，为加强风险管理、均衡业务、稳定经营，保险公司需要将超过自身业务承受能力的一部分风险责任转嫁给其他保险公司来分担，由此产生再保险业务。保险公司之间的再保险关系是通过签订再保险合同确立的。

（一）再保险合同的概念及特征

再保险合同是指一个保险人（再保险分出人）分出一定的保费给另一个保险人（再保险接受人），再保险接受人对再保险分出人由原保险合同所引起的赔付成本及其他相关费用进行补偿的保险合同。再保险合同属于保险合同，与原保险合同相比较，具有以下特征：

（1）再保险合同是保险人与保险人之间签订的合同，一方为再保险分出人，另一方为再保险接受人。再保险分出人是根据再保险合同，有义务向再保险接受人支付一定的保费，同时有权利就其由原保险合同所引起的赔付成本及其他相关费用从再保险接受人获得补偿的保险人；再保险接受人是根据再保险合同，有权利向再保险分出人收取一定的保费，同时有义务对再保险分出人由原保险合同所引起的赔付成本及其他相关费用进行补偿的保险人。

（2）再保险合同是补偿性合同。不论原保险合同是寿险合同还是非寿险合同，再保险合同的标的都是再保险分出人所承担的保险责任。再保险合同不具有直接对原保险合同标的进行赔偿或给付的性质，而是以补偿再保险分出人对原保险合同所承担的保险责任为目的，即对于原保险合同标的发生保险事故所产生的损失，先由再保险分出人全额进行赔偿或给付，再将应由再保险接受人承担的部分摊回，由再保险接受人向再保险分出人进行补偿。

（3）再保险合同独立于原保险合同。这主要体现在再保险合同与原保险合同在法律上没有任何承继关系。一方面，再保险合同的再保险接受人与原保险合同的投保人和保险受益人之间不发生任何法律或业务关系，再保险合同的再保险接受人无权向原保险合同的投保人收取保费，原保险合同的保险受益人无权直接向再保险合同的再保险接受人提出索赔要求；另一方面，原保险合同的保险人（再保险合同的再保险分出人）也不得以再保险接受人不对其履行补偿义务为借口而拒绝、减少或延迟履行其对保险受益人的赔偿或给付义务。

（二）再保险合同基本业务

再保险合同业务包括分出业务和分入业务。再保险分出业务涉及分出保费、摊回分保手续费、摊回赔付成本等基本业务。同原保险转嫁风险需要支付保费相同，再保险分出人转嫁保险风险责任也要向再保险接受人支付一定的保费，这种保费叫做分保费或再保险费。同时，由于再保险分出人在销售原保险保单以及维护和管理保险业务过程中发生了一定的费用，再保险分出人需要向再保险接受人摊回一部分费用予以补偿，这种由再保险接受人支付给再保险分出人的费用被称为分保手续费。当被保险人发生保险责任范围内的保险事故时，再保险分出人按原保险合同约定负责向保险受益人提供赔偿或给付，再将应由再保险接受人承担的份额摊回，此为摊回赔付成本。

与再保险分出业务相对应，再保险分入业务涉及收取分保费、支付分保手续费、支付分保赔付款等基本业务。

此外，再保险接受人与再保险分出人之间还有支付和收取纯益手续费的业务。纯益手续费是指再保险接受人为鼓励再保险分出人谨慎地选择原保险合同所承保的业务，在其取得纯益基础上付给再保险分出人一定比例（即纯益手续费率）的报酬。“纯益”指某个业务年度的再保险分入业务获得的纯收益，即该年度分入业务收入项目合计减去支出项目合计的差额。

保险人之间履行再保险合同的约定、办理再保险业务和进行再保险资金结算的主要凭据是分保业务账单。分保业务账单一般由再保险分出人按季度编制。为了减少付款次数和不必要的汇款费用，再保险合同双方通常约定按照账单上各项应收应付款相抵后的净额结算。“应付你方余额”为账单贷方金额合计减去借方金额合计后的净额，是再保险分出人应向再保险接受人实际支付的金额；“应付我方余额”为账单借方金额减去贷方金额合计后的净额，是再保险接受人应向再保险分出人实际支付的金额。

（三）再保险合同分类

再保险合同按自留额和分保额计算基础的不同，可分为比例再保险合同和非比例再保险合同。自留额是指再保险分出人对于每一危险单位或一系列危险单位的责任或损失，承担自负责任的限额；分保额是指对于再保险分出人每一危险单位或一系列危险单位的责任或损失，再保险接受人承担分保责任的限额。

1. 比例再保险合同

比例再保险合同是指以原保险合同保险金额为自留额和分保额计算基础的一种再保险合同。该种再保险方式下，再保险分出人与再保险接受人按照保险金额的一定比例分担责任，并按此比例分出保费和分摊赔付款。比例再保险合同又分为成数再保险合同和溢额再保险合同。

（1）成数再保险合同。成数再保险合同签约双方一般对某种业务的每一危险单位自留额和分保额约定固定的比例，再保险分出人对约定的业务，一律按分保比例向再保险接受人分出保费和摊回赔付款。成数再保险合同有时还约定再保险接受人所承担分保额的最高限额。

（2）溢额再保险合同。溢额再保险合同签约双方一般约定再保险分出人对某种业务的每一危险单位保险金额自己所承担的自留额，当保险金额超出自留额时，超出部分（即溢额）由再保险接受人承担，但再保险接受人承担的溢额不超过合同约定的最高限额（在最高限额之内承担的溢额为分保额）。签约双方以自留额和分保额为基础，计算确定每一危险单位的自留额和分保额之间的比例，分别称为自留比例和分保比例。再保险分出人按分保比例向再保险接受人分出保费和摊回赔付款。对于溢额超出再保险接受人最高承担限额的部分，再保险分出人不作分保或另作分保安排。与成数分保不同的是，溢额分保的比例不是固定的，而是根据每一标的的保额大小而变动，分出保费和赔付款项的摊回金额也随之相应变化。

2. 非比例再保险合同

非比例再保险合同是指以再保险分出人赔付款金额（实际损失）为自留额和分保额计算基础的一种再保险合同。该种再保险方式下，再保险分出人与再保险接受人并不是按比例分配相关的保费和赔付款，而是通常先规定两个限额，一是再保险分出人自己承担的赔付限额（赔款限额或赔付率限额）；二是再保险接受人承担的最高赔付限额。再保险分出人按合同规定在期初向再保险接受人预付一定的保费，合同责任期满后再对预付保费进行调整；当原保险发生保险事故后的赔付金额或全年赔付率不超过自负责任限额时，相关损失由再保险分出人自行承担；对于超过自负责任限额部分的赔付款由再保险接受人承担，但不超过约定应承担的最高限额。非比例再保险是在比例再保险承担补偿责任以后才承担补偿责任的再保险。非比例再保险合同分为超额赔款再保险合同和赔付率超赔再保险合同。

（1）超额赔款再保险合同。超额赔款再保险合同一般约定，以再保险分出人每一危险单位所发生的赔款金额或者一次巨灾事故中多数危险单位的责任累积赔款为基础，确定再保险分出人的自负责任限额和再保险接受人承担的分保限额，自负责任限额以内的损失由再保险分出人自行承担，超过自负责任限额以上的损失由再保险接受人负担最高限额内的部分。其中，以再保险分出人每一危险单位所发生的赔款金额为基础确定自留额和分保额的，为险位超赔再保险合同；以一次巨灾事故中多数危险单位的责任累积赔款额为基础确定自留额和分保额的，为事故（或巨灾）超赔再保险合同。安排超额赔款再保险时，可将所要求的整个超赔保障数额分割为几"层"。

（2）赔付率超赔再保险合同。赔付率超赔再保险合同一般约定，按再保险分出人年度赔付率为基础计算自负责任额和分保责任额，当再保险分出人赔付率超过规定赔付率时，超过部分的赔付款由再保险接受人负担至一定的限额。

二、分出业务的核算

分出业务的核算主要包括应收分保准备金、分出保费及摊回款项、预收赔款和存入分保保证金等。

（一）应收分保准备金

1. 应收分保准备金与有关原保险合同准备金不得相互抵销

根据相关规定，再保险分出人不应当将再保险合同形成的资产与有关原保险合同形成的负债相互抵销。这里"原保险合同形成的负债"主要是指再保险分出人对原保险合同提取的各项准备金；"再保险合同形成的资产"主要是指再保险分出人对再保险合同确认的各项应收分保准备金。在签订再保险合同的情况下，再保险分出人提取相关原保险合同各项准备金（未到期责任准备金除外）确认应付保险受益人负债的同时，也产生了向再保险接受人收取补偿金额的权利，该权利所带来的经济利益很可能流入保险人并且权利金额能够可靠地计量，符合资产要素的定义及确认条件，应当确认为应收分保准备金资产。需要说明的是，应收分保未到期责任准备金属于分出的未赚保费，本质上不属于预期从再保险接受人处获得补偿的权利金额。

应收分保准备金的确认应符合与有关原保险合同准备金不相互抵销的要求，即再保险分出人不应仅以各项原保险合同准备金扣除相关应收分保准备金后的金额列示于资产负债表的负债方。原保险合同准备金反映再保险分出人应付保险受益人的负债，而应收分保准备金反映的则是再保险分出人应收再保险接受人的债权。再保险合同的签订并不能减少或免除再保险分出人对原保险合同保险受益人的保险责任，无论再保险接受人能否对再保险分出人支付补偿金额，再保险分出人都要向保险受益人全额履行赔付义务。因此，应收分保准备金与相关原保险合同准备金不应相互抵销，抵销处理会掩盖再保险分出人客观存在的信用风险，造成信息披露不充分。按照《企业会计准则第26号——再保险合同》的要求，再保险分出人应在资产负债表中全额列示原保险合同各项准备金，以全面、真实反映其对原保险合同保险受益人的负债情况，同时将各项应收分保准备金作为资产单独列示，以真实反映其对再保险接受人应有的债权。这样，也有利于准确考核再保险分出人的偿付能力。应收分保未到期责任准备金和未到期责任准备金同样不符合相抵销的条件，应分别列示于资产负债表的资产方和负债方。

2. 应收分保准备金的确认

再保险分出人应当在确认非寿险原保险合同保费收入的当期，按照相关再保险合同的约定，计算确认相关的应收分保未到期责任准备金资产，并冲减提取未到期责任准备金。再保险分出人应当在提取原保险合同未决赔款准备金、寿险责任准备金、长期健康险责任准备金的当期，按照相关再保险合同的约定，计算确定应向再保险接受人摊回的相应准备金，确认为相应的应收分保准备金资产。应收分保未到期责任准备金实质属于分出的未赚保费，确认应收分保未到期责任准备金是对当期分出保费的调整，并非收入的实现。提取未到期责任准备金（含分保未到期责任准备金）和确认应收分保未到期责任准备金的最终结果都是对当期自留保费（原保险合同保费收入加上分保费收入再减去分出保费后的金额）的调整，即将当期的自留保费调整为已赚保费。因此，确认应收分保未到期责任准备金时应作冲减提取未到期责任准备金处理，通过“提取未到期责任准备金”科目集中反映将当期自留保费调整为已赚保费的调整金额。而应收分保未决赔款准备金、应收分保寿险责任准备金和应收分保长期健康险责任准备金都表示再保险分出人预期从再保险接受人处获得补偿的金额具有收入性质，确认时应作为摊回相应准备金处理。

例17：2008年12月2日，B保险股份有限公司（以下简称B公司）与A保险股份有限公司（以下简称A公司）签订一份成数分保财险再保险合同，将合同规定范围内的原保险业务向A公司办理分保。合同约定，分保比例为10%；分保手续费以分出保费作为计算基础，分保手续费率为25%；合同起期日为2009年1月1日，保险责任期间为1年。2009年1月1日，B公司就该再保险合同规定业务范围内的E企业财产保险合同确认保费收入240 000元；1月31日，B公司就E企业财产保险合同提取未到期责任准备金220 000元；3月18日，E企业财产保险合同约定的保险事故发生，至3月31日尚未结案定损，B公司就该合同提取未决赔款准备金150 000 000元。B公司确认应收分保准备金的会计处理如下：

（1）2009年1月31日，确认应收分保未到期责任准备金。

B公司应确认的对A公司应收分保未到期责任准备金 = 220 000元 × 10% =

22 000 元

借：应收分保未到期责任准备金　　　　22 000

　　贷：提取未到期责任准备金　　　　22 000

（2）2009 年 3 月 31 日，确认应收分保未决赔款准备金。

B 公司应确认的对 A 公司应收分保未决赔款准备金 = 150 000 000 元 × 10% = 15 000 000 元

借：应收分保未决赔款准备金　　　　15 000 000

　　贷：摊回未决赔偿准备金　　　　15 000 000

3. 应收分保准备金账面余额调整

（1）应收分保未到期责任准备金的调整。再保险分出人在资产负债表日按照保险精算部门重新计算确定的未到期责任准备金额与已提取的未到期责任准备金余额的差额调整未到期责任准备金余额时，应按照相关再保险合同约定计算确定应收分保未到期责任准备金的相应调整额，调整应收分保未到期责任准备金和提取未到期责任准备金的账面余额。

（2）应收分保未决赔款准备金、应收分保寿险责任准备金、应收分保长期健康险责任准备金的调整。再保险分出人对未决赔款准备金、寿险责任准备金、长期健康险责任准备金进行充足性测试而补提相关准备金时，应按照相关再保险合同约定计算确定相关应收分保准备金的增加金额，调整增加相关应收分保准备金和摊回责任准备金的账面余额。

4. 应收分保准备金的冲减或转销

再保险分出人在确定支付赔偿款项或实际发生理赔费用而冲减原保险合同未决赔款准备金、寿险责任准备金、长期健康险责任准备金余额的当期，应按照相关再保险合同约定计算确定应收分保准备金的相应冲减金额，冲减相关应收分保准备金和摊回责任准备金的账面余额。再保险分出人应当在原保险合同提前解除而转销相关未到期责任准备金、寿险责任准备金、长期健康险责任准备金余额的当期，转销相关应收分保准备金余额。

（二）分出保费及摊回款项

1. 分出保费及摊回款项与有关原保险合同收入或费用不得相互抵销

《企业会计准则第 26 号——再保险合同》规定，再保险分出人不应当将再保险合同形成的收入或费用与有关原保险合同形成的费用或收入相互抵销。这里“再保险合同形成的收入”是指再保险分出人按照再保险合同约定向再保险接受人摊回的准备金、分保费用、赔付成本等；“再保险合同形成的费用”是指再保险分出人按照再保险合同约定向再保险接受人分出的保费等。分出业务的分出保费及摊回金额与原保险合同保费收入及相关费用所反映的经济内容与实质不同。原保险合同保费收入是再保险分出人向投保人销售保单，为承担源自被保险人的保险风险责任所取得的收入；分出保费则是再保险分出人向再保险接受人购买保险所付出的代价，不同于共同保险业务各保险人之间对保费收入的分配。分出业务各项摊回金额是对再保险分出人由原保险合同所引起的提取保险责任准备金、赔付成本及其他相关费用的补偿，而非对原保险合同受益人的直接赔偿或给付。因此，为全面、真实地反映再保险分出人原保险业务和再保险业务的经济内容与实质，再保险合同分出业务的分出保费不应直接记入原保险合同保费收入的借方进行抵减，再保险合同分出业务摊回准备金、摊回赔付成本、摊回分保费用不应直接记入原保险合同提取准备金、赔付成本、手续费支出等的贷方进行抵减，均应单独确认并在利润表中分别列报。

2. 分出保费、摊回分保手续费及摊回赔付成本的处理

（1）分出保费、摊回分保手续费及摊回赔付成本的确认。再保险分出人应当在确认原保险合同保费收入的当期，按照相关再保险合同的约定，计算确定分出保费和应向再保险接受人摊回的分保费用，计入当期损益。再保险分出人应当在确定支付赔付款项金额或实际发生理赔费用而冲减原保险合同相应准备金余额的当期，冲减相应的应收分保准备金余额；同时，按照相关再保险合同的约定，计算确定应向再保险接受人摊回的赔付成本，计入当期损益。这里"摊回的分保费用"是指摊回的分保手续费。摊回准备金和摊回赔付成本的区别在于：摊回准备金是预计由再保险接受人补偿的金额；摊回赔付成本是由再保险接受人实际补偿的金额。因此，在确认摊回赔付成本的同时应冲减相应的摊回准备金。分出保费、摊回分保费用、摊回赔付成本的计算方法因再保险合同种类的不同而不同，具体计量金额一般由保险人业务部门根据再保险合同约定计算确定。

例18：2009年1月31日，C保险股份有限公司（以下简称C公司）与客户刘某签订一份人身意外伤害保险合同，保险金额为720万元，自2009年2月1日零时合同生效，保险期间为1年；刘某于合同生效当日一次性交纳保险费14 400元，C公司开始承担保险责任并确认了保费收入。该份人身意外伤害保险合同属于C公司与F保险股份有限公司（以下简称F公司）签订的溢额再保险合同约定的业务范围。该再保险合同约定：每一被保险人的意外险自留额为2 000 000元，F公司的分保额最高限额为6 000 000元，分保手续费率为25%。2009年7月10日，被保险人刘某发生车祸死亡，C公司确定该事故属于全额赔偿责任范围，于事故发生当月确认了赔付成本7 200 000元。2009年7月29日，C公司向刘某家属支付了保险赔款，该保险事故结案。C公司就上述业务计算出应向F公司分出的保费金额为10 400元[14 400×（7 200 000－2 000 000）÷360]，分保手续费金额为2 600元（10 400×25%），应从F公司摊回赔款金额为5 200 000元[360×（7 200 000－2 000 000）÷360]，C公司分出保费、摊回分保费用、摊回赔付成本的账务处理如下：

2009 年 2 月，确认分出保费及摊回分保费用：

借：分出保费　　10 400

　　贷：应付分保账款——F 公司　　10 400

借：应收分保账款——F 公司　　2 600

　　贷：摊回分保费用　　2 600

2009 年 7 月，确认应摊回的赔付成本：

借：应收分保账款——F 公司　　5 200 000

　　贷：摊回赔付支出　　5 200 000

实务中，保险公司对于保险事故发生后很快（一般指当月）能够结案定损的，往往不提未决赔款准备金，本例即属于此种情况，因此在确认摊回赔付成本时不涉及转销相关应收分保未决赔款准备金的处理。

（2）分出保费、摊回分保手续费、摊回赔付成本的调整。再保险分出人对分出保费、摊回分保手续费、摊回赔付成本进行调整时，应将调整金额计入调整当期的损益，主要有以下几种情况：

1）再保险分出人应当在原保险合同提前解除的当期，按照相关再保险合同的约定，计算确定分出保费、摊回分保费用的调整金额，计入当期损益。

2）再保险分出人应当在因取得和处置损余物资、确认和收到应收代位追偿款等而调整原保险合同赔付成本的当期，按照相关再保险合同的约定，计算确定摊回赔付成本的调整金额，计入当期损益。

3）再保险分出人与再保险接受人约定采用浮动（或累进）分保手续费方式下，再保险分出人依据合同规定在能够计算确定实际分保手续费率而调整分保手续费时，应将调整金额计入当期损益。再保险分出人确认入账的分保手续费调整金额应为经再保险接受人确认一致后的金额。

例 19：B 保险股份有限公司（以下简称 B 公司）与 F 保险股份有限公司（以下简称 F 公司）签订一份成数分保财产再保险合同，将约定的原保险业务向 F 公司办理分保。合同约定分保手续费采用浮动分保手续费率制，预付分保手续费率为 30%。假定 B 公司对该再保险合同业务年度的业务进行结算时实际计算确定的分保手续费率为 35%，据此计算的分保手续费调整金额为 16 000 000 元并经 F 公司确认一致。此时，B 公司调整分保手续费的账务处理如下：

借：应收分保账款——F 公司　　16 000 000

　　贷：摊回分保费用　　16 000 000

3. 纯益手续费的处理

再保险分出人应当根据相关再保险合同的约定，在能够计算确定应向再保险接受人收取的纯益手续费时，将该项纯益手续费作为摊回分保费用计入当期损益。纯益手续费只有再保险接受人实际上有纯益时才给付。实务中，保险人通常按照业务年度计算纯益，而一个业务年度的再保险业务往往要跨越若干个会计年度才能结算出损益。再保险分出人确认纯益手续费收入主要应考虑其可靠计量问题，只有能够依据相关数据计算确定应向再保险接受人收取的纯益手续费时，即纯益手续费能够可靠地计量时，纯益手续费收入才予以确认。分保手续费是再保险接受人对再保险分出人取得和经营原保险业务所发生费用的补偿。纯益手续费是再保险接受人对再保险分出人谨慎地选择原保险业务而为其带来盈利的一种奖励措施，其实质是对再保险分出人经营原保险业务的额外补偿。因此，纯益手续费与分保手续费性质相类似，确认应取得的纯益手续费时应作摊回分保费用处理。

例 20：承例 19，假定再保险合同签订 3 年后，B 公司按照合同约定计算出应向 F 公司收取的纯益手续费金额为 2 880 000 元，双方确认一致的纯益手续费金额为 2 808 000 元。B 公司应于双方确认一致时作如下账务处理：

借：应收分保账款——F 公司　　2 808 000

　　贷：摊回分保费用　　2 808 000

4. 非比例再保险合同分出保费、摊回赔付成本的处理

对于超额赔款再保险等非比例再保险合同，再保险分出人应当根据再保险合同的约定，计算确定分出保费，计入当期损益。再保险分出人调整分出保费时，应当将调整金额计入当期损益。再保险分出人应当在能够计算确定应向再保险接受人摊回的赔付成本时，将该项应摊回的赔付成本计入当期损益。这里“再保险分出人应当根据再保险合同的约定，计算确定分出保费，计入当期损益”指的是再保险分出人向再保险接受人预付保费的情况。预付保费通常与所谓的最低保费数额相同。对于非比例再保险合同，再保险分出人难以根据每一原保险合同保费收入的一定比例来计算分保费，而是按照再保险合同保险责任年度毛净保费（年度原保险保费收入减去退保费和比例再保险分出保费后的金额）乘以超赔费率来计算确定。年度毛净保费往往要到再保险责任年度终了后才能计算确定，但再保险分出人通常要在合同起期时按估计的年度毛净保费向再保险接受人计算预付一定金额的保费。预付保费可以分期支付，也可于合同起期时一次性支付。一次性支付预付保费的，应在发出预付分保费账单时将预付金额一次性计入当期损益；分次支付预付保费的，应在每次发出预付分保费账单时按每次支付金额分次计入当期损益。非比例再保险合同通常不需要按一定期间编发账单。其首期账单一般要求在合同起期后即刻发送（一般不能迟于合同起期后的两周），主要内容是向再保险接受人预付分保费，合同责任期满后调整预付分保费时再编制分保费调整账单。超额赔款再保险合同项下发生的赔款，均须编送出险通知和赔款账单。而“再保险分出人调整分出保费时，应当将调整金额计入当期损益”指的是再保险责任年度终了后再保险分出人能够按合同约定计算确定毛净保费，进而

计算确定分出保费的最终金额时，应将分出保费的最终金额与预付金额的差额计入当期损益。有的再保险合同约定在年度中期要对预付保费先行调整一次，会计处理方法同年度终了后的调整。对于非比例再保险合同，再保险分出人应在能够计算确定应向再保险接受人摊回的赔付成本时，将该项应摊回的赔付成本计入当期损益。

例21：2008 年 12 月 20 日，B 保险股份有限公司（以下简称 B 公司）与 G 保险股份有限公司（以下简称 G 公司）签订一份事故超赔再保险合同，将由台风引发的保险赔款向 G 公司办理分保。合同起期日为 2009 年 1 月 1 日，保险责任期间为 1 年。2009 年 1 月 3 日，B 公司向 G 公司发出的分保业务账单中标明的一次性预付保费金额为45 600 000 元。2009 年 12 月 31 日，由台风引起的索赔案件基本结案定损，B 公司计算出应向 G 公司摊回的赔款余额为 91 200 000 元，同时按照实际年度毛净保费计算出应向 G 公司支付的实际保费金额为 50 000 000 元。B 公司相关会计处理如下：

（1）2009 年 1 月 3 日，确认分出保费：

借：分出保费　　45 600 000

　　贷：应付分保账款——G 公司　　45 600 000

（2）2009 年 12 月 31 日，调整预付保费时：

借：分出保费　　4 400 000

　　贷：应付分保账款——G 公司　　4 400 000

确认摊回赔款时：

借：应收分保账款——G 公司　　91 200 000

　　贷：摊回赔付支出　　91 200 000

（三）预收赔款与存入分保保证金

1. 预收赔款的核算

再保险分出人在发生大额索赔的情况下有可能会垫付很大金额的再保险份额的赔款。为了避免这种情况的发生，有些再保险合同约定再保险分出人承保的每一张保险单项下或每一次事故的估计损失达到或超过合同约定的限额时，再保险分出人可根据已决赔款或预付赔款的结付金额向再保险接受人发出现金赔款通知书及相关理赔资料，要求再保险接受人预先支付与分保份额相对应的现金赔款；再保险分出人收到该现金赔款后，视为已决赔款，在当季账单中进行冲销。这种情况下，分保业务账单的贷方栏中会增加“现金赔款（冲销）”等类似项目。再保险分出人收到再保险接受人预付的现金赔款时，借记“银行存款”科目，贷记“预收赔付款”科目；发出分保业务账单时，按照账单中转销的现金赔款金额，借记“预收赔付款”科目，贷记“应收分保账款”科目。

2. 存入分保保证金的核算

分保保证金是再保险分出人从应付给再保险接受人的分保费中以一定比例扣存，作为再保险接受人履行分保未了责任的保证金。该保证金留存期一般为12个月，至次年同期归还，归还时要支付利息。分保保证金从性质上属于再保险接受人的预付款。当再保险接受人无力履行分保赔付责任时，扣存的分保保证金给再保险分出人提供了一定的安全保障。在再保险合同约定再保险分出人扣存分保保证金的情况下，相关分保业务账单借方栏中会增加“扣存分保保证金”项目，贷方栏中会增加“转回上年度扣存的分保保证金”、“分保保证金利息”等项目。因再保险分出人扣存分保保证金的交易具体体现在分保业务账单中，再保险分出人应当在发出分保业务账单时，依据账单标明的相关金额进行会计处理。再保险分出人对于存入的分保保证金，应当按期计提利息。

例22：2008年12月8日，B保险股份有限公司（以下简称B公司）作为分出人与H保险股份有限公司（以下简称H公司）签订一份溢额再保险合同，合同起期日为2009年1月1日，保险责任期间为1年。合同约定，B公司在每季度账单中，从应付给H公司的分保费中按照一定比例计算扣存分保保证金，扣存期为12个月，次年同期归还，归还时支付利息，保证金年利率为4%。假定B公司2009年4月15日发出的当年第一季度账单中，“扣存本期分保保证金”项目金额为7 200 000元。B公司相关账务处理如下：

借：应付分保账款——H公司　　7 200 000

　　贷：存入保证金　　7 200 000

B公司应自2009年4月至2010年3月每月计提分保保证金利息，每月分保保证金利息=7 200 000元×4%÷12=24 000元，每月计提分保保证金利息时：

借：利息支出　　24 000

　　贷：应付分保账款——H公司　　24 000

B公司于2010年4月发出的本年度第一季度对H公司的分保业务账单中，“转回上年同期扣存分保保证金”项目金额为7 200 000元。B公司账务处理如下：

借：存入保证金　　7 200 000

　　贷：应付分保账款——H公司　　7 200 000

三、分入业务的核算

（一）分保费收入及分保费用

1. 分保费收入及分保手续费的核算

分保费收入同时满足下列条件时才能予以确认：

（1）再保险合同成立并承担相应保险责任。再保险合同一般自签订日起成立，但自合同规定的起期日起才开始承担保险责任。因此，再保险合同的签订日与开始承担保险责任的日期可能一致，也可能不一致。

（2）与再保险合同相关的经济利益很可能流入。对于再保险接受人而言，与再保险合同相关的经济利益即为分保费。如果再保险接受人能够确定分保费收回的可能性大于不能收回的可能性，即分保费收回的可能性超过50%，则表明经济利益很可能流入。一般情况下，如果再保险分出人信用良好，能够按照合同规定如期发送分保业务账单，并能够按约定及时进行分保往来款项的结算，则意味着与再保险合同相关的经济利益很可能流入再保险接受人。

（3）与再保险合同相关的收入能够可靠地计量。由于再保险合同一般只是规定某一时期再保险所承保的业务范围和地区范围、自留额和分保额的计算基础、分保费及手续费的计算方法等，并不直接明确分保费的具体金额，分保费的具体金额往往要根据再保险分出人原保险合同保费收入金额来计算确定，因此，再保险接受人在判断“与再保险合同相关的收入能够可靠地计量”条件时就产生了两种情况。第一种情况是再保险接受人可以在每一会计期间对该期间的分保费收入金额作出合理估计。如果再保险接受人具有长期积累的丰富经验和大量的数据资料，能够采用先进的估算方法，借助专门的技术手段，对再保险合同项下每一会计期间再保险分出人相关原保险合同保费收入进行估计，进而按照再保险合同约定计算出相关分保费收入金额，且该估计金额与收到的分保业务账单标明的分保费金额比较接近，则表明再保险接受人可以在每一会计期间对该期间内的分保费收入金额进行可靠计量。这种情况下，如果分保费收入确认的其他条件均满足，再保险接受人应在每一会计期间按照估计金额确认当期分保费收入，并按照再保险合同约定计算确认当期分保费用，待后期收到该期间的分保业务账单时，再按照账单标明的金额进行调整，将调整金额计入调整当期的损益。按账单金额调整估计金额属于资产负债表日后事项的，按资产负债表日后事项进行处理。第二种情况是再保险接受人只有收到分保业务账单时才能对分保费收入进行可靠计量。如果再保险接受人由于缺乏丰富的经验数据资料和先进的技术方法、手段，而无法对再保险合同项下每一会计期间分保费收入金额进行估计，或估计金额可能与实际金额产生重大差异，则表明再保险接受人只能于收到分保业务账单时才能对分保费收入进行可靠计量。这种情况下，再保险接受人应当于收到分保业务账单时根据账单标明的金额确认分保费收入及相关的分保费用。

例23：2008年12月22日，B保险股份有限公司（以下简称B公司）与I保险股份有限公司（以下简称I公司）签订一份成数再保险合同，接受I公司分出的原保险业务。合同约定的分保比例为40%，分保手续费率为35%。合同起期日为2009年1月1日，保险责任期间为1年。B公司在经验、技术等方面比较成熟，采用预估方法确认每期的分保费收入。假定B公司预估2009年第一季度各月份与I公司再保险合同项下的分保费收入金额：1月份为13 600 000元，2

月份为14 600 000元，3月份为12 000 000元。B公司于5月20日收到I公司发来的第一季度的分保业务账单，账单标明的分保费为42 000 000元，分保手续费为14 700 000元。B公司相关账务处理如下：

（1）2009年1月：

借：应收分保账款——I公司　　13 600 000

　　贷：保费收入　　13 600 000

借：分保费用　　4 760 000

　　贷：应付分保账款——I公司　　4 760 000

（2）2009年2月：

借：应收分保账款——I公司　　14 600 000

　　贷：保费收入　　14 600 000

借：分保费用　　5 110 000

　　贷：应付分保账款　　5 110 000

（3）2009年3月：

借：应收分保账款——I公司　　12 000 000

　　贷：保费收入　　12 000 000

借：分保费用　　4 200 000

　　贷：应付分保账款——I公司　　4 200 000

（4）2009年4月预估确认分保费收入和分保费用的会计分录略。

（5）2009年5月20日，收到账单时调整第一季度确认的分保费收入和分保费用：

分保费收入调整金额＝42 000 000元－（13 600 000＋14 600 000＋12 000 000）元
＝1 800 000元

分保手续费调整金额＝14 700 000元－（4 760 000＋5 110 000＋4 200 000）元
＝630 000元

借：应收分保账款——I公司　　1 800 000

　　贷：保费收入　　1 800 000

借：分保费用　　630 000

　　贷：应付分保账款——I公司　　630 000

此例中，若B公司不具备对分保费收入进行预估确认的条件，则B公司应在2009年5月20日收到分保业务账单时直接作如下账务处理：

借：应收分保账款——I公司　　42 000 000

　　贷：保费收入　　42 000 000

借：分保费用　　14 700 000

　　贷：应付分保账款——I公司　　14 700 000

2. 纯益手续费的核算

因纯益手续费计算的特殊性，再保险接受人应当根据相关再保险合同的约定，在能够计算确定应向再保险分出人支付的纯益手续费时，将该项纯益手续费作为分保费用，计入当期损益。再保险接受人确认入账的纯益手续费支出金额应为经双方确认一致后的金额。

例 24：承例 20，F 公司确认纯益手续费支出的账务处理如下：

借：分保费用　　2 808 000

　　贷：应付分保账款——B 公司　　2 808 000

（二）分保赔付成本

再保险接受人确认分保赔付成本的会计处理与保险人确认原保险合同赔付成本的会计处理相类似，即再保险接受人应当在收到分保业务账单的当期，按照账单标明的分保赔付款项金额，作为分保赔付成本，计入当期损益；同时，冲减相应的分保准备金余额。

例 25：承例 23，B 公司于 2009 年 5 月 20 日收到 I 公司发来的第一季度分保业务账单中标明的分保赔款金额为 18 000 000 元，B 公司已提取的相应分保未决赔款准备金为 16 000 000 元。B 公司相关账务处理如下：

借：分保赔付支出　　18 000 000

　　贷：应付分保账款——I 公司　　18 000 000

借：未决赔款准备金　　16 000 000

　　贷：提取未决赔款准备金　　16 000 000

（三）预付赔款与存出分保保证金

1. 预付赔款的核算

再保险接受人向再保险分出人预付的现金赔款，应当在支付预付赔款时，借记“预付赔付款”科目，贷记“银行存款”科目；收到分保业务账单时，按照账单上转销的赔款，借记“应付分保账款”科目，贷记“预付赔付款”科目。

2. 存出分保保证金的核算

再保险接受人应当在收到分保业务账单时，依据账单标明的相关金额进行存出分保保证金的会计处理。再保险接受人对存出的分保保证金，应当按期计提利息。

第三节　保险公司的财务会计报告

一、保险公司财务会计报告的编制方法

（一）保险公司资产负债表的编制方法

除下列项目以外的其他项目，比照商业银行资产负债表的列报方法处理：

（1）“货币资金”项目，反映企业期末持有的现金、银行存款、其他货币资金等的总额，应根据“库存现金”、“银行存款”、“其他货币资金”等科目的期末余额合计填列。企业持有的原始存款期限在3个月以内的定期存款，也在本项目反映。

（2）“应收保费”、“应收代位追偿款”、“应收分保账款”、“应收分保未到期责任准备金”、“保户质押贷款”、“应收分保未决赔款准备金”、“应收分保寿险责任准备金”、“应收分保长期健康险责任准备金”、“存出资本保证金”、“独立账户资产”、“预收保费”、“应收手续费及佣金”、“应付分保账款”、“保户储金及投资款”、“未到期责任准备金”、“独立账户负债”等资产项目，反映企业期末持有的相应资产的实际价值，应根据“应收账款”、“应收代位追偿款”、“应收分保账款”、“应收分保未到期责任准备金”、“贷款”等科目期末借方余额，减去“坏账准备”、“贷款损失准备”等科目的相关明细科目期末余额后的金额填列。在填列相关科目的期末余额时，资产已计提减值准备的，还应扣减相应的减值准备。

（3）“应收分保未决赔款准备金”、“应收分保寿险责任准备金”、“应收分保长期健康险责任准备金”项目，反映企业从事再保险业务应向再保险接受人摊回的相应准备金扣减累计减值准备后的账面价值，应根据“应收分保保险责任准备金”科目的相关明细科目期末借方余额，减去“坏账准备”科目的相关明细科目期末余额后的金额分析填列。

（4）“存出资本保证金”、“独立账户资产”等资产项目，反映企业期末持有的相应资产的价值，应根据“存出资本保证金”、“独立账户资产”等科目的期末借方余额填列。

（5）“其他资产”项目，反映企业应收股利、应收代位追偿款、预付账款、存出保证金、其他应收款等资产的账面余额，应根据有关科目的期末余额填列。已计提减值准备的，还应扣减相应的减值准备。长期应收款账面余额扣减累计减值准备和未实现融资收益后的净额、抵债资产账面余额扣减累计跌价准备后的净额、损余物资账面余额扣减累计跌价准备后的净额，也在本项目反映。

（6）“预收保费”、“应付手续费及佣金”、“应付分保账款”、“保户储金及投资款”、“未到期责任准备金”、“独立账户负债”等负债项目，反映企业从事再保险业务应向再保险分出人或再保险接受人支付但尚未支付的款项等，应根据“预收账款”、“应付账款”、“应付分保账款”、“保户储金”、“未到期责任准备金”、“独立账户负债”等科目的期末贷方余额填列。

（7）“未决赔款准备金”、“寿险责任准备金”、“长期健康险责任准备金”等负债项目，反映企业提取的未决赔款准备金、寿险责任准备金、长期健康险责任准备金期末余额，应根据“保险责任准备金”科目的相关明细科目期末贷方余额分析填列。

(8)“其他负债”项目，反映企业应付股利、应付利息、存入保证金、预计负债等负债的账面余额，应根据有关科目的期末余额填列。长期应付款账面余额减去未确认融资费用后的净额，也在本项目反映。

(二) 保险公司利润表的编制方法

除下列项目以外的其他项目，比照商业银行利润表的列报方法处理：

(1)“营业收入”项目，应根据“已赚保费”、“投资收益”、“公允价值变动收益”、“汇兑收益”、“其他业务收入”等项目的发生额合计填列。定期存款、保户质押贷款、买入返售金融资产形成的利息收入，也在“投资收益”项目反映。

(2)“已赚保费”项目，应根据“保险业务收入”、“分出保费”、“提取未到期责任准备金”科目的发生额分析填列。

(3)“保险业务收入”项目，反映企业从事保险业务确认的原保费收入和分保费收入，应根据“保费收入”科目的发生额分析填列。

(4)“分出保费”项目，反映企业从事再保险业务分出的保费，应根据“分出保费”科目的发生额分析填列。

(5)“提取未到期责任准备金”项目，反映企业提取的未到期责任准备金，应根据“提取未到期责任准备金”科目的发生额分析填列。

(6)“营业支出”项目，反映“退保金”、“赔付支出”、“提取保险责任准备金”、“保单红利支出”、“分保费用”、“营业税金及附加”、“手续费及佣金支出”、“业务及管理费”、“其他业务成本”、“资产减值损失”等项目金额合计，减去“摊回赔付支出”、“摊回保险责任准备金”、“摊回分保费用”等项目金额后的余额。

(7)“退保金”项目，反映企业寿险原保险合同提前解除时按照约定退还投保人的保单现金价值，应根据“退保金”科目的发生额分析填列。

(8)“赔付支出”项目，反映企业因保险业务发生的赔付支出，包括原保险合同赔付支出和再保险合同赔付支出，应根据“赔付支出”科目的发生额分析填列。

(9)“提取保险责任准备金”项目，反映企业提取的保险责任准备金，包括未决赔款准备金、寿险责任准备金、长期健康险责任准备金，应根据“提取保险责任准备金”科目的发生额分析填列。

(10)“保单红利支出”项目，反映企业按原保险合同约定支付给投保人的红利，应根据“保单红利支出”科目的发生额分析填列。

(11)“分保费用”项目，反映企业从事再保险业务支付的分保费用，应根据“分保费用”科目的发生额分析填列。

(12)“摊回赔付支出”、“摊回保险责任准备金”、“摊回分保费用”等项目，反映企业从事再保险分出业务向再保险接受人摊回的赔付支出、保险责任准备金、分保费用，应根据“摊回赔付支出”、“摊回保险责任准备金”、“摊回分保费用”等科目的发生额分析填列。

（三）保险公司现金流量表的编制方法

保险公司现金流量表的编制，除下列项目外，应比照一般企业现金流量表编制处理：

(1)“收到原保险合同保费取得的现金”项目，反映保险公司本期收到的原保险合同保费取得的现金净额。它包括本期收到的原保险保费收入、本期收到的前期应收原保险保费、本期预收的原保险保费和本期代其他企业收取的原保险保费，扣除本期保险合同提前解除以现金支付的退保费。本项目应根据“库存现金”、“银行存款”、“应收账款”、“预收账款”、“保费收入”等科目的记录分析填列。

(2)“收到再保业务现金净额”项目，反映保险公司本期从事再保险业务实际收支的现金净额。本项目可以根据“银行存款”、“应收分保账款”、“应付分保账款”等科目的记录分析填列。

(3)“支付原保险合同赔付款项的现金”项目，反映保险公司本期实际支付原保险合同赔付的现金。本项目应根据“赔付支出”等科目的记录分析填列。

(4)“保户储金及投资款净增加额”项目，反映保险公司向投保人收取的以储金利息作为保费收入的储金，以及以投资收益作为保费收入的投资保障型保险业务的投资本金，减去保险公司向投保人返还的储金和投资本金后的净额。本项目可以根据“库存现金”、“银行存款”、“保户储金”、“应收保户储金”等科目的记录分析填列。

(5)“支付手续费及佣金的现金”项目，反映保险公司本期实际支付的手续费及佣金等现金。本项目应根据“应付账款”、“手续费及佣金支出”等科目的记录分析填列。

(6)“质押贷款净增加额”项目，反映保险公司本期发放保户质押贷款的现金净额。本项目可以根据“贷款”、“银行存款”等科目的记录分析填列。

(7) 保险公司可以单独设置“处置损余物资收到的现金净额”和“代位追偿款收到的现金”等项目，或者在“收到的其他与经营活动有关的现金”项目中反映。

保险公司的所有者权益变动表，比照商业银行格式。

二、保险公司财务会计报告的具体格式

保险公司的资产负债表见表 8-1。

表 8-1　资产负债表

会保 01 表

编制单位：　　　　　　　　　　　　　　　　____年____月____日　　　　　　　　　　　单位：元

资　　产	期末余额	年初余额	负债和所有者权益（或股东权益）	期末余额	年初余额
资产：			负债：		
货币资金			短期借款		
拆出资金			拆入资金		
交易性金融资产			交易性金融负债		
衍生金融资产			衍生金融负债		
买入返售金融资产			卖出回购金融资产款		
应收利息			预收保费		
应收保费			应付手续费及佣金		
应收代位追偿款			应付分保账款		
应收分保账款			应付职工薪酬		
应收分保未到期责任准备金			应交税费		
应收分保未决赔款准备金			应付赔付款		
应收分保寿险责任准备金			应付保单红利		
应收分保长期健康险责任准备金			保户储金及投资款		
保户质押贷款			未到期责任准备金		
定期存款			未决赔款准备金		
可供出售金融资产			寿险责任准备金		
持有至到期投资			长期健康险责任准备金		
长期股权投资			长期借款		
存出资本保证金			应付债券		
投资性房地产			独立账户负债		
固定资产			递延所得税负债		
无形资产			其他负债		
独立账户资产			负债合计		
递延所得税资产			所有者权益（或股东权益）：		
其他资产			实收资本（或股本）		
			资本公积		
			减：库存股		
			盈余公积		
			一般风险准备		
			未分配利润		
			所有者权益（或股东权益）合计		
资产总计			负债和所有者权益（或股东权益）总计		

保险公司的利润表见表8-2。

表8-2　利　润　表

会保02表

编制单位：　　　　　　　　＿＿＿＿年＿＿＿月　　　　　　　　单位：元

项　　目	本期金额	上期金额
一、营业收入		
已赚保费		
保险业务收入		
其中：分保费收入		
减：分出保费		
提取未到期责任准备金		
投资收益（损失以“－”号填列）		
其中：对联营企业和合营企业的投资收益		
公允价值变动收益（损失以“－”号填列）		
汇兑收益（损失以“－”号填列）		
其他业务收入		
二、营业支出		
退保金		
赔付支出		
减：摊回赔付支出		
提取保险责任准备金		
减：摊回保险责任准备金		
保单红利支出		
分保费用		
营业税金及附加		
手续费及佣金支出		
业务及管理费		
减：摊回分保费用		
其他业务成本		
资产减值损失		
三、营业利润（亏损以“－”号填列）		
加：营业外收入		
减：营业外支出		
四、利润总额（亏损总额以“－”号填列）		
减：所得税费用		
五、净利润（净亏损以“－”号填列）		
六、每股收益：		
（一）基本每股收益		
（二）稀释每股收益		

三、保险公司报表附注

保险公司应当按照规定披露附注信息，主要包括下列内容：

（一）保险公司的基本情况

（二）财务报表的编制基础

（三）遵循企业会计准则的声明

（四）重要会计政策和会计估计

（五）会计政策和会计估计变更以及差错更正的说明

以上（一）~（五）项，应当比照一般企业进行披露。

（六）报表重要项目的说明

（1）应收保费账龄结构的披露格式见表8-3。

表8-3 应收保费账龄结构的披露

账　　龄	期末账面余额	年初账面余额
3个月以内(含3个月)		
3个月至1年(含1年)		
1年以上		
合计		

（2）应收代位追偿款。

1）应收代位追偿款账龄结构的披露格式见表8-4。

表8-4 应收代位追偿款账龄结构的披露

账　　龄	期末账面余额	年初账面余额
1个月以内(含1个月)		
1个月至3个月(含3个月)		
3个月至1年(含1年)		
1年以上		
合计		

2）金额重大代位追偿款产生的原因和未确认的理由。

（3）定期存款的披露格式见表8-5。

表8-5 定期存款的披露

到期期限	期末账面余额	年初账面余额
1个月至3个月(含3个月)		
3个月至1年(含1年)		
1年至2年(含2年)		

（续）

到期期限	期末账面余额	年初账面余额
2年至3年(含3年)		
3年至4年(含4年)		
4年至5年(含5年)		
5年以上		
合计		

债券投资到期期限结构，比照上述格式披露。

（4）其他资产的披露格式见表8-6。

表8-6 其他资产的披露

项　目	期末账面价值	年初账面价值
应收股利		
损余物资		
⋮		
其他		
合计		

注：损余物资产生的原因、所处置损余物资的账面价值、实现的损益，应同时予以披露。

（5）保户储金（或保户投资款）的披露格式见表8-7。

表8-7 保户储金（或保户投资款）的披露

到期期限	期末账面余额	年初账面余额
1年以内(含1年)		
1年至3年(含3年)		
3年至5年(含5年)		
5年以上		
合计		

（6）保险合同准备金。

1）保险合同准备金增减变动情况的披露格式见表8-8。

表 8-8 保险合同准备金增减变动情况的披露

项　　目	年初账面余额	本期增加额	本期减少额				期末账面余额
			赔付款项	提前解除	其他	合计	
未到期责任准备金 原保险合同 再保险合同							
未决赔款准备金 原保险合同 再保险合同							
寿险责任准备金 原保险合同 再保险合同							
长期健康险责任准备金 原保险合同 再保险合同							
合计							

2）保险合同准备金未到期期限的披露格式见表 8-9。

表 8-9 保险合同准备金未到期期限的披露

项　　目	期末账面余额		年初账面余额	
	1 年以下（含 1 年）	1 年以上	1 年以下（含 1 年）	1 年以上
未到期责任准备金 原保险合同 再保险合同				
未决赔款准备金 原保险合同 再保险合同				
寿险责任准备金 原保险合同 再保险合同				
长期健康险责任准备金 原保险合同 再保险合同				
合计				

3）原保险合同未决赔款准备金的披露格式见表8-10。

表8-10　原保险合同未决赔款准备金的披露

未决赔款准备金	期末账面余额	年初账面余额
已发生已报案未决赔款准备金		
已发生未报案未决赔款准备金		
理赔费用准备金		
合计		

（7）其他负债的披露格式见表8-11。

表8-11　其他负债的披露

项　　目	期末账面余额	年初账面余额
应付利息		
⋮		
合计		

（8）企业应当分别按原保险合同和再保险合同披露提取未到期责任准备金的本期发生额和上期发生额。

（9）赔付支出。

1）赔付支出按保险合同列示的披露格式见表8-12。

表8-12　赔付支出按保险合同列示的披露

项　　目	本期发生额	上期发生额
原保险合同		
再保险合同		
合计		

2）赔付支出按内容列示的披露格式见表8-13。

表8-13　赔付支出按内容列示的披露

项　　目	本期发生额	上期发生额
赔款支出		
满期给付		
年金给付		
死伤医疗给付		
⋮		
合计		

（10）提取保险责任准备金。

1）提取保险责任准备金按保险合同列示的披露格式见表8-14。

表8-14 提取保险责任准备金按保险合同列示的披露

项　目	本期发生额	上期发生额
提取未决赔款准备金 原保险合同 再保险合同		
提取寿险责任准备金 原保险合同 再保险合同		
提取长期健康险责任准备金 原保险合同 再保险合同		
合计		

2）提取原保险合同未决赔款准备金按构成内容列示的披露格式见表8-15。

表8-15 提取原保险合同未决赔款准备金按构成内容列示的披露

提取未决赔款准备金	本期发生额	上期发生额
已发生已报案未决赔款准备金		
已发生未报案未决赔款准备金		
理赔费用准备金		
合计		

（11）摊回保险责任准备金的披露格式见表8-16。

表8-16 摊回保险责任准备金的披露

项　目	本期发生额	上期发生额
摊回未决赔款准备金		
摊回寿险责任准备金		
摊回长期健康险责任准备金		
合计		

（12）分部报告。

1）主要报告形式是业务分部的披露格式见表8-17。

表 8-17 主要报告形式是业务分部的披露

项目	××业务		××业务		…	其他		抵销		合计	
	本期	上期	本期	上期		本期	上期	本期	上期	本期	上期
一、营业收入											
二、营业费用											
三、营业利润(亏损)											
四、资产总额											
五、负债总额											
六、补充信息											
1. 折旧和摊销费用											
2. 资本性支出											
3. 折旧和摊销以外的非现金费用											

注：主要报告形式是地区分部的，比照业务分部格式进行披露。

2）在主要报告形式的基础上，对于次要报告形式，企业还应披露对外交易收入、分部资产总额。

（13）投资连结产品。

1）投资连结产品基本情况，包括名称、设立时间、账户特征、投资组合规定、投资风险等。

2）独立账户单位数及每一独立账户单位净资产。

3）独立账户的投资组合情况。

4）风险保费、独立账户管理费计提情况。

5）投资连结产品采用的主要会计政策。

6）独立账户资产的估值原则。

（14）除以上项目以外的其他项目，应当比照商业银行进行披露。

（七）或有事项

比照商业银行进行披露。

（八）资产负债表日后事项

比照商业银行进行披露。

（九）关联方关系及其交易

比照商业银行进行披露。

（十）风险管理

1. 保险风险

（1）风险管理目标和减轻风险的政策。

1）管理资产负债的技术，包括保持偿付能力的方法等。

2）选择和接受可承保保险风险的政策，包括确定可接受风险的范围和水平等。

3）评估和监控保险风险的方法，包括内部风险计量模型、敏感性分析等。

4）限制和转移保险风险的方法，包括共同保险、再保险等。

（2）保险风险类型。

1）保险风险的内容。

2）减轻保险风险的因素及程度，包括再保险等。

3）可能引起现金流量发生变动的因素。

（3）保险风险集中度。

1）保险风险集中的险种。

2）保险风险集中的地域。

（4）不考虑分出业务的索赔进展信息的披露格式见表 8-18。

表 8-18　不考虑分出业务的索赔进展信息的披露

项　目	前四年	前三年	前二年	前一年	本年	合计
本年末累计赔付款项估计额						
一年后累计赔付款项估计额						
二年后累计赔付款项估计额						
三年后累计赔付款项估计额						
四年后累计赔付款项估计额						
累计赔付款项估计额						
累计支付的赔付款项						
以前期间调整额						
尚未支付的赔付款项						

扣除分出业务后的索赔进展信息，比照上述不考虑分出业务的索赔进展信息的格式进行披露。

（5）与保险合同有关的重大假设。

1）重大假设，包括死亡率、发病率、退保率、投资收益率等。

2）对假设具有重大影响的数据的来源。

3）假设变动的影响及敏感性分析。

4）影响假设不确定性的事项和程度。

5）不同假设之间的关系。

6）描述过去的经验和当前情况。

7）假设与可观察到的市场价格或其他公开信息的符合程度。

2. 除保险风险以外的其他风险

除保险风险以外的其他风险，应当比照商业银行进行披露。

第九章　证券公司的会计核算

第一节　证券公司会计概述

一、证券公司及其业务类别

证券公司是专门从事有价证券买卖的法人企业，通常可简称为券商。根据《中华人民共和国证券法》的规定，证券公司是依照《中华人民共和国公司法》的规定，经国务院证券监督管理机关审查批准设立的从事证券经营业务的有限责任公司或者股份有限公司。证券公司承担着证券代理发行、证券代理买卖、资产管理以及证券咨询等重要职能，始终是证券市场上最重要的中介机构，同时也是证券市场的主要参与者。为强化对证券市场中作为重要中介机构力量的证券公司业务活动的监管，国家规定了不同的证券公司，设立条件不同，其经营业务的范围也不同。根据《中华人民共和国证券法》的规定，我国对证券公司实行分类管理，即分为综合类证券公司和经纪类证券公司。综合类证券公司的证券业务，可以覆盖证券经纪业务、证券自营业务、证券承销业务和经国务院证券监督管理机构核定的其他证券业务四种；而经纪类证券公司只允许专门从事证券经纪业务，即只能从事代理客户买卖股票、基金、可转换企业证券、认股权证等业务。

（一）证券承销业务

证券承销业务是指证券公司代理证券发行人面向投资人发行证券的行为。它是综合类证券公司的一项主要业务。在证券承销与发行过程中，证券公司需要就证券发行的种类、时间、条件等对发行公司提出建议。承销的关键环节是签订承销协议或合同，确定承销方式。承销方式主要有两种：包销和代销。包销是指证券公司将发行人的证券按照协议全部按承销价付款买进，然后再按发行价卖出，或在承销期结束时，将售后剩余证券全部自行购入的承销方式；代销是指证券公司代发行人发售证券，在发行期结束后，将未售出的证券全部退还给发行人或包销人的承销方式。很显然，包销方式下，证券公司要承担全部发行风险，这比较适用于发行金额大、急需用款、效益信誉都非常好的发行人。如果一家公司证券发行规模较大，单一证券公司的实力难以承担承销责任，可以若干家证券公司组成承销团，其中有一家证券公司任主承销商，并联合其他副主承销商或分销商共同承销。

（二）证券自营业务

证券自营业务是指证券公司从事自身投资的行为，即为本公司买卖证券谋取差价并承担相应风险的行为。证券公司的业务中，一方面是证券买入者，以自有资金和自身账户参与证券市场交易；另一方面又充当卖出者，卖出属于自己所有的证券，并赚取收益。由于证券市场的高收益性和高风险性，证券公司的自营业务具有一定的投机性、风险较大。证券公司的自营业务有利于维护证券市场交易的连续性，但是由于公司在交易成本、资金实力和获取信息的便利条件等方面都比投资大众占有优势，因此在自营活动中容易存在操纵市场和内幕交易等不正当行为。为此，许多国家都制定了专门的法律法规，对证券公司的自营业务进行严格管理。

（三）证券经纪业务

证券经纪业务又称代理买卖证券业务，是指证券公司接受客户委托代客买卖有价证券的行为。证券经纪业务是证券公司最基本的一项业务。证券公司作为中介人，代为办理证券买卖，根据委托人对证券品种、价格和交易数量的明确委托来承办证券交易。这个委托办理的过程包括办理股东账户、开户、委托和交割四个环节。在经纪业务中，证券公司应恪守代理性、效率性，并遵循公开、公平、公正原则。代理性强调证券公司必须严格遵守法律法规的禁止性规定，不能受理法律法规所禁止的证券交易参与者的委托，也不能受理全权选择证券种类、数量、价格、方向等的交易委托，始终恪守职能承担代理责任，无权参与买卖盈亏分成。效率性强调证券公司在经纪业务时要注意效率，因为证券市场上行情瞬息万变，分秒之差就可能会给委托客户造成损失。而三公原则则主要强调证券公司在开展证券经纪业务时必须做到资料、委托价格、成交的情况公开和交易的结果公开。

（四）其他证券业务

其他证券业务是指证券公司经批准在国家允许的范围内，进行的除承销业务、自营业务和经纪业务以外的证券相关业务，如受托资产管理业务、买入返售证券业务、卖出回购证券业务和投资顾问业务等。

1. 受托投资管理业务

证券公司根据相关法律法规和投资委托人的投资意愿，作为受托投资管理人，与委托人签订受托投资管理合同，用委托人委托的资产在证券市场上购买股票、债券等金融工具的投资组合，以实现委托资产收益最大化。在受托资产管理业务中，委托人委托管理的资产必须是货币资金或是在合法的证券交易托管登记系统中的证券。受托人应将货币资金形式的受托投资按照客户交易结算资金存管方式进行管理。另外，证券公司从事受托资产管理业务，应当取得监管机关批准的受托投资管理业务资格。

2. 买入返售证券业务

买入返售证券业务是指证券公司与全国银行间同业市场其他成员以合同或协议的方式，按一定的价格买入证券，到期日再按合同或协议规定的价格卖出该批证券，以获取买入价与卖出价差价收入的业务。

3. 卖出回购证券业务

卖出回购证券业务是指证券公司根据与客户的协议或合同规定，先向客户卖出证券，在协议的期限到期后，再以协议规定的买入价将证券从客户处买回，证券公司以卖出价与买入价的价差支出获得资金的使用。

4. 投资顾问业务

证券公司作为股权市场、产权市场上进行公司并购活动的专业顾问，可以辅助客户物色适合的兼并与收购目标公司，设计并购方案，代表客户接洽目标公司，也可以帮助目标公司设计防卫措施，抵御敌意收购。这项投资顾问业务已经成为许多证券公司的重要经营项目，能够全方位地扩展证券公司的经营领域。

二、证券公司会计及其科目设置

证券公司是专门经营证券业务的金融机构。证券公司的经营活动是否规范，财务状况是否稳定，经营成果是否良好，现金流量是否正常，关系到证券市场能否健康稳定的发展。同时，会计作为一项经济管理工作，是证券公司加强经营管理必不可少的。随着我国证券公司这一金融企业群体的日益壮大，财政部于1999年专门制定印发了《证券公司会计制度——会计科目和会计报表》，并要求证券公司于2000年起实施。在执行过程中，随着证券公司业务的不断创新和统一会计制度的条件逐渐成熟，从2003年开始，证券公司开始执行统一的《金融企业会计制度》。近年来，在我国资本市场与金融市场进一步融合、共同发展的进程中，我国会计准则也加快了与国际会计准则的趋同化建设。财政部于2006年正式颁布了新的企业会计准则体系，要求包括证券公司在内的各类企业都要分步执行统一的《企业会计准则》，同时根据《<企业会计准则第30号——财务报表列报>应用指南》的统一规定，证券公司拥有专门为其量身定做的财务报表体系，该体系作为与一般企业、商业银行、保险公司并驾齐驱的四类报表系列之一，充分体现了证券公司在会计确认、计量与报告方面的独特性。

根据《企业会计准则》的规定，目前，证券公司的专用型会计科目主要包括以下几个：

（一）“结算备付金”科目

“结算备付金”科目属于资产类科目，专门用于证券公司为证券交易的资金清算与交收而存入指定清算代理机构的款项。证券公司向客户收取的结算手续费、向证券交易所支付的结算手续费，也通过本科目核算，而因证券交易与清算代理机构办理资金清算的款项等，可以单独设置“证券清算款”科目。本科目可按清算代理机构，分别按“自有”、“客户”等进行明细核算。企业将款项存入清算代理机构，借记本科目，贷记“银行存款”等科目；从清算代理机构划回资金作相反的会计分录。接受客户委托，买入证券成交总额大于卖出证券成交总额的，应按买卖证券成交价的差额加上代扣代交的相关税费和应向客户收取的佣金等之和，借记“代理买卖证券款”等科目，贷记本科目（客户）、“银行存款”等科目。按企业应负担的交易费用，借记“手续费及佣金支出”科目，按应向客户收取的手续费及佣金，贷记“手续费及佣金收入”科目，按其差额，借记本科目（自有）、“银行存款”等科目。接受客户委托，卖出证券成交总额大于买入证券成交总额的，应按买卖证券成交价的差额减去代扣代交的相关税费和应向客户收取的佣金等后的余额，借记本科目（自有）、“银行存款”等科目。在证券交易所进行自营证券交易的，应在取得时根据持有证券的意图等对其进行分类，比照“交易性金融资产”、“持有至到期投资”、“可供出售金融资产”等科目的相关规定进行处理。本科目期末借方余额，反映企业存在指定清算代理机构的款项。

（二）“代理兑付证券”科目

“代理兑付证券”科目属于资产类科目，核算证券公司接受委托，代理兑付到期的债券而付出的款项，应按委托单位和证券种类设置明细账。委托单位尚未拨付兑付资金而由企业垫付的，在收到客户交来的证券时，应按兑付金额，借记本科目，贷记“银行存款”等科目。向委托单位交回已兑付的证券并收回垫付的资金时，借记“银行存款”等科目，贷记本科目。收到客户交来的无记名证券时，应按兑付金额，借记本科目，贷记“库存现金”、“银行存款”等科目。向委托单位交回已兑付的证券时，借记“代理兑付证券款”科目，贷记本科目。本科目期末借方余额，反映企业已兑付但尚未收到委托单位兑付资金的证券金额。

（三）“代理买卖证券款”科目

“代理买卖证券款”科目属于负债类科目，用于核算证券公司接受客户委托，代客户买卖股票、债券和其他有价证券，由客户交存的款项。证券公司代客户认购新股的款项、代理客户领取的现金股利和证券利息、代客户向证券交易所支付的配股款等，也在本科目中核算。本科目按客户名称类别等设置明细账。企业收到客户交来的款项，借记“银行存款——客户”等科目，贷记本科目；客户提取存款作相反的会计分录。接受客户委托，买入证券成交总额大于卖出证券成交总额的，应按买卖证券成交价的差额加上代扣代交的相关税费和应向客户收取的佣金等之和，借记本科目等，贷记“结算备付金——客户”、“银行存款”等科目。接受客户委托，卖出证券成交总额大于买入证券成交总额的，应按买卖证券成交价的差额减去代扣代交的相关税费和应向客户收取的佣金等后的余额，借记“结算备付金——客户”、“银行存款”等科目，贷记本科目。代理客户认购新股，收到客户交来的认购款项，借记“银行存款——客户”等科目，贷记本科目。将款项划付证券交易所，借记“结算备付金——客户”科目，贷记“银行存款——客户”科目。客户办理申购手续，按实际支付的金额，借记本科目，贷记“结算备付金——客户”科目。证券交易所完成中签认定工作，将未中签资金退给客户时，借记“结算备付金——客户”科目，贷记本科目。企业将未中签的款项划回，借记“银行存款——客户”科目，贷记“结算备付金——客户”科目。企业将未中签的款项退给客户，借记本科目，贷记“银行存款——客户”科目。代理客户办理配股业务，采用当日向证券交易所交纳配股款的，当客户提出配股要求时，借记本科目，贷记“结算备付金——客户”科目；采用定期向证券交易所交纳配股款的，在客户提出配股要求时，借记本科目，贷记“其他应付款——应付客户配股款”科目。与证券交易所清算配股款时，按配股金额，借记“其他应付款——应付客户配股款”科目，贷记“结算备付金——客户”科目。本科目期末借方余额，反映企业接受客户存放的代理买卖证券的资金。

（四）“代理承销证券款”科目

“代理承销证券款”科目属于负债类科目，专门核算证券公司接受委托，采用承购包销方式或代销方式承销证券所形成的、应付证券发行人的承销资金。本科目可按委托单位和证券种类进行明细核算。证券公司承销记名证券时，通过证券交易所网上发行的，在证券上网发行日根据承销合同确认的证券发行总额，按承销价款，在备查簿中记录承销证券的情况。与证券交易所交割清算，按实际收到的金额，借记“结算备付金”科目，贷记本科目。承销期结束，将承销证券款项交付委托单位并收取承销手续费，按承销价款，借记本科目，按应收取的承销手续费，贷记“手续费及佣金收入”科目，按实际支付给委托单位的金额，贷记“银行存款”等科目。承销期结束有未售出证券、采用余额承购包销方式承销证券的，按合同规定由企业认购，应按承销价款，借记“交易性金融资产”、“可供出售金融资产”等科目，贷记本科目。承销期结束，应将未售出证券退还委托单位。如果证券公司承销无记名证券，比照承销记名证券的相关规定进行处理。本科目期末贷方余额，反映证券公司承销证券应付未付给委托单位的款项。

同时，还可以根据证券公司业务需要设立属于资产类科目的“代理承销证券”科目。“代理承销证券”科目用于核算证券公司采用全额承购包销方式接受委托代理发行的股票、债券等证券的承购价值。本科目属于资产类科目，借方登记代理承销证券时的承购价，贷方登记发行期结束后结转的已销售代理承销证券的成本、未售出证券转为自营金融资产的成本。本科目期末借方余额反映证券公司尚未售出的代理承销证券的价值。本科目应按委托单位和代发行证券的种类设置明细账。

（五）“代理兑付证券款”科目

“代理兑付证券款”科目属于负债类科目，核算证券公司接受委托代理兑付证券收到的兑付资金。可按委托单位和证券种类进行明细核算。证券公司兑付记名证券，收到委托单位的兑付资金，借记“银行存款”等科目，贷记本科目。收到客户交来的证券，按兑付金额，借记本科目，贷记“库存现金”、“银行存款”等科目。兑付无记名证券的，还应通过“代理兑付证券”科目核算。收取代理兑付证券手续费收入，向委托单位单独收取的，按应收或已收取的手续费，借记“应收手续费及佣金”等科目，贷记“手续费及佣金收入”科目。手续费与兑付款一并汇入的，在收到款项时，应按实际收到的金额，借记“结算备付金”等科目，按应兑付的金额，贷记本科目，按事先取得的手续费，贷记“其他应收款——预收代理兑付证券手续费”科目。兑付证券业务完成后确认手续费收入，借记“其他应付款——预收代理兑付证券手续费”科目，贷记“手续费及佣金收入”科目。本科目期末贷方余额，反映企业已收到但尚未兑付的代理兑付证券款项。

（六）“手续费及佣金收入”科目

“手续费及佣金收入”科目属于损益类科目，在本科目下应单独设立“代理承销手续费收入”明细账，核算证券公司采用全额承购包销方式代理发行证券的发行收入、采用代销方式和余额承购包销方式代理发行证券收取的手续费收入。会计期末，本科目余额结转“本年利润”后应无余额。

第二节　证券公司承销业务的核算

按照证券公司承销业务的具体实质性条款划分，可分为全额包销、余额包销和代销三种。

一、全额包销方式证券承销业务的核算

全额包销是指证券公司与证券发行单位签订合同或协议，由证券公司按合同或协议确定的价格将证券从发行单位购进，并当即与发行单位结清全部款项，然后再按市场条件转售给投资者。采用此种方式，证券公司要承担全部发行风险，但可确保发行单位及时获得所需的资金。证券公司向发行单位承购证券的价格可能低于、等于或高于证券面值，由双方在协议里确定，但发售价格由证券公司确定，发行单位原则上不干预。证券公司以全额包销方式进行承销业务的，应在按承购价格购入待发售的证券时，确认为一项资产记入“代理承销证券”科目；证券公司将证券转售给投资者时，按发行价格确认为证券发行收入，按已发行证

券的承购价格结转待发行证券的成本。发行期结束后，如有未售出的证券，应按承购价格转为证券公司自己投资的金融资产管理。

（一）认购证券环节

先将证券全部认购，并向发行单位支付全部证券款项，按承购价作如下会计分录：

借：代理承销证券

　　贷：银行存款

（二）发售证券环节

按承销价将证券转售给投资者，承销价与承购价之间的差额记作手续费及佣金收入。其会计分录如下：

借：银行存款

　　贷：代理承销证券

　　　　手续费及佣金收入——代理承销手续费收入

（三）剩余归己

发行期结束，将未售出的证券转为证券公司的金融资产管理，证券公司需要根据金融资产的性质及本公司管理部门的持有意图与管理策略，将其分别归类为“交易性金融资产”、“可供出售金融资产”等进行记账和管理。未售出的证券按承购价记入证券公司的金融资产，会计分录如下：

借：交易性金融资产或可供出售金融资产

　　贷：代理承销证券

例1：S证券有限公司与客户公司签订协议，采用全额承购包销方式承销该公司发行的股票6 000万元，股票面值为1元，共发行6 000万股，证券公司承购价为2.24元/股，对外承销价为2.40元/股，发行期为20天，预计最后剩余100万股。

（1）证券公司付清全款，客户将股票交给证券公司全额承购，证券公司的会计分录如下：

借：代理承销证券	134 400 000	
贷：银行存款		134 400 000

（2）发行期内，按承销价将证券转售给投资者，会计分录如下：

借：银行存款	141 600 000	
贷：代理承销证券		132 160 000
手续费及佣金收入——代理承销证券手续费收入		9 440 000

（3）期末，将到期尚未实现对外发行的部分按照承购价格转作公司自身的金融资产。

借：交易性金融资产	2 240 000	

贷：代理承销证券 2 240 000

二、余额包销方式证券承销业务的核算

余额包销方式是指证券公司与委托发行单位签订合同或协议，由证券公司代委托单位发行证券，证券发行期内未售出的证券，一般由证券公司购入作为长期投资或自营证券。证券公司以余额包销方式进行承销业务的，应在收到代发行单位发售的证券时，按委托方约定的发行价格同时确认为一项资产和一项负债；发行期结束后，如有未售出的证券，应按约定的发行价转为公司的自营证券或长期投资；代发行证券的手续费收入，应在发行期结束后，与发行单位结算发行价款时确认收入。

（1）收到委托单位委托发行的证券时，应在备查账簿中记录承销证券的情况，不必编制会计分录。

（2）在约定的期限内售出证券时，按承销价格作如下会计分录：

借：银行存款

贷：代理承销证券款

（3）承销期结束，将募集资金付给委托单位并收取手续费，作如下会计分录：

借：代理承销证券款

贷：银行存款

手续费及佣金收入——代理承销证券手续费收入

（4）冲销备查簿中登记的承销证券。

（5）承销期结束时如有未售出的证券，采用余额包销方式承销证券的证券公司，要依据合同规定按照承销价格进行认购，把未售出的证券转为公司的金融资产管理。证券公司需要根据金融资产的性质及在本公司的用途，将其归类为“交易性金融资产”、“可供出售金融资产”等进行记账和管理。其会计分录如下：

借：交易性金融资产或可供出售金融资产

贷：代理承销证券款

例2：S证券有限公司与客户签订合同，采用余额包销方式代客户公司发行股票。客户公司交来股票4 000万股，每股面值1元，公司对外承销价为2元/股，代发行手续费为0.2%。发行期结束时尚有100万股未售出，公司约定的承销价为2元/股，公司将其转作交易性金融资产处理。

（1）在承接环节，客户交来代发行股票时，证券公司在备查簿中记录待承销证券的情况。

（2）在销售环节，承销证券时，证券公司的会计分录如下：

借：银行存款 78 000 000

贷：代理承销证券款　　　　　　　　　　　　78 000 000

（3）在清理阶段，承销期结束后，尚未售出的100万股转作公司的交易性金融资产处理，会计分录如下：

借：交易性金融资产　　　　　　　　　　　2 000 000

贷：代理承销证券款　　　　　　　　　　　2 000 000

（4）将代发行证券交给客户，并从中扣取手续费160 000，会计分录如下：

借：代理承销证券款　　　　　　　　　　80 000 000

贷：银行存款　　　　　　　　　　　　　79 840 000

手续费及佣金收入——代理承销证券手续费收入　　160 000

三、代销方式证券承销业务的核算

代销方式是指证券公司接受发行单位委托，按照规定的条件，在约定的期限内，代为向社会销售证券，发行期结束，如果证券未按原定计划发行出售，未售部分仍退回发行单位，代销证券的证券公司向委托人收取手续费，不承担任何发行风险。证券公司以代销方式经办承销业务的，应在收到代发行人发售的证券时，按委托方约定的发行价格同时确认一项资产和一项负债；代发行证券的手续费收入，应于发行期结束后，与发行人结算发行价款时确认收入。采用代销方式代理发行证券（记名证券），主要有网上代销和柜台代销两种。

（一）网上代销

具体账务处理如下：

（1）通过证券交易所网上发行的，在证券上网发行日根据承销合同确认的证券发行总额，按承销价格，在备查簿中记录承销证券的情况。

（2）网上发行结束后，与证券交易所交割清算，按网上发行数量和发行价格计算的发行款项扣除上网费用，作会计分录如下：

借：结算备付金

其他应收款——应收代垫委托单位上网费

贷：代理承销证券款

（3）将发行证券款交给委托单位，并收取发行手续费和代垫的上网费用，会计分录如下：

借：代理承销证券款

贷：其他应收款——应收代垫委托单位上网费

结算备付金

手续费及佣金收入——代理承销证券手续费收入

同时，冲销备查簿中登记的承销证券。

（4）承销期结束如有未售出的证券，则将未售出的证券退还委托单位。

（二）柜台代理

具体账务处理如下：

（1）通过柜台代理发行证券的，收到委托单位委托发行的证券时，按约定的承销价格，在备查账簿中记录承销证券的情况。

（2）证券售出，按承销价格作如下会计分录：

借：银行存款

　　贷：代理承销证券款

（3）将发行证券款交给委托单位，收取发行手续费，会计分录如下：

借：代理承销证券款

　　贷：银行存款

　　　　手续费及佣金收入——代理承销证券手续费收入

（4）发行期结束，将未售出的代理承销证券退还委托单位，冲销备查簿中登记的承销证券。

例 3： S 证券公司与某上市公司签订协议，代理销售其通过证券交易所上网发行的股票 200 万元。承销期内，S 证券公司为客户代垫了上网费 2 万元，发行期结束时全部售出，按合同规定扣取手续费 4 万元，将所筹集资金交给客户。

（1）在证券上网发行日，根据承销合同确认的证券发行总额，按承销价格，在备查簿中记录承销证券的情况。

（2）在网上发行结束后，与证券交易所交割清算。S 证券公司的会计分录如下：

借：结算备付金	1 980 000	
其他应收款——应收代垫委托单位上网费	20 000	
贷：代理承销证券款		2 000 000

（3）发行期结束后，从代理承销证券款中扣取手续费 4 万元及代垫的上网费用 2 万元，将所筹集资金交给客户，会计分录如下：

借：代理承销证券款	2 000 000	
贷：其他应收款——应收代垫委托单位上网费		20 000
手续费及佣金收入——代理承销证券手续费收入		40 000
结算备付金		1 940 000

（4）将清算资金如数划转至发行公司时，会计分录如下：

借：结算备付金	1 940 000	
贷：银行存款		1 940 000

第三节　证券公司自营业务的核算

证券公司取得自营业务和承销业务的资格后，就可以依法开展自营业务或承销业务，以获取相应的差价收入和手续费收入，这是综合类证券公司的特有业务。证券公司如果只有经纪类许可证，则不得从事自营和承销等业务，只能从事证券经纪业务。证券公司从事自营业务，必须用证券公司自有资金和依法筹集的资金，以自己的名义和账户在证券交易所或场外交易市场买卖各种证券。自营业务的会计核算包括自营股票、自营债券、自营基金、可转换债券、认股权证等的买入、卖出和期末计价。

一、自营证券买入与持有期间业务的核算

（一）自营非新股证券

（1）证券公司在证券交易所办理自营证券业务时，应该在证券交易所开设清算资金账户。当划出资金时，会计分录如下：

借：结算备付金

　　贷：银行存款

（2）证券公司买入证券时，按照清算日买入证券的公允成交价格即公允价值入账，会计分录如下：

借：交易性金融资产——成本

　　贷：结算备付金

（3）如果证券公司购进证券支付的价款中，包含已到付息期但尚未领取的利息或已宣告但尚未发放的现金股利，则会计分录如下：

借：交易性金融资产——成本

　　应收利息

　　贷：结算备付金

（4）证券公司因持有股票而分得的股票股利（也称为送股），应于股权登记日，根据本公司持有股数和送股比例，计算确定本公司分得的股票股利数量，在交易性金融资产“数量”栏中登记。

（5）证券公司自营股票持有期间取得现金股利的会计分录如下：

借：结算备付金

　　贷：投资收益

（6）证券公司自营买入的分期付息、到期还本的债券，持有期间分期取得的利息，应按实际利率计算的金额计入当期损益，会计分录如下：

借：结算备付金（或银行存款）

　　贷：投资收益

例4：S证券有限公司从证券交易所自营购入P公司股票200 000股，每股市价24元，相关的交易费用为20 000元。其会计分录如下：

借：交易性金融资产——P公司股票——成本　　4 800 000

　　投资收益　　20 000

贷：结算备付金 4 820 000

例5：S证券有限公司持有Q公司股票60 000股。2009年4月15日，Q公司宣告发放2008年现金股利30 000元，2009年4月20日，S证券公司收到Q公司发放的现金股利30 000元。其会计分录如下：

（1）2009年4月15日（宣告日）：

借：应收股利 30 000

贷：投资收益 30 000

（2）2009年4月20日（派息日）：

借：结算备付金 30 000

贷：应收股利 30 000

（二）自营认购新股

（1）网上认购新股。证券公司通过网上认购新股，申购款被证券交易所从账户中划出并冻结时，会计分录如下：

借：其他应收款——应收认购新股占用款

贷：结算备付金

认购新股中签，与证券交易所结算中签款项时，按中签的股票的公允价值入账，会计分录如下：

借：交易性金融资产——成本

贷：其他应收款——应收认购新股占用款

同时，退回的未中签款项的会计分录如下：

借：结算备付金

贷：其他应收款——应收认购新股占用款

（2）网下认购新股。其会计分录与网上认购有所不同：

借：其他应收款——应收认购新股占用款

贷：银行存款

认购新股中签，与证券交易所结算中签款项时，按中签的股票的公允价值入账，会计分录如下：

借：交易性金融资产——成本

贷：其他应收款——应收认购新股占用款

退回的未中签款项，会计分录为：

借：银行存款

贷：其他应收款——应收认购新股占用款

例6：S证券有限公司通过网上认购R公司发行的新股。证券交易所从该公司的账户中划出200 000元作为申购款，中签款项为120 000元。

（1）划拨申购款，会计分录如下：

借：其他应收款——应收认购新股占用款　　200 000
　　贷：结算备付金　　200 000

（2）中签认购新股，会计分录如下：

借：交易性金融资产——R 公司股票——成本　　120 000
　　贷：其他应收款——应收认购新股占用款　　120 000

（3）退回未中签的申购款项，会计分录如下：

借：结算备付金　　80 000
　　贷：其他应收款——应收认购新股占用款　　80 000

二、自营证券的期末核算

证券公司自营证券的期末核算是指期末自营证券在资产负债表上反映的价值处理，是期末自营证券的账面价值核算。资产负债表日，证券公司按持有的自营证券的公允价值与其账面余额的差额，直接计入当期损益。证券公司自营证券的期末账面余额的计算，可以采用加权平均法、先进先出法等方法。自营证券的计价方法一经确定，不得随意改变。在实际工作中，证券公司购入证券是分批进行的，各批购入的自营证券的实际成本并不相同，必须按专门的方法计算各种证券的期末账面余额。

期末，证券公司持有的自营证券，公允价值大于账面余额的，会计分录如下：

借：交易性金融资产——公允价值变动
　　贷：公允价值变动损益

期末，证券公司持有的自营证券，公允价值小于账面余额的，会计分录如下：

借：公允价值变动损益
　　贷：交易性金融资产——公允价值变动

例7：S证券公司2008年11月25日，以2.30元/股的价格购入了上市的Q公司股份10万股，合计23万元，交易费用1万元。2008年12月31日，该股票交易的市场价格为1.30元/股。2009年2月18日，S证券公司以1.50元/股抛售了Q公司股票。编制S证券公司在卖入Q公司股票时、持有期间和对外出售时的会计分录。

（1）2008年11月25日购入股票时，交易费用记入当期投资收益处理：

借：交易性金融资产——Q公司股票——成本　　230 000
　　投资收益分配　　10 000
　　贷：银行存款　　240 000

（2）2008年12月31日，该股票的公允价值已远低于公司买入时的价值，按照《企业会计准则》的要求，应该在期末对该项交易性金融资产按照公允价值进行重新计量，将账面价值与公允价值的差额直接计入当期损益。

期末该项交易性金融资产账面价值与公允价值的差额 =(2.30 - 1.30)元/股 ×100 000 股 = 100 000 元

借：公允价值变动损益　100 000

　　贷：交易性金融资产——Q 公司股票——公允价值变动　100 000

(3) 2009 年 2 月 18 日，出售全部 Q 公司股票，收到银行存款 15 万元。

借：银行存款　150 000

　　交易性金融资产——Q 公司股票——公允价值变动　100 000

　　贷：交易性金融资产——Q 公司股票——成本　230 000

　　　　投资收益　20 000

三、自营卖出证券的核算

证券公司卖出证券，按清算日实际收到的金额作如下会计分录：

借：结算备付金（或银行存款）

　　贷：交易性金融资产——成本

　　　　投资收益

同时，证券公司出售的该笔证券在持有期间存在公允价值变动损益，结转会计分录如下：

借：结算备付金（或银行存款）

　　交易性金融资产——公允价值变动（持有期间发生公允价值变动损失）

　　贷：交易性金融资产——成本

　　　　　　　　　　　——公允价值变动（持有期间发生公允价值变动利得）

　　　　投资收益

例 8：2009 年 1 月 1 日，S 证券公司从证券市场以银行存款 204 万元购入 A 公司发行的债券（含已到期但尚未领取的利息 4 万元），另发生交易费用 4 万元。该债券面值为 200 万元，剩余期限为 2 年，票面年利率为 4%，每半年付息一次。S 证券公司取得该项金融资产是以赚取债券差价为目的，故将其划分为交易性金融资产。

(1) 2009 年 1 月 1 日，购入债券时的会计分录如下：

借：交易性金融资产——成本　2 000 000

　　应收利息　40 000

　　投资收益　40 000

　　贷：银行存款　2 080 000

(2) 2009 年 1 月 5 日，收到该债券 2008 年下半年利息 4 万元。其会计分录如下：

借：银行存款　　　　40 000

　　贷：应收利息　　　　40 000

（3）2009 年 6 月 30 日，该债券的公允价值为 230 万元（不含利息）。其会计分录如下：

借：交易性金融资产——公允价值变动　　　　300 000

　　贷：公允价值变动损益　　　　300 000

借：应收利息　　　　40 000

　　贷：投资收益　　　　40 000

（4）2009 年 12 月 31 日，将该债券售出，取得 236 万元（含下半年利息 4 万元）。其会计分录如下：

借：银行存款　　　　2 360 000

　　公允价值变动损益　　　　300 000

　　贷：交易性金融资产——成本　　　　2 000 000

　　　　　　　　　　　——公允价值变动　　　　300 000

　　　　投资收益　　　　360 000

第四节　证券公司经纪业务的核算

证券经纪业务是指证券经营机构通过其设立的证券营业部，接受客户委托，按照客户的要求，代理客户买卖证券的业务。证券经纪业务又称代理买卖证券业务，属于证券公司的一项基本业务。经纪类证券公司只允许专门从事证券经纪业务。证券公司办理经纪业务，必须为客户分别开立证券和资金账户，并对客户交付的证券和资金按户分账管理，如实进行交易记录，不得作虚假记载。证券公司接受委托卖出的证券必须是客户证券账户上实有的证券，不得为客户融券交易；证券公司接受委托买入证券必须以客户资金账户上实有的资金托付，不得为客户融资交易。证券公司办理经纪业务，不得接受客户的全权委托而决定证券买卖、选择证券种类、决定买卖数量或者买卖价格。证券经纪业务主要有代理买卖证券、代理兑付证券、代保管证券等。会计上为了核算证券经纪业务，需要设置相应的会计科目，除了前面已经提到的“结算备付金”外，还应设置“代理买卖证券款”、“代理兑付证券”和“代理兑付证券款”等科目。

一、代理认购新股业务

（1）当证券公司发生代客户认购新股业务，在收到客户认购款时，会计分录如下：

借：银行存款

　　贷：代理买卖证券款——客户

（2）当证券公司将款项划付清算代理机构时，会计分录如下：

借：结算备付金——××清算代理机构——客户

　　贷：银行存款

（3）客户办理申购手续，在证券公司与清算代理机构清算时，会计分录如下：

借：代理买卖证券款——客户

　　贷：结算备付金——××清算代理机构——客户

（4）清算代理机构完成中签认定工作，将未中签的资金退给客户账户时，会计分录如下：

借：结算备付金——××清算代理机构——客户

　　贷：代理买卖证券款——客户

（5）证券公司将未中签的款项划回时，会计分录如下：

借：银行存款

　　贷：结算备付金——××清算代理机构——客户

（6）证券公司将未中签的款项退给客户时，会计分录如下：

借：代理买卖证券款——客户

　　贷：银行存款

例9：2009年3月15日，S证券公司代理D公司认购在上海证券交易所新发行的ABC股票，收到D公司交来的认购款4 000万元。3月16日，S证券公司将款项划到上海证券交易所。4月5日中签结果表明中签资金为3 600万元，办理申购手续，并将未中签资金400万元退还给客户。S证券公司的会计分录如下：

（1）3月15日，收到客户转来的认购款4 000万元时：

借：银行存款	40 000 000	
贷：代理买卖证券款——D公司		40 000 000

（2）3月16日，将款项划到上海证券交易所时：

借：结算备付金——上海证券交易所——D公司	40 000 000	
贷：银行存款		40 000 000

（3）4月5日，中签结果揭晓，进行认购资金的后续处理。

对申购新股成功部分，转账处理，会计分录如下：

借：代理买卖证券款——D公司	36 000 000	
贷：结算备付金——上海证券交易所——D公司		36 000 000

对没有中签的部分，资金解冻，打回证券公司账面，会计分录如下：

借：银行存款	4 000 000	
贷：结算备付金——上海证券交易所——D公司		4 000 000

（4）4 月 11 日，将没有中签部分的解冻资金归还客户，会计分录如下：

借：代理买卖证券款　　4 000 000

　　贷：银行存款　　4 000 000

二、代理买卖证券业务

代理买卖证券业务是指证券公司代理客户进行证券买卖的业务。证券公司代理客户买卖证券收到的代理买卖证券款，必须全额存入指定的商业银行的资金专户，不能与证券公司自身的存款混淆。证券公司在收到代理客户买卖证券款项的同时，还应当确认一项负债，与客户进行对应结算。证券公司接受客户委托，通过证券交易所代理买卖证券，如果买入证券成交总额大于卖出证券成交总额，应按清算日买卖证券成交价的差额，加代扣代缴的印花税，以及向客户收取的佣金等手续费，记入“代理买卖证券款”科目；按公司负担的交易费用，记入“手续费及佣金支出”科目；按买卖证券成交价的差额，加代扣代收的印花税和公司应负担的交易费用，冲减“结算备付金”科目；按应向客户收取的佣金等手续费，记入“手续费及佣金收入”科目，会计分录如下：

借：代理买卖证券款

　　手续费及佣金支出——代理买卖证券手续费支出

　　贷：结算备付金——客户

　　　　手续费及佣金收入——代理买卖证券手续费收入

证券公司接受客户委托，通过证券交易所代理买卖证券，与客户清算时，如果卖出证券成交总额大于买入证券成交总额的，会计分录如下：

借：结算备付金——客户

　　手续费及佣金支出——代理买卖证券手续费支出

　　贷：代理买卖证券款

　　　　手续费及佣金收入——代理买卖证券手续费收入

例 10：S 证券公司接受客户委托，通过证券交易所代理买卖证券，2009 年 1 月与客户清算时，买入证券成交总额大于卖出证券成交总额 5 000 000 元。代扣代交的交易税费为 20 000 元，向客户收取的佣金等手续费为 10 000 元，证券公司负担手续费支出 10 000 元。根据证券交易所传来的证券交易一级清算表、营业部出具的证券交易二级清算表、清算银行出具的资金清算账单等凭证作如下会计分录：

借：代理买卖证券款　　5 030 000

　　手续费及佣金支出——代理买卖证券手续费支出　　10 000

　　贷：结算备付金——客户　　5 030 000

　　　　手续费及佣金收入——代理买卖证券手续费收入　　10 000

例 11：承例 10，S 证券公司 10 月 28 日清算后，发现证券交易所买卖成交金额差额为 10 000 000 元，手续费为 5 000 元，监管费为 1 500 元，印花税为 60 000元，收取佣金 70 000 元，过户费为 20 000 元。

本例中，证券公司应承担的手续费支出包括手续费和监管费。证券公司的手续费收入包括收取的佣金和过户费的一半（过户费的另一半收入归证券交易所），客户应承担的交易税费包括印花税和过户费。上述买卖成交差额若是卖出金额大于买入金额，证券公司的会计分录如下：

借：结算备付金——S 证券公司（10 000 000 − 60 000 − 5 000 − 1 500 − 20 000/2） 9 923 500

手续费及佣金支出（5 000 + 1 500） 6 500

贷：手续费及佣金收入（70 000 + 20 000/2） 80 000

代理买卖证券款（10 000 000 − 60 000 − 70 000 − 20 000） 9 850 000

三、代理配股派息业务

1. 代理客户办理配股业务

代理客户办理配股业务，有以下两种情况：

（1）当日向证券交易所解交配股款的，客户提出配股要求，会计分录如下：

借：代理买卖证券款

贷：结算备付金——客户

（2）定期向证券交易所解交配股款的，客户提出配股要求时，会计分录如下：

借：代理买卖证券款

贷：其他应付款——应付客户配股款

与证券交易所清算配股款时，按配股金额所作会计分录如下：

借：其他应付款——应付客户配股款

贷：结算备付金——客户

2. 代理客户领取现金股利和证券利息

其会计分录如下：

借：结算备付金——客户

贷：代理买卖证券款

3. 证券公司按规定向客户统一结息

其会计分录如下：

借：利息支出

贷：代理买卖证券款

四、代理兑付证券业务

代理兑付证券是证券公司接受国家或企业客户的委托，对其发行的证券在到期时进行兑付，即向持有证券人还本付息并清收相关债权凭证，结束客户与证券持有人之间债权债务关系的活动。在代理兑付证券完成时，证券公司从客户收取代理兑付证券的手续费，实现自身收益。

（一）接受委托代国家或企业兑付到期的无记名债券的核算

（1）收到委托单位的兑付资金，会计分录如下：

借：银行存款

　　贷：代理兑付证券款

（2）收到客户交来的实物债券，按兑付金额作如下会计分录：

借：代理兑付证券

　　贷：银行存款

（3）向委托单位交回已兑付的实物证券，会计分录如下：

借：代理兑付证券款

　　贷：代理兑付证券

（4）如果委托单位尚未拨付兑付资金，并由证券公司垫付的，收到兑付债券时按兑付金额作如下会计分录：

借：代理兑付证券

　　贷：银行存款

（5）向委托单位交回已兑付的证券并收回垫付的资金，会计分录如下：

借：银行存款

　　贷：代理兑付证券

（6）收到代兑付手续费收入，会计分录为：

借：银行存款

　　贷：手续费及佣金收入——代理兑付债券手续费收入

（二）接受委托代国家或企业兑付到期的记名债券的核算

（1）收到委托单位的兑付资金时，会计分录如下：

借：银行存款

　　贷：代理兑付证券款

（2）兑付债券本息时，会计分录如下：

借：代理兑付证券

　　贷：银行存款

（三）证券公司收取代理兑付手续费收入的核算

（1）如果向委托单位单独收取手续费的，作如下会计分录：

借：应收账款——委托单位（应收未收委托单位的手续费）

　　贷：手续费及佣金收入——代理兑付债券手续费收入

或

借：结算备付金（已收委托单位的手续费）

贷：手续费及佣金收入——代理兑付债券手续费收入

(2) 如果手续费与兑付款一并汇入，则会计分录如下：

借：银行存款

贷：代理兑付证券款

其他应收款——预收代兑付证券手续费

兑付债券业务完成后，确认手续费收入时的会计分录如下：

借：其他应收款——预收代兑付证券手续费

贷：手续费及佣金收入——代理兑付债券手续费收入

例 12：S 证券公司接受委托，代某企业兑付到期的无记名债券。该企业拨来兑付资金 3 000 万元。S 证券公司的会计分录如下：

借：银行存款	30 000 000	
贷：代理兑付证券款		30 000 000

兑付期收到客户交来的债券，按兑付金额支付款项，并已兑付完毕。其会计分录如下：

借：代理兑付证券	30 000 000	
贷：银行存款		30 000 000

客户交来兑付债券手续费 3 万元，作会计分录如下：

借：银行存款	30 000	
贷：手续费及佣金收入——代兑付债券手续费收入		30 000

例 13：S 证券公司接受委托，代某企业兑付到期的无记名债券 6 000 万元，兑付资金由 S 证券公司垫付，手续费在兑付业务完毕后收取。客户交来实物证券时，按兑付金额支付款项。

兑付期的会计分录如下：

借：代理兑付证券	60 000 000	
贷：银行存款		60 000 000

兑付期结束后，向委托单位交回已兑付的证券并收回垫付的资金 6 000 万元，收取手续费 3 万元，会计分录如下：

借：银行存款	60 030 000	
贷：代理兑付证券		60 000 000
手续费及佣金收入——代兑付债券手续费收入		30 000

例 14：S 证券公司接受委托代国家兑付到期的记名证券，收到拨来的 2 000 万元兑付资金，兑付期为半年，同时国家拨入手续费 4 万元。

本例与例 13 的区别在于手续费收入是否随兑付资金一并拨入。例 13 是兑付期结束后向委托单位收取手续费，本例中手续费与兑付资金一并拨入，两种情况下会计分录有所不同。款项拨入时，S 证券公司会计分录如下：

借：银行存款　　20 040 000

　　贷：代理兑付证券　　20 000 000

　　　　其他应收款——预收代兑付证券手续费　　40 000

兑付期结束时，会计分录如下：

借：其他应付款——预收代兑付证券手续费　　40 000

　　贷：手续费及佣金收入——代兑付债券手续费收入　　40 000

五、资金账户周转业务

证券公司代理客户进行证券买卖，客户将款项交存证券公司后，证券公司应设立资金专户，将代理买卖证券款与证券公司自有资金严格区分使用，不得随意挪用和占用客户资金。

（1）客户开设资金专户并交来款项时，会计分录如下：

借：银行存款——客户

　　贷：代理买卖证券款——客户

（2）客户日常存款时的会计分录与上述交来存款时的会计分录相同，取款时的会计分录则相反。

（3）客户结息销户时，应先结清利息，会计分录如下：

借：应付利息——客户

　　贷：银行存款——客户

提款销户时的会计分录为：

借：代理买卖证券款——客户

　　贷：银行存款——客户

（4）按季计提客户存款利息的会计分录如下：

借：利息支出

　　贷：应付利息——客户

客户资金专户统一结息时，会计分录如下：

借：应付利息——客户（已提利息部分）

　　利息支出（未提利息部分）

　　贷：代理买卖证券款——客户

（5）证券公司为客户在证券交易所开设清算资金账户时，会计分录如下：

借：结算备付金——客户

　　贷：银行存款——客户

第五节 证券公司其他业务的核算

证券公司其他业务主要是指证券公司经批准在国家许可的范围内进行的除经纪、自营和承销业务以外的与证券业务有关的业务，如受托资产管理业务、买入返售证券业务、卖出回购证券业务以及资金拆借业务等。从会计视角来分析，其他业务的开展主要是基于资源的整合与资金的通融需要而衍生的创新业务。

一、受托资产管理业务的核算

受托资产管理是指证券公司接受委托，负责经营管理某项特定资产（包括单项资产或资产组合）的业务。证券公司受托经营管理的资产，应按实际受托资产的款项，同时确认为一项资产和一项负债；证券公司对受托管理的资产进行证券买卖，按代买卖证券业务的会计核算进行处理；合同到期，与委托单位结算收益或损失时，按合同规定的比例计算应由证券公司享有的收益或承担的损失，将其确认为当期的收益或损失。为了核算证券公司的受托资产管理业务，会计上需要设置“代理业务资产”科目和“代理业务负债”科目等。

（1）证券公司收到委托单位汇入款项，会计分录如下：

借：银行存款——受托资产管理业务客户

　　贷：代理业务负债

（2）证券公司用受托资金购买证券，按实际成本：

借：代理业务资产——成本

　　贷：结算备付金——客户

（3）将购买的证券卖出，按实际收到的价款，作如下会计分录：

借：结算备付金——客户

　　贷：代理业务资产——成本（按卖出证券的成本结转）

　　　　代理业务资产——已实现未结算损益（按卖出证券收到的款项与成本之间的差额计价入账，已实现未结算收益记入贷方，已实现未结算损失记入借方）

（4）定期或在委托合同到期与委托客户进行结算时，按合同约定比例计算代理业务资产收益，并结转已实现未结算损益。证券公司的会计分录如下：

借：代理业务资产——已实现未结算损益

　　贷：代理业务负债（按合同规定属于委托客户的收益入账）

　　　　手续费及佣金收入——受托客户资产管理业务收入

代理业务资产发生亏损时，证券公司的会计分录如下：

借：代理业务负债（按合同规定属于委托客户的收益入账）

　　手续费及佣金支出——受托客户资产管理业务支出

贷：代理业务资产——已实现未结算损益

（5）到期退还客户委托管理的资金及损益，作如下会计分录：

借：代理业务负债

贷：银行存款——受托资产管理业务客户

例 15：S 证券公司接受 C 公司委托为其进行资产管理。2009 年 6 月 1 日收到 C 公司汇入 300 万元。6 月 10 日，S 证券公司用委托资金购入股票，实际成本为 180 万元。7 月 10 日将购入股票售出，扣除佣金和印花税后实际收入 192 万元。7 月底合同到期与 C 公司结算时，根据合同规定 S 证券公司获得投资收益的 20%，C 公司获得 80%。S 证券公司将委托资金和收益退还给 C 公司。

（1）6 月 1 日收到 C 公司汇入款项时：

借：银行存款——C 公司　　3 000 000

贷：代理业务负债　　3 000 000

（2）6 月 10 日用 C 公司委托资金购买股票：

借：代理业务资产——C 公司——成本　　1 800 000

贷：结算备付金——C 公司　　1 800 000

（3）7 月 10 日出售股票时：

借：结算备付金——C 公司　　1 920 000

贷：代理业务资产——C 公司——成本　　1 800 000

代理业务资产——C 公司——已实现未结算损益　　120 000

（4）7 月底合同到期与 C 公司结算：

借：代理业务资产——C 公司——已实现未结算损益　　120 000

贷：手续费及佣金收入——受托客户资产管理业务收入　　24 000

代理业务负债——C 公司　　96 000

（5）合同到期，退还 C 公司资金及收益：

借：代理业务负债——C 公司　　3 096 000

贷：银行存款——C 公司　　3 096 000

二、买入返售证券业务的核算

买入返售证券业务是指证券公司与其他企业通过签订合同或协议，按一定价格买入证券，在到期日再按合同规定的价格将该批证券返售给其他企业，以获取该批证券买入价与卖出价的差价收入。证券公司应于买入某种证券时，按实际发生的成本确认为一项资产，而在证券到期返售时，按返售价格与买入成本价格的差额，确认为当期收入。为了核算证券公司的买入返售证券业务活动，会计上需要设置“买入返售金融资产”科目。“买入返售金融资产”科目属于资产类科目，核算证券公司等金融企业按照返售协议约定先买入再按固定价格返售的票据、证券、贷款等金融资产所融出的资金。本科目可按买入返售金融资产的类别和融资方式进行明细核算。当证券公司根据返售协议买入金融资产时，应按实际支付的金额，借记本科目，贷记“存放中央银行款项”、“结算备付金”、“银行存款”等科目。资产负债表日，按照计算确定的买入返售金融资产的利息收入，借记“应收利息”科目，贷记“利息收入”科目。返售日，应按实际收到的金额，借记“存放中央银行款项”、“结算备付金”、“银行存款”等科目，按其账面余额，贷记本科目、“应收利息”科目，按其差额，贷记“利息收入”科目。本科目期末借方余额，反映企业买入的尚未到期返售金融资产的摊余成本。

买入返售金融资产业务通常分为两个环节，即前期买进阶段和到期卖出阶段。证券公司应于买入某种证券时，按实际发生的成本确认为一项资产；证券到期返售时，按返售价格与买入成本价格的差额，确认为当期收入。

（1）证券公司从国家规定的场所买入证券，按实际支付的款项，作如下会计分录：

借：买入返售金融资产

　　贷：结算备付金

（2）资产负债表日，应按合同约定的名义利率计算确定的买入返售金融资产的利息收入，作如下会计分录：

借：应收利息（或应收股利）

　　贷：利息收入（或投资收益）

收到买入返售金融资产的利息、现金股利等，作如下会计分录：

借：结算备付金

　　贷：应收利息（或应收股利）

合同约定的名义利率与实际利率差异较大的，应采用实际利率计算确定利息收入。

（3）证券到期返售，按实际收到的款项，作如下会计分录：

借：结算备付金

　　贷：买入返售金融资产

　　　　应收利息（或应收股利）

在交易双方违约的情况下，如企业有权取得本应按固定价格返售的票据、证券、贷款等资产的，应按取得的该资产的公允价值，借记“交易性金融资产”等科目；按交易对方支付的履约保证金，借记“结算备付金”等科目；按其账面余额，贷记“买入返售金融资产”科目；按其差额借记或贷记“利息收入”、“投资收益”等科目。会计分录如下：

借：交易性金融资产（科目不固定，视持有金融资产的性质而定）

　　结算备付金（交易违约双方支付的履约保证金）

　　贷：买入返售金融资产

投资收益（如为损失，记入借方）

因取得票据、证券、贷款等资产发生的交易费用，除划分为交易性金融资产的以外，均应计入取得资产的初始确认金额。

例 16：S 证券公司与客户签订协议，从某证券交易所买入 2009 年国债 200 万元，合同买入价为每百元 106 元，合同返售价为每百元 110 元，期限为 3 个月。

（1）S 证券公司买入国债时的会计分录如下：

借：买入返售金融资产	2 120 000	
贷：结算备付金		2 120 000

（2）3 个月后返售时，S 证券公司的会计分录如下：

借：结算备付金	2 200 000	
贷：买入返售金融资产		2 120 000
利息收入		80 000

三、卖出回购证券业务的核算

卖出回购证券业务是指证券公司与其他企业通过签订合同或协议，按一定价格向对方卖出一定证券，到期日再按合同约定的价格买回该批证券。其实质在于获得一定时期内资金的使用权。证券公司应在卖出证券时，按实际收到的款项确认为一项负债，而在证券到期购回时，按实际支付的款项与卖出证券时实际收到的款项的差额，确认为当期费用。为了核算证券公司的卖出回购证券业务，会计上需要设置“卖出回购金融资产款”等科目。“卖出回购金融资产款”是负债类科目，核算证券公司等金融企业按照回购协议先卖出再按固定价格买入的票据、证券、贷款等金融资产所融入的资金。可按卖出回购金融资产的类别和融资方进行明细核算。证券公司根据回购协议卖出票据、证券、贷款等金融资产，应按实际收到的金额，借记“存放中央银行款项”、“结算备付金”、“银行存款”等科目，贷记该科目。资产负债表日，按照计算确定的卖出回购金融资产的利息费用，借记“利息支出”科目，贷记“应付利息”科目。回购日，按其账面余额，借记该科目、“应付利息”科目，按实际支付的金额，贷记“存放中央银行款项”、“结算备付金”、“银行存款”等科目，按其差额，借记“利息支出”科目。“卖出回购金融资产款”科目的期末贷方余额，反映企业尚未到期的卖出回购金融资产款。

卖出回购证券业务通常分为两个环节，即前期卖出阶段和到期回购阶段。证券公司应于签约卖出证券时，按实际收到的款项确认为一项负债；证券到期购回时，按实际支付的款项与卖出证券时实际收到的款项的差额，确认为当期费用。

（1）通过国家规定的场所卖出证券，按实际收到的款项，作如下会计分录：

借：结算备付金

贷：卖出回购金融资产款

（2）资产负债表日，应按实际利率计算确定的卖出回购金融资产的利息费用，作如下会计分录：

借：利息支出

贷：卖出回购金融资产款

实际利率与合同约定的名义利率差异很小的，也可以采用合同约定的名义利率计算确定利息费用。

（3）卖出回购金融资产协议到期时，作如下会计分录：

借：卖出回购金融资产款

贷：利息支出

结算备付金

在交易双方违约的情况下，应按卖出回购金融资产款的账面余额，借记“卖出回购金融资产款”；按交易对方支付的履约保证金，借记“结算备付金”等科目；回购协议卖出票据、证券、贷款等金融资产计提减值准备的，借记“坏账准备”、“贷款损失准备”等科目；按回购协议卖出票据、证券、贷款等金融资产的账面余额，贷记“交易性金融资产”、“可供出售金融资产”等科目；按其差额，借记或贷记“投资收益”等科目。会计分录如下：

借：卖出回购金融资产款

结算备付金（交易违约方支付的履约保证金）

资产减值准备（如果金融资产已计提减值准备，还需要转销该项损失）

贷：交易性金融资产（科目不固定，视卖出金融资产的性质而定）

投资收益（如为损失，记入借方）

例 17：S 证券公司与客户签订合同，从上海证券交易所卖给客户 2009 年国债 50 万元，合同卖出价为每百元 102 元，合同回购价为每百元 105 元，期限为 6 个月。

（1）卖出时，证券公司的会计分录如下：

借：结算备付金	510 000	
贷：卖出回购金融资产款		510 000

（2）回购时，证券公司的会计分录如下：

借：卖出回购金融资产款	510 000	
利息支出	15 000	
贷：结算备付金		525 000

四、融资融券业务的核算

融资融券业务是指向客户出借资金供其买入上市证券或者出借上市证券供其卖出，并收取担保物的经营活动。在我国，证券公司开展融资融券业务试点，必须经证监会批准。未经批准，任何公司不得向其客户融资、融券，也不得为其客户与客户、客户与他人之间的融资融券活动提供任何便利和服务。为正确反映融资融券业务，证券公司应增设“贷款”一级科目，按照客户名称设立二级科目，下设“融资业务”、“融券业务”三级明细；增设“银行存款——融资专用”二级科目，反映向客户融出的资金及客户归还的资金；增设“结算备付金——客户信用交易担保资金”科目，按客户进行明细核算，反映客户交存的、担保证券公司因向客户融资融券所生债权的资金；增设“交易性金融资产——融券专用”二级科目，反映公司持有的拟向客户融出的证券和客户已归还的证券；增设“代买卖证券款——信用客户”二级科目，按客户进行明细核算，反映客户未能归还的融资款及利息；增设“应收款项——融券价格变动”二级科目，按客户进行明细核算，反映公司已融出证券价格变动。

（一）融资业务的核算

（1）当证券公司将拟向客户融出的资金存入融资专用资金账户，证券公司总部（以下简称公司总部）应借记“银行存款——融资专用”科目，贷记“银行存款——自有资金”科目。

（2）证券公司按一定比例向客户收取融资业务保证金存入客户信用交易担保资金账户，如为普通客户则需证券公司营业部（以下简称营业部）将客户从普通客户转为信用客户，如为信用客户则直接存款。

1）将客户信用交易担保资金从普通账户取出，证券公司营业部应借记“代买卖证券款——客户”科目，贷记“银行存款——客户”科目或者“结算备付金——客户”科目。

2）将客户从普通客户转为信用客户，证券公司营业部应借记“结算备付金——客户信用交易担保资金”科目，贷记“代买卖证券款——信用客户”科目。

3）如客户直接为营业部信用客户，则直接作分录2）。

（3）按照协议向客户发放贷款，营业部应同时增加客户信用资金。证券公司总部应借记“贷款——客户——融资业务”科目，贷记“银行存款——融资专用”科目，同时，营业部应借记“结算备付金——客户信用交易担保资金”科目，贷记“代买卖证券款——信用客户”科目。

（4）信用客户每日证券交易资金清算、证券交易结果由客户所在营业部进行记账，同时，公司总部将信用客户清算交易结果报开户银行。

如果卖出证券金额大于买入证券金额，即为卖差，则公司总部的会计分录如下：

借：结算备付金——信用客户
　　手续费及佣金支出
　　贷：代买卖证券款——信用客户

手续费及佣金收入

如为买差，则营业部的会计分录如下：

借：代买卖证券款——信用客户

手续费及佣金支出

贷：结算备付金——信用客户

手续费及佣金收入

（5）证券公司逐日计算客户交存的担保物价值与所欠债务比例，当该比例低于最低维持担保比例时，应当通知客户在一定时期内补交差额。

客户缴款时，营业部的会计分录如下：

借：结算备付金——客户信用交易担保资金

贷：代买卖证券款——信用客户

（6）融资融券合同到期，客户未能及时补交差额，证券公司按照约定处分担保物，处置资金将优先用于归还客户所欠本金和利息，剩余部分归还客户。

1）将客户所欠本金利息取出，营业部的会计分录如下：

借：代买卖证券款——信用客户

贷：结算备付金——信用客户

2）客户还款时，公司总部的会计分录如下：

借：银行存款——融资专用

贷：贷款——客户——融资业务

利息收入——融资利息收入

（7）客户不再从事融资融券交易，将客户从信用客户转为普通客户。

营业部的会计分录如下：

借：代买卖证券款——信用客户

贷：结算备付金——信用客户

公司总部的会计分录如下：

借：银行存款——融资专用

贷：代买卖证券款——信用客户

（8）融资融券合同到期，客户归还借款及利息。

营业部的会计分录如下：

借：代买卖证券款——信用客户

贷：结算备付金——信用客户

公司总部的会计分录如下：

借：银行存款——融资专用

贷：贷款——客户——融资业务

利息收入——融资利息收入

（9）如果到期客户未能还清贷款，则将未能归还部分计入应收客户融资款。

公司总部的会计分录如下：

借：银行存款——融资专用

　　应收款项——客户——融资业务

　　贷：贷款——客户——融资业务

　　　　利息收入——融资利息收入

（10）期末，对客户未能还清的应收款计提减值准备。

公司总部的会计分录如下：

借：资产减值损失——坏账准备

　　贷：坏账准备

（二）融券业务的核算

（1）证券公司将拟向客户融出的证券存入融券专用证券账户。

公司总部的会计分录如下：

借：交易性金融资产——融资专用（按账面价值结转）

　　贷：交易性金融资产

（2）证券公司通过非交易过户方式将已融出证券过户至客户名下（按照转出日市价）。

公司总部的会计分录如下：

借：贷款——客户（按照转出日市价）

　　应收款项——融券价格变动（按差额）

　　贷：交易性金融资产——融资专用（按账面价值）

（3）信用客户每日证券交易资金清算、证券交收结果由客户所在营业部进行记账，同时，公司总部将信用客户清算交收结果报开户银行。

营业部，如为卖差，则会计分录如下：

借：结算备付金——信用客户

　　手续费及佣金支出

　　贷：代买卖证券款——信用客户

　　　　手续费及佣金收入

营业部，如为买差，则会计分录如下：

借：代买卖证券款——信用客户

　　手续费及佣金支出

　　贷：结算备付金——信用客户

　　　　手续费及佣金收入

（4）按日根据客户证券市值（包括送股）变动对交易性金融资产作相应调整。

如果市值增加，公司总部的会计分录如下：

借：贷款——客户——融资业务

　　贷：应收款项——客户——融券价格变动

（5）交易性金融资产分红派息，则公司总部的会计分录如下：

借：贷款——客户——融资业务

　　贷：投资收益

（6）融资融券协议到期，客户归还融资人的证券。

1）客户信用账户归还融券利息。

营业部的会计分录如下：

借：代买卖证券款——信用客户

　　贷：结算备付金——信用客户

2）公司收到融券利息收入。

公司总部的会计分录如下：

借：银行存款——融资专用

　　贷：利息收入——融券利息收入

3）客户还券。

公司总部的会计分录如下：

借：交易性金融资产——融资专用（按照结转日成本价）

　　贷：贷款——客户——融资业务（按照客户贷款账面余额）

　　　　应收款项——客户——融资价格变动（按照借方余额冲减）

（7）将拟不作融券交易的证券账户转入自营账户。

公司总部的会计分录如下：

借：交易性金融资产（按结转日成本价）

　　贷：交易性金融资产——融资专用

（8）融资融券协议到期客户未能归还融资人的证券。

公司总部的会计分录如下：

借：交易性金融资产——融券（已归还证券）

　　应收款项——客户——融券（未能归证券）

　　　　　　——客户——融券利息（未能归还利息）

　　贷：贷款——客户——融资业务

　　　　利息收入——融券利息收入

　　　　应收款项——客户——融资价格变动（按照借方余额冲减）

（9）期末，对公司拟融出证券余额及已融出的证券进行检查，根据公允价值调整账面价值。

如果公允价值低于账面价值，按其差额，公司总部的会计分录如下：

借：公允价值变动损益——交易性金融资产

　　贷：交易性金融资产

如果公允价值大于账面价值，则作相反的会计分录。

（10）期末，对客户未能归还的证券计提减值准备。

公司总部的会计分录如下：

借：资产减值损失——坏账准备

　　贷：坏账准备

第六节　证券公司的财务会计报告

一、证券公司财务会计报告的编制方法

（一）证券公司资产负债表的编制方法

除下列项目以外的其他项目，比照商业银行资产负债表的列报方法处理：

（1）“结算备付金”、“存出保证金”、“代理买卖证券款”、“代理承销证券款”等项目，应根据相关科目的期末余额填列。

证券公司交纳的交易席位费的可收回金额，应在“无形资产”项目下单独反映；证券经纪业务取得的客户资金存款，应在“货币资金”项目下单独反映；证券经纪业务取得的客户备付金，应在“结算备付金”项目下单独反映。

（2）“货币资金”项目，反映企业期末持有的现金、银行存款和其他货币资金总额，应根据“库存现金”、“银行存款”、“其他货币资金”等科目的期末余额合计填列。证券经纪业务取得的客户资金存款应在本项目下单独反映。

（3）“结算备付金”项目，反映企业期末持有的为证券交易的资金清算与交收而存入指定清算代理机构的款项金额，应根据“结算备付金”科目的期末余额填列。证券经纪业务取得的客户备付金应在本项目下单独反映。

（4）“存出保证金”项目，反映企业因办理业务需要存出或交纳的各种保证金款项期末余额，应根据“存出保证金”科目的期末余额填列。

（5）“无形资产”项目，反映企业无形资产在期末的实际价值，应根据“无形资产”科目的期末余额，减去“累计摊销”、“无形资产减值准备”等科目期末余额后的金额填列。

证券公司交纳的交易席位费的可收回金额应在本项目下单独反映。

（6）“其他资产”项目，反映企业应收账款、应收股利、其他应收款、长期待摊费用等资产的账面余额，应根据有关科目的期末余额填列。已计提减值准备的，还应扣减相应的减值准备。长期应收款账面余额扣减累计减值准备和未实现融资收益后的净额、抵债资产账面余额扣减累计跌价准备后的净额、“代理兑付证券”减去“代理兑付证券款”后的借方余额，也在本项目反映。

（7）“代理买卖证券款”、“代理承销证券款”项目，反映企业接受客户有效的代理买卖证券资金、承销证券后应付未付给委托单位的款项，应根据“代理买卖证券款”、“代理承销证券款”科目的期末贷方余额填列。

（8）“其他负债”项目，反映企业应付股利、其他应付款、递延收益等负债的账面余额，应根据有关科目的期末余额填列。长期应付款账面余额减去未确认融资费用后的净额、“代理兑付证券”减去“代理兑付证券款”后的贷方余额，也在本项目反映。

（二）证券公司利润表的编制方法

除下列项目以外的其他项目，比照商业银行利润表的列报方法处理：

（1）“营业收入”项目，由“手续费及佣金净收入”、“利息净收入”、“投资收益”、“公允价值变动收益”、“汇兑收益”、“其他业务收入”等项目的合计金额填列。

（2）“手续费及佣金净收入”项目，反映企业确认的代理承销、兑付和买卖证券等业务实现的手续费及佣金收入减去发生的各项手续费、风险结算金、承销业务直接相关的各项费用及佣金支出后的净额，应根据“手续费及佣金收入”、“手续费及佣金支出”等科目的发生额分析计算填列。“代理买卖证券业务净收入”、“证券承销业务净收入”、“委托客户资产管理业务净收入”等应在本项目下单独反映。

（三）证券公司现金流量表的编制方法

证券公司现金流量表的编制，除下列项目外，应比照一般企业现金流量表编制处理：

（1）“处置交易性金融资产净增加额”项目，反映证券公司本期自行买卖交易性金融资产所取得的现金净增加额。本项目可以根据“交易性金融资产”等科目的记录分析填列。本项目如为负数，应在经营活动现金流出类项目中单独列示。

（2）“拆入资金净增加额”项目，反映证券公司本期从境内外金融机构拆入款项所取得的现金，减去拆借给境内外金融机构款项而支付的现金后的净额。本项目可以根据“拆入资金”、“拆出资金”等科目的记录分析填列。本项目如为负数，应在经营活动现金流出类项目中列示。

（3）“回购业务资金净增加额”项目，反映证券公司本期按回购协议卖出票据、证券、贷款等金融资产所融入的现金，减去按返售协议约定先买入再按固定价格返售给卖出方的票据、证券、贷款等金融资产所融出的现金后的现金增加额。本项目可以根据“买入返售金融资产”、“卖出回购金融资产款”等科目的记录分析填列。本项目如为负数，应在经营活动现金流出类项目中单独列示。证券公司可以根据需要将本项目分为“买入返售证券收到的现金净额”、“卖出回购证券支付的现金净额”等项目列示。

此外，证券公司还可以根据需要单独设置“代理买卖业务的现金净额”、“代理兑付债券的现金净额”等项目，以反映证券公司从事代理业务产生的现金流量。

证券公司的所有者权益变动表，比照商业银行格式。

二、证券公司财务会计报告的格式

证券公司的资产负债表格式见表9-1。

表9-1　资产负债表

会证01表

编制单位：　　　　　　　　　　____年____月____日　　　　　　　　单位：元

资　产	期末余额	年初余额	负债和所有者权益(或股东权益)	期末余额	年初余额
资产：			负债：		
货币资金			短期借款		
其中：客户资金存款			其中：质押借款		
结算备付金			拆入资金		
其中：客户备付金			交易性金融负债		
拆出资金			衍生金融负债		
交易性金融资产			卖出回购金融资产款		
衍生金融资产			代理买卖证券款		
买入返售金融资产			代理承销证券款		
应收利息			应付职工薪酬		
存出保证金			应交税费		
可供出售金融资产			应付利息		
持有至到期投资			预计负债		
长期股权投资			长期借款		
投资性房地产			应付债券		
固定资产			递延所得税负债		
无形资产			其他负债		
其中：交易席位费			负债合计		
递延所得税资产			所有者权益(或股东权益)：		
其他资产			实收资本(或股本)		
			资本公积		
			减：库存股		
			盈余公积		
			一般风险准备		
			未分配利润		
			所有者权益(或股东权益)合计		
资产总计			负债和所有者权益(或股东权益)总计		

证券公司的利润表格式见表9-2。

表9-2　利　润　表

会证02表

编制单位：　　　　　　　　　　＿＿＿年＿＿月　　　　　　　　　　单位：元

项　目	本期金额	上期金额
一、营业收入		
手续费及佣金净收入		
其中：代理买卖证券业务净收入		
证券承销业务净收入		
受托客户资产管理业务净收入		
利息净收入		
投资收益（损失以“－”号填列）		
其中：对联营企业和合营企业的投资收益		
公允价值变动收益（损失以“－”号填列）		
汇兑收益（损失以“－”号填列）		
其他业务收入		
二、营业支出		
营业税金及附加		
业务及管理费		
资产减值损失		
其他业务成本		
三、营业利润（亏损以“－”号填列）		
加：营业外收入		
减：营业外支出		
四、利润总额（亏损总额以“－”号填列）		
减：所得税费用		
五、净利润（净亏损以“－”号填列）		
六、每股收益：		
（一）基本每股收益		
（二）稀释每股收益		

证券公司的现金流量表格式见表9-3。

表9-3 现金流量表

会证03表

编制单位： ______年____月 单位：元

项　　目	本期金额	上期金额
一、经营活动产生的现金流量：		
处置交易性金融资产净增加额		
收取利息、手续费及佣金的现金		
拆入资金净增加额		
回购业务资金净增加额		
收到其他与经营活动有关的现金		
经营活动现金流入小计		
支付利息、手续费及佣金的现金		
支付给职工以及为职工支付的现金		
支付的各项税费		
支付其他与经营活动有关的现金		
经营活动现金流出小计		
经营活动产生的现金流量净额		
二、投资活动产生的现金流量：		
收回投资收到的现金		
取得投资收益收到的现金		
收到其他与投资活动有关的现金		
投资活动现金流入小计		
投资支付的现金		
购建固定资产、无形资产和其他长期资产支付的现金		
支付其他与投资活动有关的现金		
投资活动现金流出小计		
投资活动产生的现金流量净额		
三、筹资活动产生的现金流量：		
吸收投资收到的现金		
发行债券收到的现金		
收到其他与筹资活动有关的现金		
筹资活动现金流入小计		
偿还债务支付的现金		
分配股利、利润或偿付利息支付的现金		
支付其他与筹资活动有关的现金		
筹资活动现金流出小计		
筹资活动产生的现金流量净额		
四、汇率变动对现金及现金等价物的影响		
五、现金及现金等价物净增加额		
加：期初现金及现金等价物余额		
六、期末现金及现金等价物余额		

三、证券公司报表附注

证券公司应当按照规定披露附注信息，主要包括下列内容：

（一）证券公司的基本情况

（二）财务报表的编制基础

（三）遵循企业会计准则的声明

（四）重要会计政策和会计估计

（五）会计政策和会计估计变更以及差错更正的说明

以上（一）至（五）项，应当比照一般企业进行披露。

（六）报表重要项目的说明

（1）货币资金的披露格式见表9-4。

表9-4　货币资金的披露

项　目	期末账面余额	年初账面余额
库存现金		
银行存款		
其中：公司自有		
经纪业务客户		
结算备付金		
其中：公司自有		
经纪业务客户		
其他货币资金		
其中：新股申购款		
合　计		

（2）买入返售金融资产除比照商业银行进行披露外，还应按交易对手披露，格式见表9-5。

表9-5　买入返售金融资产按交易对手列示的披露

项　目	期末账面余额	年初账面余额
同业		
其他非银行金融机构		
合　计		

（3）存出保证金的披露格式见表9-6。

表 9-6　存出保证金的披露

项　　目	期末账面余额	年初账面余额
交易保证金		
履约保证金		
合　　计		

（4）企业应当披露代理承销证券的方式（全额包销、余额包销、代销）、承销证券的种类等情况。

（5）企业应当披露代理兑付债券的方式、种类、记名证券或无记名证券情况。

（6）交易席位费的披露格式见表 9-7。

表 9-7　交易席位费的披露

项　　目	年初账面余额	本期增加额	本期减少额	期末账面余额
一、原价合计				
1. 上海证券交易所				
其中：A 股				
B 股				
2. 深圳证券交易所				
其中：A 股				
B 股				
二、累计摊销额合计				
1. 上海证券交易所				
其中：A 股				
B 股				
2. 深圳证券交易所				
其中：A 股				
B 股				
三、交易席位费账面价值合计				
1. 上海证券交易所				
其中：A 股				
B 股				
2. 深圳证券交易所				
其中：A 股				
B 股				

（7）其他资产的披露格式见表9-8。

表9-8　其他资产的披露

项　目	期末账面价值	年初账面价值
应收股利		
其他应收款		
⋮		
其他		
合　计		

（8）卖出回购金融资产款除比照商业银行进行披露外，还应按交易对手披露，格式见表9-9。

表9-9　卖出回购金融资产款按交易对手列示的披露

项　目	期末账面余额	年初账面余额
同业		
其他非银行金融机构		
合　计		

（9）代理买卖证券款的披露格式见表9-10。

表9-10　代理买卖证券款的披露

项　目	期末账面余额	年初账面余额
个人客户		
法人客户		
⋮		
合　计		

（10）代理承销证券款的披露格式见表9-11。

表9-11　代理承销证券款的披露

项　目	期末账面余额	年初账面余额
股票		
债券		
其中：国债		
金融债券		
企业债券		
其他有价证券		
合　计		

（11）代理兑付证券款的披露格式见表9-12。

表9-12　代理兑付证券款的披露

项　　目	年初账面余额	本期收到兑付资金	本期已兑付债券	本期结转手续费收入	期末账面余额
国债					
企业债券					
金融债券					
其他债券					
合　计					

（12）其他负债的披露格式见表9-13。

表9-13　其他负债的披露

项　　目	期末账面余额	年初账面余额
应付股利		
其他应付款		
⋮		
合　　计		

（13）受托客户资产管理业务的披露格式见表9-14。

表9-14　受托客户资产管理业务的披露

资 产 项 目	期末余额	年初余额	负债项目	期末余额	年初余额
受托管理资金存款			受托管理资金		
客户结算备付金			应付款项		
应收款项					
受托投资					
其中：投资成本					
已实现未结算损益					
合　　计			合计		

（14）手续费及佣金净收入的披露格式见表9-15。

表 9-15 手续费及佣金净收入的披露

项 目	本期发生额	上期发生额
手续费及佣金收入 —证券承销业务 —证券经纪业务 —受托客户资产管理业务 —代理兑付证券 —代理保管证券 —其他		
手续费及佣金支出 —证券经纪业务手续费支出 —佣金支出 —其他		
手续费及佣金净收入		

（15）受托客户资产管理手续费及佣金收入的披露格式见表 9-16。

表 9-16 受托客户资产管理手续费及佣金收入的披露

项 目	本期发生额	上期发生额
定向资产管理业务		
专项资产管理业务		
集合资产管理业务（按项目列示） 1. ⋮		
合 计		

（16）分部报告。

1）主要报告形式是业务分部的披露格式见表 9-17。

表 9-17 主要报告形式是业务分部的披露 单位：元

项 目	××业务		××业务		…	其他		抵销		合计	
	本期	上期	本期	上期		本期	上期	本期	上期	本期	上期
一、营业收入											
手续费及佣金净收入											
其中：分部间手续费及佣金净收入											

（续）

项　　目	××业务		××业务		…	其他		抵销		合计	
	本期	上期	本期	上期		本期	上期	本期	上期	本期	上期
一、营业收入											
其他收入											
二、营业费用											
三、营业利润（亏损）											
四、资产总额											
五、负债总额											
六、补充信息											
1. 折旧和摊销费用											
2. 资本性支出											
3. 折旧和摊销以外的非现金费用											

注：主要报告形式是地区分部的，比照业务分部格式进行披露。

2）在主要报告形式的基础上，对于次要报告形式，企业还应披露对外交易收入、分部资产总额。

(17) 除以上项目以外的其他项目，应当比照商业银行进行披露。

（七）或有事项

比照商业银行进行披露。

（八）资产负债表日后事项

比照商业银行进行披露。

（九）关联方关系及其交易

比照商业银行进行披露。

（十）风险管理

1. 风险管理政策和组织架构

(1) 风险管理政策，主要包括对各种风险的来源、正式风险治理组织和科学的监督流程及其定期复核制度，以及在严格职责分离、监督和控制基础上各相关业务部门、高级管理人员和风险管理职能部门之间的沟通和协作等。

(2) 风险治理组织架构，主要包括各风险管理委员会和相关职能部门的设立和运转情况。

2. 信用风险

除比照商业银行披露必要的信用风险信息外，还应按行业、地区和交易对手的信用评级等分别披露信用风险信息。

3. 流动风险

除比照商业银行披露必要的流动风险信息外，还应披露进行流动性风险管理拟采取的主要措施。

4. 市场风险

比照商业银行披露市场风险信息。

第十章　基金管理公司的会计核算

第一节　基金发行与赎回业务的核算

一、基金发行与赎回概述

基金发行分为自行发行和代理发行两种方式。其中，自行发行是指基金按净资产价值由基金单位发行人直接销售给投资人，并按照面值加一定比例的手续费，而代理发行则是指发行人通过证券承销商向社会发行基金单位。

基金赎回，是针对开放式基金而言，投资者以自己的名义直接或通过代理机构向基金管理公司要求部分或全部退出基金的投资，并将买回款汇至该投资者的账户内。投资人需填写一份买回申请书，并注明买回基金的名称及单位数（或金额），买回款项汇入银行账户，一般约需 3～4 个工作日。当出现巨额赎回时，基金管理人可以根据本基金当时的资产组合状况决定全额赎回或部分顺延赎回。

基金发行不同于一般证券发行，有其特殊性，因而基金发行和赎回都必须遵守一定的规则：①封闭式基金应在事先确定发行总额，在封闭期内基金单位总数不变。基金成立时，实收基金按实际收到的基金发行总额入账。基金发行收入扣除相关费用后的结余，作为其他收入处理。②开放式基金的基金单位总额不固定，基金单位总额随时增减。基金成立时，实收基金按实际收到的基金单位发行总额入账；基金成立后，实收基金应于基金申购、赎回确认日，根据基金契约和招募说明书中载明的有关事项进行确认和计量。③基金管理公司应于收到基金投资人申购或赎回申请之日起，在规定的工作日内对该交易的有效性进行确认。在确认日，按照实收基金、未实现利得、未分配收益和损益平准金的余额占基金净值的比例，将确认有效的申购款项分割为三部分，分别确认为实收基金、未实现利得、损益平准金的增加或减少。④基金管理公司应当在接受基金投资人有效申购申请之日起，在规定的工作日内收回申购款项，尚未收回之前作为应收申购款入账。⑤办理申购业务的机构按规定收取的申购费，如在基金申购时收取的，由办理申购业务的机构直接向投资人收取，不纳入基金会计核算范围；如在基金赎回时收取，则待基金投资人赎回时在赎回款中抵扣。⑥基金管理公司应当在接受基金投资人有效赎回申请之日起，在规定的工作日内支付赎回款项，尚未支付之前作为应付赎回款入账。⑦开放式基金按规定收取的赎回费中基本手续费部分归办理赎回业务的机构所有，尚未支付之前作为应付赎回款入账；赎回费在扣除基本手续费后的余额归基金所有，作为其他收入入账。

二、基金发行与赎回的核算

封闭式基金发行、开放式基金申购、开放式基金赎回在会计核算上存在着明显的区别。下面分别进行阐述。

（一）封闭式基金发行的核算

封闭式投资基金的基金单位一旦募集完毕便不能赎回，投资者在证券市场上买卖基金单位的活动是投资者之间的业务，与封闭式投资基金无直接联系。其净资产与其他行业企业的股东权益类似，只受基金经营活动的影响发生增减变动，如投资盈亏、派发红利等。因此，封闭式基金所有者权益的核算比较简单。无论是封闭式基金还是开放式基金，基金成立前发生的开办费不应由基金资产承担，同样，投资者购买基金时支付的发行费用也不应计入基金资产和基金净资产。《证券投资基金会计核算办法》规定，封闭式基金设立后，发行费收入与相关费用相抵后的余额，应作为其他收入处理。在封闭式基金的会计核算上，应设置"实收基金"科目。该科目相当于一般企业中的"实收资本"科目，实收资本是指投资者按照企业章程，或合同、契约的约定实际投入的资本。封闭式基金募集发行期结束，应按实际收到的金额，借记"银行存款"科目，按基金单位的发行总额，贷记"实收基金"科目，按其差额，贷记"其他业务收入"科目。

例1：A证券投资基金管理公司发行10亿份基金单位，基金单位发行价为2.04元，支付费用1 600万元。其会计分录如下：

借：银行存款	2 040 000 000	
贷：实收基金		2 024 000 000
其他业务收入——基金发行费收入		16 000 000

（二）开放式基金申购的核算

投资者在进行开放式基金申购时，是按购买的金额提出申请，而不是按购买的份额提出申请。开放式基金的申购金额里包含了申购费用和净申购金额。投资者在进行申购时要缴纳申购费。我国《开放式证券投资基金试点办法》规定申购费率不得超过申购金额的5%。申购费可以在申购基金时收取，也可以在赎回时从赎回金额中扣除。办理申购业务的机构按规定收取的申购费，如在基金申购时收取的，由办理申购业务的机构直接向投资人收取，不纳入基金会计核算范围；如在基金赎回时收取，则待基金投资人赎回时从赎回款中抵扣。对某一笔申购金额可以买到的基金单位的计算方法如下：

申购费用 = 申购金额 × 申购费率

净申购金额 = 申购金额 − 申购费用

申购份数 = 净申购金额/申购当日基金单位资产净值

依据规定，基金管理公司应当在接受基金投资人有效申请之日起3个工作日内收回申购款项，尚未收回之前作为“应收申购款”入账。基金申购确认日，按有效申购款，借记“应收申购款”；按有效申购款中含有的实收基金，贷记“实收基金”科目；按有效申购款中含有的未实现利得，贷记“未实现利得”科目；按有效申购款中含有的未分配收益，贷记“损益平准金”科目。“应收申购款”科目应按办理申购业务的机构设置明细账，进行明细核算。期末，“应收申购款”科目的借方余额反映尚未收回的有效申购款。

例2：2009年3月2日，某投资者向A证券投资基金管理公司申购开放式基金2 100万元，当日该基金单位资产净值为2元，申购费为100万元。按照契约规定，高于基金单位的部分在扣除费用后，将3/5作为未实现利得，2/5作为未分配收益。其核算过程如下：

计算投资者用2 100万元可以买到的基金单位：

净申购金额 = 申购金额 - 申购费用 = 21 000 000元 - 1 000 000元
= 20 000 000元

可申购份数 = 净申购金额/申购当日基金单位资产净值
= 20 000 000元/2 = 10 000 000份(每基金单位为1元)

根据计算结果，编制基金申购环节的会计分录如下：

借：应收申购款 20 000 000
　　贷：实收基金 10 000 000
　　　　未实现利得 6 000 000
　　　　损益平准金 4 000 000

目前，我国基金采取T+1交割方式，即在交易日的第二天进行款项的交割，则在3月3日款项交割时，基金管理公司的会计分录如下：

借：银行存款 20 000 000
　　贷：应收申购款 20 000 000

以后收到申购款时的会计分录如下：

借：银行存款 20 000 000
　　贷：应收申购款 20 000 000

例3：某投资者用2 100万元申请购买B证券投资基金管理公司新发行的开放式基金，每个基金单位市价为1元，申购款为100万元。其核算过程如下：

申购份数 = 净申购金额/申购当日基金单位资产净值
= 20 000 000元/1 = 20 000 000份

其会计分录如下：

借：银行存款 20 000 000
　　贷：实收基金 20 000 000

（三）开放式基金赎回的核算

开放式基金可以根据基金管理运作的实际需要收取赎回费，赎回费率一般不超过赎回金额的3%，赎回费收入在扣除基本手续费后，余额归基金所有。基金赎回是按份额赎回，即投资者在提出赎回申请时按卖出的份额提出申请，而不是按卖出的金额提出。基金赎回时投资者所得到的金额是赎回总额扣除赎回费用的部分。其计算公式如下：

赎回总额 = 赎回份数 × 赎回当日基金单位净值

赎回费用 = 赎回总额 × 赎回费率

赎回金额 = 赎回总额 − 赎回费用

基金管理公司应当在接受基金投资人有效申请之日起7个工作日内支付赎回款项，尚未支付之前作为“应付赎回款”入账。开放式基金按规定收取的赎回费，其中基本手续费部分归办理赎回业务的机构所有，尚未支付之前作为应付赎回款入账；赎回费在扣除基本手续费后的余额归基金所有，作为其他收入入账。

基金赎回确认日，按赎回款中含有的实收基金，借记“实收基金”科目；按赎回款中含有的未分配收益，借记“损益平准金”科目；按赎回款中含有的未实现利得，借记“未实现利得”科目；按应付的赎回款，贷记“应付赎回款”科目；按赎回费中属于销售机构所有的部分，贷记“应付赎回费”科目；按赎回费中属于基金所有的部分，贷记“其他收入——赎回费”科目。

支付投资人赎回款时，借记“应付赎回款”科目，贷记“银行存款”科目。“应付赎回款”应按办理赎回业务的销售机构或申请赎回业务的投资人设置明细账，进行明细核算，期末贷方余额反映尚未支付的基金赎回款。向办理赎回业务的机构支付赎回费时，借记“应付赎回费”科目，贷记“银行存款”科目。“应付赎回费”应按办理赎回业务的机构设置明细账，进行明细核算。期末贷方余额反映尚未支付的基金赎回费用。

基金赎回确认日的会计分录如下：

借：实收基金

　　未实现利得

　　损益平准金

　　贷：应付赎回款

　　　　其他收入——赎回费

　　　　应付赎回费——××银行

例4：2009年6月2日，投资者申请赎回D证券投资基金管理公司开放式基金50万份，当日该基金单位资产净值为1.0029元，赎回费率为0.5%，应付给代为办理赎回业务的某商业银行300元，同时按照契约规定，结转未实现利得

1 454.25元，损益平准金为 -4.25 元，有关会计分录如下：

计算投资者赎回总额和扣除费用之后的赎回金额：

赎回总额 = 赎回份数 × 赎回当日基金单位净值 = 500 000 元 × 1.0029 元
= 501 450 元

赎回费用 = 赎回总额 × 赎回费率 = 501 450 元 × 0.5% = 2 507.25 元

赎回金额 = 赎回总额 - 赎回费用 = 501 450 元 - 2 507.25 元 = 498 942.75 元

其会计分录如下：

借：实收基金	500 000	
未实现利得	1 454.25	
损益平准金	-4.25	
贷：应付赎回款		498 942.75
其他收入——赎回费		2 207.25
应付赎回费——某商业银行		300

款项交割时作会计分录如下：

借：应付赎回款	498 942.75	
贷：银行存款		498 942.75

如果在某一开放日，基金净赎回申请超过了上一日基金总份额的 10%，即认为发生了巨额赎回。在出现巨额赎回时，如果基金管理公司认为有能力兑付投资人的全部赎回申请，则按正常赎回程序执行，对投资人的利益没有影响。如果基金管理公司认为兑付投资人的赎回申请有困难，则可在当日接受赎回比例不低于上一日基金总份额 10% 的前提下，对其余赎回申请延期办理。对于当日的赎回申请，应当按照单个账户赎回申请量占赎回申请总量的比例，确定当日受理的赎回份额，未受理部分可延迟至下一个开放日办理，并以该开放日的基金资产净值为依据计算赎回金额。投资者可以在申请赎回的同时选择将当日未获受理部分予以撤销。如果连续发生巨额赎回，基金管理人可以按照基金契约及招募说明书载明的规定，暂停接受赎回申请，已经接受的赎回申请可以延缓支付赎回款项，但不能超过正常支付时间 20 个工作日，并应在证监会指定的信息披露媒体上公告。

第二节　证券投资业务的核算

一、投资于股票时的核算

对买入证券进行核算时，有买入上市证券和买入非上市证券两种情况。

（一）买入上市证券

买入上市证券应于成交日按照公允价值确认为基金管理公司的交易性金融资

产。如果购进证券支付的价款中，包含已到付息期但尚未领取的利息或已宣告但尚未发放的现金股利，应作为“应收利息”或“应收股利”单独核算，不构成证券投资成本。与证券投资相关的交易费用，直接作为当期损益处理，也不构成证券投资成本。资金交收日，按实际支付的价款与证券登记结算机构进行资金交收。具体会计分录如下：

借：交易性金融资产——成本
　　应收股利（或应收利息）
　　投资收益
　　贷：证券清算款——××证券中央登记结算公司
　　　　应付佣金

（二）买入非上市证券

买入非上市证券与买入上市证券相比，对证券投资成本的核算是一致的，只是在资金交易日，基金管理公司需通过银行办理资金转账结算。具体会计分录如下：

借：交易性金融资产——成本
　　应收股利（或应收利息）
　　投资收益
　　贷：银行存款（或其他应付款）

例5：2009年3月1日，E基金管理公司从上海证券中央登记结算公司购入150万股A股票，购入价格为10元/股，应付佣金为12 750元，其他各项费用为3 000元，印花税税率为0.2%。

3月1日，购入股票时，会计分录如下：

借：交易性金融资产——A股票——成本	15 000 000	
投资收益	45 750	
贷：证券清算款——上海证券中央登记结算公司		15 033 000
应付佣金		12 750

3月2日，资金交收时，会计分录如下：

借：证券清算款——上海证券中央登记结算公司	15 033 000	
贷：结算备付金——上海证券中央登记结算公司		15 033 000

二、申购新股的核算

（1）网上认购新股。基金管理公司通过网上认购新股，公司申购款被证券交易所从账户中划出并冻结时，会计分录如下：

借：证券清算款——认购新股占用款
　　贷：结算备付金

认购新股中签，与证券交易所结算中签款项时，按中签的股票的公允价值入账，会计分录如下：

借：交易性金融资产——成本

　　贷：证券清算款——认购新股占用款

同时，退回未中签款项的会计分录如下：

借：结算备付金

　　贷：证券清算款——认购新股占用款

（2）网下认购新股。其会计分录与网上认购有所不同：

借：其他应收款——应收认购新股占用款

　　贷：银行存款

认购新股中签，与证券交易所结算中签款项时，按中签的股票的公允价值入账，会计分录如下：

借：交易性金融资产——成本

　　贷：其他应收款——应收认购新股占用款

退回未中签款项的会计分录如下：

借：银行存款

　　贷：其他应收款——应收认购新股占用款

例 6： E 基金管理公司通过网上认购 F 股份有限公司发行的新股，深圳证券交易所从该公司的账户中划出 400 000 元作为申购款，中签款项为 320 000 元。

划拨申购款时，会计分录如下：

借：证券清算款——认购新股占用款	400 000	
贷：结算备付金		400 000

中签认购新股，会计分录如下：

借：交易性金融资产——E 股票——成本	320 000	
贷：证券清算款——认购新股占用款		320 000

退回未中签的申购款项，会计分录如下：

借：结算备付金	80 000	
贷：证券清算款——认购新股占用款		80 000

三、持有期间业务的核算

（一）发放股利的核算

如果是收到股票投资应分派的现金股利，在除息日按照上市公司宣告的分红派息比例确认股利收入，会计分录如下：

借：应收股利

　　贷：投资收益

实际收到现金股利时，会计分录如下：

借：结算备付金

贷：应收股利

对于股票持有期间上市公司分派的股票股利（包括送红股和公积金转增股本），应于除权日根据上市公司股东大会决议公告，按股权登记日持有的股数及送股或转增比例，计算确定增加的股票数量，在“交易性金融资产——股票”账户的“数量”栏进行记录。

如果是买入的分期付息、到期还本的债券，则对其持有期间分期取得的利息，应按实际利率计算的金额计入当期损益。其会计分录如下：

借：结算备付金或银行存款

　　贷：投资收益

例7：E 基金管理公司持有 B 公司股票 100 000 股，B 公司于 2008 年 4 月 5 日宣布分派现金股利，每 1 股 0.15 元。2008 年 4 月 10 日 E 基金管理公司收到 B 公司发放的现金股利 15 000 元。应作如下分录：

2008 年 4 月 5 日（宣告日），会计分录如下：

借：应收股利　　15 000

　　贷：投资收益　　15 000

2008 年 4 月 10 日（派息日），会计分录如下：

借：结算备付金　　15 000

　　贷：应收股利　　15 000

（二）估值日的核算

基金单位资产净值是制定基金单位交易价格的依据，而证券市场中证券的价格每天都在波动，基金资产净值也随之不断变化，对基金资产进行适时的估值，能够客观、准确地反映基金资产是否增值、保值，同时也能够真实地反映基金当时的实际价值，便于基金单位在市场上交易。估值日是指对基金资产进行估值的实际日期，大部分基金每个开放日都对基金资产进行估值，即每个开放日都是估值日。我国的《证券投资基金会计核算业务指引》规定了以下投资估值原则：①任何上市流通的有价证券，以其估值日在证券交易所挂牌的市价（平均价或收盘价）估值，而估值日无交易的，以最近交易日的市价估值。②未上市的股票应区分以下情况处理：对配股和增发新股，按估值日在证券交易所挂牌的同一股票的市价估值；对首次公开发行的股票，按成本估值。③配股权证，从配股除权日起到配股确认日止，按市价高于配股价的差额估值。④如有确凿证据表明按上述方法进行估值不能客观反映其公允价值，则基金管理公司应当根据具体情况与基金托管人商定后，按最能反映公允价值的价格估值。⑤如有新增事项，则按国家新规定估值。估值日对基金持有的股票、债券估值时，如为估值增值，则按所估价值与上一日所估价值的差额，作如下会计分录：

借：交易性金融资产——公允价值变动

　　贷：公允价值变动损益

如为估值减值，则按所估价值与上一日所估价值的差额，作会计分录如下：

借：公允价值变动损益

　　贷：交易性金融资产——公允价值变动

例8：G基金管理公司持有H公司股票200 000股，持有I公司股票400 000股，2008年3月1日，H公司股票的收盘价为5元/股，I公司股票的收盘价为11元/股。3月2日，H公司股票的收盘价为6元/股，I公司股票的收盘价为12元/股。

3月2日，H公司股票估值增值：

200 000股×6元/股－200 000股×5元/股＝200 000元

I公司股票估值增值：

400 000股×12元/股－400 000股×11元/股＝400 000元

据此，当日对证券投资价值变动，编制如下会计分录：

借：交易性金融资产——H公司股票——公允价值变动　　200 000

　　贷：公允价值变动损益　　200 000

借：交易性金融资产——I公司股票——公允价值变动　　400 000

　　贷：公允价值变动损益　　400 000

四、卖出证券的核算

基金管理公司卖出证券，将成交日实际收到的总额、账存成本、交易手续费与差额收益，作如下会计分录：

借：证券清算款

　　贷：交易性金融资产——成本

　　　　应付佣金

　　　　投资收益

如果考虑公司出售的该笔证券在持有期间存在公允价值变动损益，则会计分录如下：

借：证券清算款

　　交易性金融资产——公允价值变动（持有期间发生公允价值变动损失）

　　贷：交易性金融资产——成本

　　　　交易性金融资产——公允价值变动

　　　　应付佣金

　　　　投资收益

例9：2009年3月2日，A基金管理公司以6元/股的价格卖出J公司股票75万股，其购入价格为5元/股，期间没有公允价值变动损益，应支付的佣金为

2 600 元，印花税税率为 0.2%。

应收取的证券清算款 = 750 000 股 ×6 元/股 − 750 000 股 ×6 元/股 ×0.2%
= 4 491 000 元

其会计分录：

借：证券清算款	4 491 000	
贷：交易性金融资产——A 股票——成本		3 750 000
应付佣金		2 600
投资收益		738 400

资金交收日，会计分录：

借：结算备付金	4 491 000	
贷：证券清算款		4 491 000

第三节　基金管理公司的财务会计报告

一、基金管理公司财务会计报告的编制方法

财务会计报告包括财务报表、报表附注和其他应当在财务会计报告中披露的相关信息和资料。财务报表至少应包括资产负债表、利润表和所有者权益（基金净值）变动表。

（一）资产负债表的编制方法

（1）本表反映一定时期资产、负债和所有者权益的情况。表中资产总计等于负债加所有者权益总计。

（2）本表"年初余额"栏内各项目数字，应根据上年末资产负债表"期末余额"栏内所列数字填列。如果本年度资产负债表规定的各个项目的名称和内容同上年度不一致，应对上年年末资产负债表各项目的名称和数字按照本年度的规定进行调整，填入本表"年初余额"栏内。

（3）本表"期末余额"各项目的内容及填列方法：

1）"银行存款"项目，反映期末存在商业银行的各种款项。本项目应根据"银行存款"科目的期末余额填列。

2）"结算备付金"项目，反映期末存在证券登记结算机构的款项。本项目应根据"结算备付金"科目的期末余额填列。

3）"存出保证金"项目，反映交存的存出保证金期末数。本项目应根据"存出保证金"科目的期末余额填列。

4）"交易性金融资产"项目，反映期末基金持有的以公允价值计量且变动计入当期损益的金融资产的公允价值。本项目应根据"股票投资"、"债券投资"、"资产支持证券投资"和"基金投资"等科目期末余额合计计算填列。其

中：“股票投资”、“债券投资”、“资产支持证券投资”项目，应分别根据“股票投资”、“债券投资”、“资产支持证券投资”科目的期末余额计算填列项目。

5）“衍生金融资产”项目反映期末基金持有的权证投资、远期投资、其他衍生工具、套期项目和被套期项目等属于衍生金融资产的公允价值。本项目应根据上述科目的明细科目的期末借方金额合计计算填列。

6）“买入返售金融资产”项目，反映已经买入但尚未到期返售证券所融出的资金。本项目应根据“买入返售金融资产”科目的期末余额填列。

7）“应收证券清算款”项目，反映期末尚未收回的证券清算款。本项目应根据“证券清算款”科目的明细科目期末借方余额填列。

8）“应收利息”项目，反映期末尚未收回的债券投资、资产支持证券投资、买入返售金融资产、银行存款、结算备付金、存出保证金利息等各项利息。本项目应根据“应收利息”科目的期末余额填列。

9）“应收申购款”项目，反映期末应收取的有效申购款和转换转入款。本项目应根据“应收申购款”科目的期末余额填列。

10）“其他资产”项目，反映期末除上述资产以外的其他资产，包括其他应收款和待摊费用等项目的总额。本项目应根据有关科目的期末余额合计填列。如其他资产数额较大的，应在财务报表附注中披露其内容和金额。

11）“短期借款”项目，反映期末尚未归还的短期借入资金的本金。本项目应根据“短期借款”科目的期末余额填列。

12）“交易性金融负债”项目，反映期末尚未到期的交易性金融负债，应根据“交易性金融负债”科目的期末余额填列。

13）“衍生金融负债”项目，反映远期投资、其他衍生工具、套期项目、被套期项目等属于衍生金融负债的金额，应根据上述科目的明细科目的期末贷方余额填列。

14）“卖出回购金融资产款”项目，反映已经卖出但尚未到期回购的证券款。本项目应根据“卖出回购金融资产款”科目的期末余额填列。

15）“应付证券清算款”项目，反映期末应付未付的证券款。本项目应根据“证券清算款”科目的明细科目期末贷方余额填列。

16）“应付赎回款”项目，反映期末尚未支付的基金赎回款。本项目应根据“应付赎回款”科目的期末余额填列。

17）“应付管理人报酬”项目，反映期末尚未支付给基金管理人的报酬。本项目应根据“应付管理人报酬”科目的期末余额填列。

18）“应付托管费”项目，反映期末尚未付给基金托管人的托管费。本项目应根据“应付托管费”科目的期末余额填列。

19）“应付销售服务费”项目，反映期末尚未支付的销售服务费。本项目应根据“应付销售服务费”科目的期末余额填列。

20）“应付交易费用”项目，反映期末尚未支付的佣金等交易费用。本项目应根据“应付交易费用”科目的期末余额填列。

21）“应付利息”项目，反映期末尚未支付的各项利息。本项目应根据“应付利息”科目的期末余额填列。

22）“应付利润”项目，反映期末尚未支付给基金份额持有人的利润，本项目应根据“应付利润”科目的期末余额填列。

23）“其他负债”项目，反映除上述负债以外的其他负债，包括应付赎回费、其他应付款、预提费用等项目的总额。本项目应根据有关科目期末余额填列。其他负债数额较大的，应在财务报表附注中披露其内容和金额。

24）“实收基金”项目，反映期末对外发行基金份额所募集的总金额在扣除平准金分摊部分后的余额。本项目应根据“实收基金”科目期末余额填列。

25）“未分配利润”项目，反映期末尚未分配的基金净利润，年末余额反映历年积累的未分配利润（或未弥补亏损）。本项目应根据“本期利润”和“利润分配”科目的期末余额分析计算填列。未弥补的亏损在本项目内用“-”号填列。

（二）利润表的编制方法

（1）本表反映一定期间内基金实现的利润情况。

（2）本表“本期金额”栏反映各项目的本期实际发生数。在编报年度报表时，“上期金额”栏改为“上年金额”，填列上年全年累计实际发生数。如果上年度本表与本年本表的项目名称和内容不相一致，应对上年度报表项目的名称和数字按本年度的规定进行调整，填入本表“上年金额”栏。

（3）本表“本期金额”栏各项目的内容及其填列方法：

1）“利息收入”项目，反映本期基金实现的利息收入，本项目应根据“利息收入”科目期末结转“本期利润”科目的数额合计计算填列。

2）“投资收益”项目，反映本期基金实现的证券投资收益、衍生工具收益和股利收益等，本项目应根据“投资收益”科目期末结转“本期利润”科目的数额合计计算填列。

3）“公允价值变动净收益”项目，反映本期产生的公允价值变动损益。本项目应根据“公允价值变动损益”科目的借贷方发生额分析计算填列。如为公允价值变动损失，应以“－”号填列。

4）“其他收入”项目，反映除上述收入以外的其他各项收入。本项目应根据“其他收入”科目期末结转“本期利润”科目的数额填列。如为其他损失，应以“－”号填列。

5）“管理人报酬”、“托管费”、“销售服务费”项目分别反映按照基金合同和招募说明书的规定计提的基金管理人报酬、托管费、销售服务费。本项目应分别根据“管理人报酬”、“托管费”、“销售服务费”科目期末结转“本期利润”科目的数额填列。

6）“交易费用”项目，反映在非货币市场基金运作过程中发生的各项交易费用。本项目应根据“交易费用”科目期末结转“本期利润”科目的数额填列。

7）“利息支出”项目，反映基金运作过程中发生的各项利息支出。本项目应根据“利息支出”科目期末结转“本期利润”科目的数额填列。其中，“卖出回购金融资产支出”项目，应根据“利息支出”明细科目“卖出回购金融资产支出”期末结转“本期利润”科目的数额填列。

8）“其他费用”项目，反映在基金运作过程中发生的除上述费用支出之外的其他各项费用。本项目应根据“其他费用”科目期末结转“本期利润”科目的数额填列。

9）“利润总额”项目，反映本期基金利润总额，如为亏损总额应以“-”号填列。

（三）所有者权益（基金净值）变动表的编制方法

（1）本表反映一定时期基金所有者权益增减变动的情况。

（2）本表各项目应当根据期初所有者权益（基金净值）构成、本期基金经营活动产生的基金净值变动（基金净利润）、本期基金份额交易产生的基金净值变动、本期向基金份额持有人分配利润产生的基金净值变动、期末所有者权益（基金净值）构成等情况列示。

（3）本表“未分配利润”栏目反映当期基金的利润分配情况，包括期初基金未分配利润、当期利润总额、当期损益平准金、当期已分配利润以及期末未分配利润等信息。

二、基金管理公司财务会计报告的格式

基金管理公司的资产负债表格式见表10-1。

表10-1 资产负债表

会证基01

编制单位：　　　　____年____月____日　　　　单位：元

	期末	年初		期末	年初
资产：			负债：		
银行存款			短期借款		
结算备付金			交易性金融负债		
存出保证金			衍生金融负债		
交易性金融资产			卖出回购金融资产款		

（续）

	期末	年初		期末	年初
其中：股票投资			应付证券清算款		
基金投资			应付赎回款		
债券投资			应付管理人报酬		
资产支持证券投资			应付托管费		
衍生金融资产			应付销售服务费		
买入返售金融资产			应付交易费用		
应收证券清算款			应交税费		
应收利息			应付利息		
应收股利			应付利润		
应收申购款			递延所得税负债		
递延所得税资产			其他负债		
其他资产			负债合计		
			所有者权益：		
			实收基金		
			未分配利润		
			所有者权益合计		
资产总计			负债和所有者权益总计		

基金管理公司的利润表格式见表 10-2。

表 10-2　利润表

会证基 02 表

编制单位：　　　　____年____月____日　　　　单位：元

项　目	本期金额	上期金额
一、收入		
1. 利息收入		
其中：存款利息收入		
债券利息收入		
资产支持证券利息收入		
买入返售金融资产收入		
其他利息收入		
2. 投资收益（损失以“－”填列）		
其中：股票投资收益		

（续）

项目	本期金额	上期金额
基金投资收益		
债券投资收益		
资产支持证券投资收益		
衍生工具收益		
股利收益		
3. 公允价值变动收益（损失以“－”号填列）		
4. 汇兑收益（损失以“－”号填列）		
5. 其他收入（损失以“－”号填列）		
二、费用		
1. 管理人报酬		
2. 托管费		
3. 销售服务费		
4. 交易费用		
5. 利息支出		
其中：卖出回购金融资产支出		
6. 其他费用		
三、利润总额（亏损总额以“－”号填列）		
减：所得税费用		
四、净利润（净亏损以“－”号填列）		

基金管理公司的所有者权益（基金净值）变动表格式见表 10-3。

表 10-3 所有者权益（基金净值）变动表

会证基 03 表

编制单位：　　　　____年____月____日　　　　单位：元

项目	本年金额			上年金额		
	实收基金	未分配利润	所有者权益合计	实收基金	未分配利润	所有者权益合计
一、期初所有者权益（基金净值）						
二、本期经营活动产生的基金净值变动数（本期净利润）						
三、本期基金份额交易产生的基金净值变动数（净值减少以“－”号填列）						

（续）

项　　目	本年金额			上年金额		
	实收基金	未分配利润	所有者权益合计	实收基金	未分配利润	所有者权益合计
其中：1. 基金申购款						
2. 基金赎回款						
四、本期向基金份额持有人分配利润产生的基金净值变动数（净值减少以“－”号填列）						
五、期末所有者权益（基金净值）						

第十一章 租赁公司的会计核算

第一节 租 赁 概 述

租赁是指在约定的期间内，出租人将资产使用权让与承租人，以获取租金的协议。租赁的主要特征是，在租赁期内转移资产的使用权，而不是转移资产的所有权。这种转移是有偿的，取得使用权以支付租金为代价。在某些情况下，企业签署的协议所包含的交易虽然未采取租赁的法律形式，但该交易或交易的组成部分就经济实质而言属于租赁业务。确定一项协议是否属于或包含租赁业务，应重点考虑以下两个因素：①履行该协议是否依赖某特定资产。②协议是否转移了资产的使用权。属于租赁业务的，按《企业会计准则第21号——租赁》（以下简称《租赁准则》）进行会计处理；其他部分按相关会计准则处理。租赁业务作为企业融资的重要形式，越来越多的企业通过租赁的形式获取相关资产的使用权。采取租赁法律形式的一系列交易，企业应当判断其是否相关联，是否应当作为一项交易进行处理。企业在进行判断时，如果不把这一系列交易作为一个整体就无法理解其总体经济影响，则该涉及租赁法律形式的一系列交易就是相关联的，应当作为一项交易进行会计处理。

一、租赁的相关概念

租赁期是指租赁协议规定的不可撤销的租赁期间。如果承租人有权选择续租该资产，并且在租赁开始日就可以合理确定承租人将会行使这种选择权，则不论是否再支付租金，续租期也包括在租赁期之内。

租赁开始日是指租赁协议日与租赁各方就主要条款作出承诺日中的较早者。在租赁开始日，承租人和出租人应当将租赁认定为融资租赁或经营租赁，并确定在租赁期开始日应确认的金额。

租赁期开始日是指承租人有权行使其使用租赁资产权利的日期，表明租赁行为的开始。在租赁期开始日，承租人应当对租入资产、最低租赁付款额和未确认融资费用进行初始确认；出租人应当对应收融资租赁款、未担保余值和未实现融资收益进行初始确认。

担保余值，就承租人而言，是指由承租人或与其有关的第三方担保的资产余值；就出租人而言，是指就承租人而言的担保余值加上由独立于承租人和出租人的第三方担保的资产余值。其中，资产余值是指在租赁开始日估计的租赁期届满时租赁资产的公允价值。为了促使承租人谨慎地使用租赁资产，尽量减少出租人自身的风险和损失，租赁协议有时要求承租人或与其有关的第三方对租赁资产的余值进行担保，此时的担保余值是针对承租人而言的。除此以外，担保人还可能是独立于承租人和出租人的第三方，如担保公司，此时的担保余值是针对出租人而言的。

未担保余值是指租赁资产余值中扣除就出租人而言的担保余值以后的资产余值。对出租人而言，如果租赁资产余值中包含未担保余值，则表明这部分余值的风险并没有转移，其风险应由出租人承担。因此，未担保余值不能作为应收融资租赁款的一部分。

最低租赁付款额是指在租赁期内，承租人应支付或可能被要求支付的各种款项（不包括或有租金和履约成本），加上由承租人或与其有关的第三方担保的资产余值，但是，由出租人支付但可退还的税金不包括在内。

二、租赁的分类

承租人和出租人应当在租赁开始日将租赁分为融资租赁和经营租赁。

满足下列标准之一的，应认定为融资租赁；除融资租赁以外的租赁为经营租赁。

（1）在租赁期届满时，租赁资产的所有权转移给承租人。即，如果在租赁协议中已经约定，或者根据其他条件在租赁开始日就可以合理地判断，租赁期届满时出租人会将资产的所有权转移给承租人，那么该项租赁应当认定为融资租赁。

（2）承租人有购买租赁资产的选择权。如果所订立的购买价款预计将远低于承租人行使选择权时租赁资产的公允价值，则在租赁开始日就可以合理地确定承租人将会行使这种选择权。

例如，出租人和承租人签订了一项租赁协议，租赁期限为 3 年，租赁期届满时承租人有权以 10 000 元的价格购买租赁资产，在签订租赁协议时估计该租赁资产租赁期届满时的公允价值为 40 000 元，由于购买价格仅为公允价值的 25%（远低于公允价值 40 000 元），如果没有特别的情况，承租人在租赁期届满时将会购买该项资产。在这种情况下，在租赁开始日即可判断该项租赁应当认定为融资租赁。

（3）即使资产的所有权不转移，但租赁期占租赁资产使用寿命的大部分。这里的“大部分”是指租赁期占租赁开始日租赁资产使用寿命的 75% 以上（含 75%，下同）。需要说明的是，这里的量化标准只是指导性标准，企业在具体运用时，必须以《租赁准则》规定的相关条件进行判断。这条标准强调的是租赁期占租赁开始日租赁资产使用寿命的比例，而非租赁期占该项资产全部可使用年限的比例。如果租赁资产是旧资产，在租赁前已使用年限超过资产自全新时起可使用年限的75%以上时，则这条判断标准不适用，不能使用这条标准来判断租赁的分类。

例如，某项租赁设备全新时可使用年限为10年，已经使用了3年，从第4年开始出租，租赁期为6年，由于租赁开始时该设备使用寿命为7年，租赁期占使用寿命的85.71%（6年/7年），符合第3条标准，因此，该项租赁应当归类为融资租赁；如果从第4年开始出租，租赁期为3年，租赁期占使用寿命的42.86%（3年/7年），就不符合第3条标准，则该项租赁不应认定为融资租赁（假定也不符合其他判断标准）。假如该项设备已经使用了8年，从第9年开始出租，租赁期为2年，此时，该设备使用寿命为2年，虽然租赁期占使用寿命的100%（2年/2年），但由于在租赁前该设备的已使用年限超过了可使用年限的75%（8年/10年=80%>75%），因此，不能使用这条标准来判断租赁的分类。

（4）承租人租赁开始日的最低租赁付款额的现值，几乎相当于租赁开始日租赁资产的公允价值；出租人在租赁开始日最低租赁收款额的现值，几乎相当于租赁开始日租赁资产的公允价值。这里的“几乎相当于”，通常是指占90%以上。需要说明的是，这里的量化标准只是指导性标准，企业在具体运用时，必须以《租赁准则》规定的相关条件进行判断。

（5）租赁资产性质特殊，如果不作较大改造，只有承租人才能使用。这条标准是指租赁资产是由出租人根据承租人对资产型号、规格等方面的特殊要求专门购买或建造的，具有专购、专用性质。这些租赁资产如果不作较大的改造，其他企业通常难以使用。这种情况下，该项租赁也应当认定为融资租赁。

对于同时涉及土地和建筑物的租赁，企业通常应当将土地和建筑物分开考虑，将最低租赁付款额根据土地部分的租赁权益和建筑物的租赁权益的相对公允价值的比例进行分配。在我国，由于土地的所有权归国家，土地租赁不能归类为融资租赁。对于建筑物的租赁则按《租赁准则》的规定标准进行相应的分类。如果土地和建筑物无法分离和不能可靠计量的，则应归类为一项融资租赁，除非两部分都明显是经营租赁，在后一种情况下，整个租赁应归类经营租赁。

第二节 承租人的核算

一、承租人对融资租赁的核算

（一）租赁期开始日

在租赁期开始日，承租人应当将租赁开始日租赁资产的公允价值与最低租赁付款额的现值两者中较低者作为租入资产的入账价值，将最低租赁付款额作为长期应付款的入账价值，其差额作为未确认融资费用。

承租人在计算最低租赁付款额的现值时，如果知悉出租人的租赁内含利率，则应当采用出租人的租赁内含利率作为折现率；否则，应当采用租赁合同规定的利率作为折现率。如果出租人的租赁内含利率和租赁合同规定的利率均无法知悉，则应当采用同期银行贷款利率作为折现率。其中，租赁内含利率是指在租赁开始日，使最低租赁收款额的现值与未担保余值的现值之和等于租赁资产的公允价值与出租人的初始直接费用之和的折现率。

初始直接费用是指在租赁谈判和签订租赁合同的过程中发生的可直接归属于租赁项目的费用。承租人发生的初始直接费用，通常有印花税、佣金、律师费、差旅费、谈判费等。承租人发生的初始直接费用，应当计入租入资产价值。

例1：2008年12月1日，甲公司与乙公司签订了一份租赁合同。甲公司向乙公司租入塑钢机一台。合同主要条款如下：

（1）租赁标的物：塑钢机。

（2）起租日：2009年1月1日。

（3）租赁期：2009年1月1日～2011年12月31日，共36个月。

（4）租金支付：自2009年1月1日起，每隔6个月于月末支付租金150 000元。

（5）该机器的保险、维护等费用均由甲公司负担，估计每年约10 000元。

（6）该机器在2008年12月1日的公允价值为700 000元。

（7）租赁合同规定的利率为7%（6个月利率）（乙公司租赁内含利率未知）。

（8）甲公司在租赁谈判和签订租赁合同过程中发生可归属于租赁项目的手续费、差旅费为1 000元。

（9）该机器的估计使用年限为8年，已使用3年，期满无残值。承租人采用年限平均法计提折旧。

（10）租赁期届满时，甲公司享有优惠购买该机器的选择权，购买价为100元，估计该日租赁资产的公允价值为80 000元。

（11）2010年和2011年两年，甲公司每年按该机器所生产的产品——塑钢窗户的年销售收入的5%向乙公司支付经营分享收入。

承租人（甲公司）的会计处理：

（1）判断租赁类型。本例存在优惠购买选择权，优惠购买价100元远低于行使选择权日租赁资产的公允价值80 000元，所以在租赁开始日，即2008年12月1日就可合理确定甲公司将会行使这种选择权，符合第2条判断标准。另外，最低租赁付款额的现值为715 041.63元（计算过程见后）大于租赁资产公允价值的90%，即大于630 000元（700 000×90%），符合第4条判断标准。因此，这项租赁应当认定为融资租赁。

（2）计算租赁开始日最低租赁付款额的现值，确定租赁资产入账价值。

最低租赁付款额 = 各期租金之和 + 行使优惠购买选择权支付的金额

= 150 000 元 ×6 + 100 元 = 900 100 元

计算现值的过程如下：

每期租金 150 000 元的年金现值 = 150 000 元 ×(P/A,7%,6)

优惠购买选择权行使价 100 元的复利现值 = 100 元 ×(P/F,7%,6)

查表得知(P/A,7%,6) = 4.7665，(P/F,7%,6) = 0.6663。

现值合计 = 150 000 元 ×4.7665 + 100 元 ×0.6663 = 714975 元 + 66.63 元 = 715 041.63 元 > 700 000 元

根据租赁资产公允价值与最低租赁付款额现值孰低原则，租赁资产的入账价值应为其公允价值 700 000 元。

（3）计算未确认融资费用。

未确认融资费用 = 最低租赁付款额 - 租赁开始日租赁资产的公允价值

= 900 100 元 - 700 000 元 = 200 100 元

（4）将初始直接费用 1 000 元计入资产价值，则甲公司融资租入资产的入账价值为 700 000 元 + 1 000 元 = 701 000 元。

（5）其会计分录如下：

2009 年 1 月 1 日：

借：固定资产——融资租入固定资产	701 000	
未确认融资费用	200 100	
贷：长期应付款——应付融资租赁款		900 100
银行存款		1 000

（二）未确认融资费用的分摊

在融资租赁下，承租人向出租人支付的租金中，包含了本金和利息两部分。承租人支付租金时，一方面应减少长期应付款，另一方面应同时将未确认的融资费用按一定的方法确认为当期融资费用。

在分摊未确认的融资费用时，按照租赁准则的规定，承租人应当采用实际利率法。在采用实际利率法的情况下，根据租赁开始日租赁资产和负债的入账价值的基础不同，融资费用分摊率的选择也不同；未确认融资费用的分摊率的确定具体分为下列几种情况：

（1）以出租人的租赁内含利率为折现率将最低租赁付款额折现，且以该现值作为租赁资产入账价值的，应当将租赁内含利率作为未确认融资费用的分摊率。

（2）以合同规定利率为折现率将最低租赁付款额折现，且以该现值作为租赁资产入账价值的，应当将合同规定利率作为未确认融资费用的分摊率。

（3）以银行同期贷款利率为折现率将最低租赁付款额折现，且以该现值作为租赁资产入账价值的，应当将银行同期贷款利率作为未确认融资费用的分摊率。

（4）以租赁资产公允价值为入账价值的，应当重新计算分摊率。该分摊率是使最低租赁付款额的现值等于租赁资产公允价值的折现率。

存在优惠购买选择权的，在租赁期届满时，未确认融资费用应全部摊销完毕，并且租赁负债也应当减少为优惠购买金额。在承租人或与其有关的第三方对租赁资产提供了担保或由于在租赁期届满时没有续租而支付违约金的情况下，在租赁期届满时，未确认融资费用应当全部摊销完毕，租赁负债还应减少至担保余值。

例2：承例1，下面列示未确认融资费用分摊的处理。

（1）确定融资费用分摊率。由于租赁资产入账价值为其公允价值，因此应重新计算融资费用分摊率。计算过程如下：

根据下列公式：

租赁开始日最低租赁付款额的现值 = 租赁开始日租赁资产的公允价值

可以得出：

$$150\ 000\ 元 \times (P/A, r, 6) + 100\ 元 \times (P/F, r, 6) = 700\ 000\ 元$$

可在多次测试的基础上，用插值法计算融资费用分摊率。

当 $r = 7\%$ 时，$150\ 000\ 元 \times 4.766\ 5 + 100\ 元 \times 0.666\ 3 = 714\ 975\ 元 + 66.63\ 元 = 715\ 041.63\ 元 > 700\ 000\ 元$

当 $r = 8\%$ 时，$150\ 000\ 元 \times 4.622\ 9 + 100\ 元 \times 0.630\ 2 = 693\ 435\ 元 + 63.02\ 元 = 693\ 498.02\ 元 < 700\ 000\ 元$

因此，$7\% < r < 8\%$。用插值法计算如下：

现值/元	利率（%）
715 041.63	7
700 000	r
693 498.02	8

$$(715\ 041.63 - 700\ 000)元/(715\ 041.63 - 693\ 498.02)元 = (7\% - r)/(7\% - 8\%)$$

$$r = (21\ 543.61\ 元 \times 7\% + 15\ 041.63\ 元 \times 1\%)/21\ 543.61\ 元 = 7.70\%$$

即，融资费用分摊率为7.70%。

（2）在租赁期内采用实际利率法分摊未确认融资费用，参见表11-1。

表 11-1 未确认融资费用分摊表（实际利率法）

2008 年 12 月 31 日 单位：元

日期	租金	确认的融资费用	应付本金减少额	应付本金额
①	②	③ = 期初⑤ × 7.70%	④ = ② - ③	期末⑤ = 期初⑤ - ④
2008 年 12 月 31 日				700 000
2009 年 6 月 30 日	150 000	53 900	96 100	603 900
2009 年 12 月 31 日	150 000	46 500. 30	103 499. 70	500 400. 30
2010 年 6 月 30 日	150 000	38 530. 82	111 469. 18	388 931. 12
2010 年 12 月 31 日	150 000	29 947. 70	120 052. 30	268 878. 82
2011 年 6 月 30 日	150 000	20 703. 67	129 296. 33	139 582. 49
2011 年 12 月 31 日	150 000	10 517. 51①	139 482. 49②	100
2011 年 12 月 31 日	100		100	
合　计	900 100	200 100	700 000	

① 尾数调整：10 517. 51 元 = 150 000 元 - 139 482. 49 元。

② 尾数调整：139 482. 49 元 = 139 582. 49 元 - 100 元。

（3）其会计分录如下：

2009 年 6 月 30 日，支付第一期租金。

借：长期应付款——应付融资租赁款 150 000

　　贷：银行存款 150 000

借：财务费用 53 900

　　贷：未确认融资费用 53 900

2009 年 12 月 31 日，支付第二期租金。

借：长期应付款——应付融资租赁款 150 000

　　贷：银行存款 150 000

借：财务费用 46 500. 30

　　贷：未确认融资费用 46 500. 30

2010 年 6 月 30 日，支付第三期租金。

借：长期应付款——应付融资租赁款 150 000

　　贷：银行存款 150 000

借：财务费用 38 530. 82

　　贷：未确认融资费用 38 530. 82

2010 年 12 月 31 日，支付第四期租金。

借：长期应付款——应付融资租赁款 150 000

　　贷：银行存款 150 000

借：财务费用　　29 947.70

　　贷：未确认融资费用　　29 947.70

2011 年 6 月 30 日，支付第五期租金。

借：长期应付款——应付融资租赁款　　150 000

　　贷：银行存款　　150 000

借：财务费用　　20 703.67

　　贷：未确认融资费用　　20 703.67

2011 年 12 月 31 日，支付第六期租金。

借：长期应付款——应付融资租赁款　　150 000

　　贷：银行存款　　150 000

借：财务费用　　10 517.51

　　贷：未确认融资费用　　10 517.51

（三）租赁资产折旧的计提

承租人应对融资租入的固定资产计提折旧。

1. 折旧政策

对于融资租入资产，计提租赁资产折旧时，承租人应采用与自有应折旧资产相一致的折旧政策。同自有应折旧资产一样，租赁资产的折旧方法一般有年限平均法、工作量法、双倍余额递减法、年数总和法等。如果承租人或与其有关的第三方对租赁资产余值提供了担保，则应计提的折旧总额为租赁期开始日固定资产的入账价值扣除担保余值后的余额；如果承租人或与其有关的第三方未对租赁资产余值提供担保，且无法合理确定租赁届满后承租人是否能够取得租赁资产所有权，则应计提的折旧总额为租赁期开始日固定资产的入账价值。

2. 折旧期间

确定租赁资产的折旧期间应以租赁合同而定。如果能够合理确定租赁期届满时承租人将会取得租赁资产所有权，即可认为承租人拥有该项资产的全部使用寿命，则应以租赁期开始日租赁资产的寿命作为折旧期间；如果无法合理确定租赁期届满后承租人是否能够取得租赁资产的所有权，则应以租赁期与租赁资产寿命两者中较短者作为折旧期间。

例 3：承例 1，下面列示融资租入固定资产折旧的处理。融资租入固定资产折旧计算如表 11-2 所示。

表 11-2　融资租入固定资产折旧计算表（年限平均法）　单位：元

日　期	固定资产原价	估计余值	折旧率	当年折旧费	累计折旧	固定资产净值
2009 年 1 月 1 日	701 000					701 000
2009 年 12 月 31 日	701 000		20%	140 200	140 200	560 800

（续）

日　期	固定资产原价	估计余值	折旧率	当年折旧费	累计折旧	固定资产净值
2010 年 12 月 31 日	701 000		20%	140 200	280 400	420 600
2011 年 12 月 31 日	701 000		20%	140 200	420 600	280 400
2012 年 12 月 31 日	701 000		20%	140 200	560 800	140 200
2013 年 12 月 31 日	701 000		20%	140 200	701 000	
合　计	701 000			701 000		

注：在租赁开始日（2008 年 12 月 1 日）可以合理地确定租赁期届满后承租人能够取得该资产的所有权，因此在采用年限平均法计提折旧时，应按租赁期开始日租赁资产寿命 5 年（估计使用年限 8 年减去已使用年限 3 年）计提折旧。本例中租赁资产不存在担保余值，应全额计提折旧。

其会计分录如下：

2009 年 12 月 31 日，计提本年折旧（假定按年计提折旧）：

借：制造费用——折旧费　　140 200

　　贷：累计折旧　　140 200

2010 年 ~ 2013 年各年分录同上。

（四）履约成本的核算

履约成本是指租赁期内为租赁资产支付的各种使用费用，如技术咨询和服务费、人员培训费、维修费、保险费等。承租人发生的履约成本通常应计入当期损益。

例 4：承例 1，假设 2009 年 12 月 31 日，甲公司发生该机器保险费、维护费 1 000 元。其会计分录如下：

借：制造费用　　1 000

　　贷：银行存款　　1 000

（五）或有租金的核算

或有租金是指金额不固定、以时间长短以外的其他因素（如销售量、使用量、物价指数等）为依据计算的租金。由于或有租金的金额不固定，无法采用系统、合理的方法对其进行分摊，因此或有租金在实际发生时计入当期损益。

例 5：承例 1，假设 2010 年、2011 年甲公司分别实现塑钢窗户销售收入 100 000元和 150 000 元，根据租赁合同规定，这两年应支付给乙公司经营分享收入分别为 5 000 元和 7 500 元。相应的会计分录如下：

2010 年 12 月 31 日：

借：销售费用　　5 000

　　贷：其他应付款——乙公司　　5 000

2011 年 12 月 31 日：

借：销售费用　　7 500

　　贷：其他应付款——乙公司　　7 500

（六）租赁期届满时的核算

租赁期届满时，承租人对租赁资产的处理通常有返还、优惠续租和留购三种情况。

1. 返还租赁资产

租赁期届满，承租人向出租人返还租赁资产时，通常借记“长期应付款——应付融资租赁款”、“累计折旧”科目，贷记“固定资产——融资租入固定资产”科目。

2. 优惠续租租赁资产

承租人行使优惠续租选择权，应视同该项租赁一直存在而作出相应的账务处理。

如果租赁期届满时没有续租，根据租赁合同规定须向出租人支付违约金时，借记“营业外支出”科目，贷记“银行存款”等科目。

3. 留购租赁资产

在承租人享有优惠购买选择权的情况下，支付购买价款时，借记“长期应付款——应付融资租赁款”科目，贷记“银行存款”等科目；同时，将固定资产从“融资租入固定资产”明细科目转入有关明细科目。

例6：承例1，假设2011年12月31日，甲公司向乙公司支付购买价款100元。其会计分录如下：

借：长期应付款——应付融资租赁款　　100

　　贷：银行存款　　100

借：固定资产——塑钢机　　701 000

　　贷：固定资产——融资租入固定资产　　701 000

二、承租人对经营租赁的核算

（一）租金的核算

在经营租赁下，承租人不必将租赁资产资本化，只需将支付或应付的租金按一定的方法计入相关资产成本或当期损益。

承租人应当将经营租赁的租金在租赁期内各个期间按照直线法计入相关资产成本或当期损益；其他方法更为系统合理的，也可以采用其他方法。一般情况下，采用直线法将承租人支付的经营租赁租金确认为费用较为合理，但在某些特殊情况下，则应采用比直线法更系统合理的方法，如根据租赁资产的使用量来确认租金费用。例如，某企业租入一台起重机，根据起重机的工作小时来确认当期应分摊的租金费用就比按年限平均法确认更为合理。

承租人确认租金费用时，借记“制造费用”、“销售费用”、“管理费用”等科目，贷记“银行存款”等科目。

（二）初始直接费用的核算

对于承租人在经营租赁中发生的初始直接费用，应计入当期损益。其账务处理为：借记“管理费用”等科目，贷记“银行存款”等科目。

（三）或有租金的核算

在经营租赁下，承租人对或有租金的处理与融资租赁下相同，即在实际发生时计入当期损益。其账务处理为：借记“销售费用”等科目，贷记“银行存款”等科目。

（四）出租人提供激励措施的核算

出租人提供免租期的，承租人应将租金总额在不扣除免租期的整个租赁期内，按直线法或其他合理的方法进行分摊，免租期内应当确认租金费用及相应的负债。出租人承担了承租人某些费用的，承租人应将该费用从租金费用总额中扣除，按扣除后的租金费用余额在租赁期内进行分摊。

第三节　出租人的核算

一、出租人对融资租赁的核算

（一）租赁期开始日的核算

在租赁期开始日，将应收融资租赁款、未担保余值之和与其现值的差额确认为未实现融资收益，在将来收到租金的各期内确认为租赁收入。出租人发生的初始直接费用，应包括在应收融资租赁款的初始计量中，并减少租赁期内确认的收益金额。

例7：承例1，并假设融资租赁固定资产账面价值为700 000元。出租人（乙公司）为签订该项租赁合同发生初始直接费用10 000元，已用银行存款支付。以下说明乙公司的会计处理。

（1）判断租赁类型。

本例存在优惠购买选择权，优惠购买价100元远远小于行使选择权日租赁资产的公允价值70 000元，因此在2008年12月31日就可合理确定甲公司将会行使这种选择权，符合第2条判断标准；另外，在本例中，最低租赁收款额的现值＝710 000元（计算过程见后），大于租赁开始日租赁资产公允价值的90%，即大于630 000元(700 000×90%)，符合第4条判断标准；因此这项租赁应认定为融资租赁。

(2) 计算租赁内含利率。

最低租赁收款额＝租金×期数＋优惠购买价格＝150 000元×6＋100元＝900 100元

因此，有 150 000 元 ×（P/A, r, 6）+100 元 ×（P/F, r, 6）= 710 000 元（租赁资产的公允价值 + 初始直接费用）。根据这一等式，可在多次测试的基础上，用插值法计算租赁内含利率。

当 $r = 7\%$ 时：150 000 元 ×4.7665 + 100 元 ×0.6663 = 714 975 元 + 66.63 = 715 041.63 元 > 710 000 元

当 $r = 8\%$ 时：150 000 元 ×4.6229 + 100 元 ×0.6302 = 693 435 元 + 63.02 = 693 498.02 元 < 710 000 元

因此，$7\% < r < 8\%$。用插值法计算如下：

现值/元	利率（%）
715 041.63	7
710 000	r
693 498.02	8

（715 041.63 − 710 000）元/（715 041.63 − 693 498.02）元

= $(7\% - r)/(7\% - 8\%)$

r =（21 543.61 元 ×7% + 5 041.63 元 ×1%）÷21 543.61 元 = 7.23%

即，租赁内含利率为 7.23%。

（3）计算租赁开始日最低租赁收款额及其现值和未实现融资收益。

最低租赁收款额 = 最低租赁付款额 = 150 000 元 ×6 + 100 元 = 900 100 元

应收融资租赁款入账价值 = 900 100 元 + 10 000 元 = 910 100 元

最低租赁收款额现值 = 租赁开始日租赁资产公允价值 + 初始直接费用 = 710 000元

未实现融资收益 = 910 100 元 − 710 000 元 = 200 100 元

（4）其会计分录如下：

2009 年 1 月 1 日：

借：长期应收款——应收融资租赁款	910 100	
贷：银行存款		10 000
融资租赁固定资产		700 000
未实现融资收益		200 100

在本例中，融资租赁固定资产在租赁期开始日的账面价值正好与公允价值一致。如果账面价值高于或者低于公允价值，其差额应当计入当期损益，通过“营业外收入”或“营业外支出”科目核算。

在计算内含报酬率时已考虑了初始直接费用的因素，为了避免未实现融资收益高估，在初始确认时应对未实现融资收益进行调整，借记“未实现融资收益”，贷记“长期应收款——应收融资租赁款”。本例中：

借：未实现融资收益　　10 000

　　贷：长期应收款——应收融资租赁款　　10 000

（二）未实现融资收益的分配

根据租赁准则的规定，未实现融资收益应当在租赁期内各个期间进行分配，确认为各期的租赁收入。分配时，出租人应当采用实际利率法计算当期应当确认的租赁收入。出租人每期收到租金时，按收到的租金金额，借记“银行存款”科目，贷记“长期应收款——应收融资租赁款”科目。同时，每期确认租赁收入时，借记“未实现融资收益”科目，贷记“租赁收入”科目。

例 8： 承例 1，下面说明出租人对未实现融资租赁收益的处理。

（1）计算租赁期内各期应分摊的融资收益，参见表 11-3。

表 11-3　未确认融资收益分配表（实际利率法）

2008 年 12 月 31 日　　单位：元

日　期	租金	确认的融资收益	租赁投资净额减少额	租赁投资净额余额
①	②	③ = 期初⑤ × 7.23%	④ = ② - ③	期末⑤ = 期初⑤ - ④
2008 年 12 月 31 日				710 000
2009 年 6 月 30 日	150 000	51 333	98 667	611 333
2009 年 12 月 31 日	150 000	44 199.38	105 800.62	505 532.38
2010 年 6 月 30 日	150 000	36 549.99	113 450.01	392 082.37
2010 年 12 月 31 日	150 000	28 347.56	121 652.44	270 429.92
2011 年 6 月 30 日	150 000	19 552.08	130 447.92	139 982.01
2011 年 12 月 31 日	150 000	10 117.99①	139 882.01②	100
2011 年 12 月 31 日	100		100	
合　计	900 100	190 100	710 000	

① 尾数调整：10 117.99 元 = 150 000 元 - 139 882.01 元。

② 尾数调整：139 882.01 元 = 139 982.01 元 - 100 元。

（2）其会计分录如下：

2009 年 6 月 30 日收到第一期租金：

借：银行存款　　150 000

　　贷：长期应收款——应收融资租赁款　　150 000

借：未实现融资收益　　51 333

　　贷：租赁收入　　51 333

2009 年 12 月 31 日收到第二期租金：

借：银行存款　　150 000

　　贷：长期应收款——应收融资租赁款　　150 000

借：未实现融资收益　　44 199.38

贷：租赁收入　　44 199.38

2010 年 6 月 30 日收到第三期租金：

借：银行存款　　150 000

　贷：长期应收款——应收融资租赁款　　150 000

借：未实现融资收益　　36 549.99

　贷：租赁收入　　36 549.99

2010 年 12 月 31 日收到第四期租金：

借：银行存款　　150 000

　贷：长期应收款——应收融资租赁款　　150 000

借：未实现融资收益　　28 347.56

　贷：租赁收入　　28 347.56

2011 年 6 月 30 日收到第五期租金：

借：银行存款　　150 000

　贷：长期应收款——应收融资租赁款　　150 000

借：未实现融资收益　　19 552.08

　贷：租赁收入　　19 552.08

2011 年 12 月 31 日收到第六期租金：

借：银行存款　　150 000

　贷：长期应收款——应收融资租赁款　　150 000

借：未实现融资收益　　10 117.99

　贷：租赁收入　　10 117.99

（三）未担保余值发生变动的核算

由于未担保余值的金额决定了租赁内含利率的大小，从而决定着未实现融资收益的分配，因此，为了真实地反映企业的资产和经营业绩，根据谨慎性原则的要求，在未担保余值发生减少和已确认损失的未担保余值得以恢复的情况下，均应当重新计算租赁内含利率，以后各期根据修正后的租赁投资净额和重新计算的租赁内含利率确定应确认的租赁收入。在未担保余值增加时，不作任何调整。其账务处理如下：

（1）期末，出租人的未担保余值的预计可收回金额低于其账面价值的差额，借记“资产减值损失”科目，贷记“未担保余值减值准备”科目。同时，将未担保余值减少额与由此所产生的租赁投资净额的减少额的差额，借记“未实现融资收益”科目，贷记“资产减值损失”科目。

例 9：承例 1，并假设未担保余值为 1 000 元，于 2010 年 12 月 31 日减值为 500 元。

2008 年 12 月 31 日，计算租赁内含利率：

$$150\,000\text{元} \times (P/A, r, 6) + (100 + 1\,000)\text{元} \times (P/F, r, 6) = 710\,000\text{元}$$

$$r = 7.27\%$$

1）计算租赁期内各期应分摊的融资收益，参见表 11-4。

表 11-4　未确认融资收益分配表　　单位：元

日　期	租金	确认的融资收入	租赁投资净额减少额	租赁投资净额余额
①	②	③＝期初⑤×7.27%	④＝②－③	期末⑤＝期初⑤－④
2008 年 12 月 31 日				710 000
2009 年 6 月 30 日	150 000	51 617	98 383	611 617
2009 年 12 月 31 日	150 000	44 464.56	105 535.44	506 081.56
2010 年 6 月 30 日	150 000	36 792.13	113 207.87	392 873.69
2010 年 12 月 31 日	150 000	28 561.92	121 438.08	271 435.60
2011 年 6 月 30 日	150 000	19 733.37	130 266.63	141 168.97
2011 年 12 月 31 日	150 000	9 931.03①	140 068.97②	1 100
2011 年 12 月 31 日	100		100	
合　计	900 100	191 100	709 000	

① 尾数调整：9 931.03 元＝150 000 元－140 068.97 元。

② 尾数调整：141 068.97 元＝141 168.97 元－1 100 元。

2010 年 12 月 31 日，未担保余值发生减值时：

$$150\,000\text{元} \times (P/A, r, 3) + (100 + 500)\text{元} \times (P/F, r, 3) = 392\,873.69\text{元}$$

$$r = 7.18\%$$

2）重新计算租赁期内各期应分摊的融资收益，参见表 11-5。

表 11-5　未确认融资收益分配表　　单位：元

日　期	租金	确认的融资收入	租赁投资净额减少额	租赁投资净额余额
①	②	③＝期初⑤×7.27% 或×7.18%	④＝②－③	期末⑤＝期初⑤－④
2008 年 12 月 31 日				710 000
2009 年 6 月 30 日	150 000	51 617	98 383	611 617
2009 年 12 月 31 日	150 000	44 464.56	105 535.44	506 081.56
2010 年 6 月 30 日	150 000	36 792.13	113 207.87	392 873.69
2010 年 12 月 31 日	150 000	28 208.33	121 791.67	271 082.02
2011 年 6 月 30 日	150 000	19 463.69	130 536.31	140 545.70
2011 年 12 月 31 日	150 000	10 054.30①	139 945.70②	600
2011 年 12 月 31 日	100		100	
合　计	900 100	190 600	709 500	

① 尾数调整：10 054.30 元＝150 000 元－139 945.70 元。

② 尾数调整：139 945.70 元＝140 545.70 元－600 元。

2010 年 12 月 31 日，未担保余值发生变动的租赁投资净额的减少额 = 271 435.60元 - 271 082.02 元 = 353.58 元

其会计分录如下：

借：资产减值损失　　500

　贷：未担保余值减值准备　　500

借：未实现融资收益　　353.58

　贷：资产减值损失　　353.58

（2）如果已确认损失的未担保余值得以恢复，应在原已确认的损失金额内转回，借记“未担保余值减值准备”科目，贷记“资产减值损失”科目。同时，将未担保余值恢复额与由此所产生的租赁投资净额的增加额的差额，借记“资产减值损失”科目，贷记“未实现融资收益”科目。

（四）或有租金的核算

出租人在融资租赁下收到的或有租金应计入当期损益。

例 10：承例 1，假设 2010 年和 2011 年，甲公司分别实现塑钢窗户年销售收入 100 000 元和 150 000 元。根据租赁合同的规定，两年应向甲公司收取的经营分享收入分别为 5 000 元和 7 500 元。其会计分录为：

2010 年：

借：银行存款（或应收账款）　　5 000

　贷：租赁收入　　5 000

2011 年：

借：银行存款（或应收账款）　　7 500

　贷：租赁收入　　7 500

（五）租赁期届满时的核算

租赁期届满时出租人应区别以下情况进行会计处理：

1. 出租人收回租赁资产

这时有可能出现以下三种情况：

（1）对资产余值全部担保的。出租人收到承租人交还的租赁资产时，应当借记“融资租赁资产”科目，贷记“长期应收款——应收融资租赁款”科目。如果收回租赁资产的价值低于担保余值，则应向承租人收取价值损失补偿金，借记“其他应收款”科目，贷记“营业外收入”科目。

（2）对资产余值部分担保的。出租人收到承租人交还的租赁资产时，借记“融资租赁资产”科目，贷记“长期应收款——应收融资租赁款”、“未担保余值”等科目。如果收回租赁资产的价值扣除未担保余值后的余额低于担保余值，则应向承租人收取价值损失补偿金，借记“其他应收款”科目，贷记“营业外收入”科目。

（3）对资产余值全部未担保的。出租人收到承租人交还的租赁资产时，借记“融资租赁资产”科目，贷记“未担保余值”科目。

2. 优惠续租租赁资产

（1）如果承租人行使优惠续租选择权，则出租人应视同该项租赁一直存在而作出相应的账务处理，如继续分配未实现融资收益等。

（2）如果租赁期届满时承租人未按租赁合同规定续租，则出租人应向承租人收取违约金，并将其确认为营业外收入。同时，将收回的租赁资产按上述规定进行处理。

3. 出租人出售租赁资产

租赁期届满时，承租人行使了优惠购买选择权。出租人应按收到的承租人支付的购买资产的价款，借记“银行存款”等科目，贷记“长期应收款——应收融资租赁款”科目。

例11：承例1，假设2012年1月1日，乙公司收到甲公司支付的购买资产的价款100元。其会计分录如下：

借：银行存款　　100

　贷：长期应收款——应收融资租赁款　　100

二、出租人对经营租赁的核算

（一）租金的处理

在一般情况下，出租人应采用直线法将收到的租金在租赁期内确认为收益，但在某些特殊情况下，则应采用比直线法更系统合理的方法。出租人应当根据应确认的收益，借记“银行存款”等科目，贷记“租赁收入”、“其他业务收入”等科目。

（二）初始直接费用的处理

经营租赁中出租人发生的初始直接费用是指在租赁谈判和签订租赁合同的过程中发生的可归属于租赁项目的手续费、律师费、差旅费、印花税等，应当计入当期损益。金额较大的应当资本化，在整个经营租赁期内按照与确认租金收入相同的基础分期计入当期损益。

（三）租赁资产折旧的计提

对于经营租赁资产中的固定资产，应当采用出租人对类似应折旧资产通常所采用的折旧政策计提折旧。

（四）或有租金的处理

在经营租赁下，出租人对或有租金的处理与融资租赁下相同，即在实际发生时计入当期收益。

（五）出租人对经营租赁提供激励措施的处理

出租人提供免租期的，出租人应将租金总额在不扣除免租期的整个租赁期内，按直线法或其他合理的方法进行分配，免租期内出租人应当确认租金收入。出租人承担了承租人某些费用的，出租人应将该费用自租金收入总额中扣除，按扣除后的租金收入余额在租赁期内进行分配。

（六）经营租赁资产在财务报表中的处理

在经营租赁下，与资产所有权有关的主要风险和报酬仍然留在出租人一方，因此出租人应当将出租资产作为自身拥有的资产在资产负债表中列示，如果出租资产属于固定资产，则列在资产负债表固定资产项下，如果出租资产属于流动资产，则列在资产负债表有关流动资产项下。

出租人以经营租赁方式提供的生物资产的计量，按照《企业会计准则第5号——生物资产》的相关规定进行处理。

第四节 售后租回交易的核算

售后租回交易是指资产卖主（承租人）将资产出售后再从买主（出租人）租回的交易。无论是承租人还是出租人，均应按照租赁准则的规定，将售后租回交易认定为融资租赁或经营租赁。

一、售后租回交易形成融资租赁

在形成融资租赁的售后租回交易方式下，对卖主（承租人）而言，与资产所有权有关的全部报酬和风险并未转移，并且售后租回交易的租金和资产的售价往往是以一揽子方式进行谈判的，应视为一项交易，出售资产的损益应与资产的金额相联系。因此，无论卖主（承租人）出售资产的售价高于还是低于出售前资产的账面价值，所发生的收益或损失都不应立即确认为当期损益，而应将其作为未实现售后租回损益递延并按资产的折旧进度进行分摊，作为折旧费用的调整。

承租人对售后租回交易中售价与资产账面价值的差额应通过“递延收益——未实现售后租回损益（融资租赁）”科目进行核算，分摊时，按既定比例减少未实现售后租回损益，同时相应增加或减少折旧费用。

例12：假设2009年1月1日，甲公司将一台塑钢机按700 000元的价格销售给乙公司。该机器的公允价值为700 000元，账面原价为1 000 000元，已提折旧400 000元。同时又签订了一份融资租赁协议将机器租回。

甲公司对售后租回交易中售价与资产账面价值的差额会计处理如下（计算过程参见表11-6）：

表 11-6 未实现售后租回收益分摊表（年限平均法） 单位：元

日 期	售价	固定资产账面价值	摊销期	分摊率	摊销额	未实现售后租回损益
2009 年 1 月 1 日	700 000	600 000	5 年			100 000
2009 年 12 月 31 日				20%	20 000	80 000
2010 年 12 月 31 日				20%	20 000	60 000
2011 年 12 月 31 日				20%	20 000	40 000
2012 年 12 月 31 日				20%	20 000	20 000
2013 年 12 月 31 日				20%	20 000	
合 计	700 000	600 000		100%	100 000	

（1）2009 年 1 月 1 日，结转出售固定资产的成本：

借：固定资产清理 600 000

累计折旧 400 000

贷：固定资产——塑钢机 1 000 000

（2）2009 年 1 月 1 日，向乙公司出售塑钢机：

借：银行存款 700 000

贷：固定资产清理 600 000

递延收益——未实现售后租回损益 100 000

（3）2009 年 12 月 31 日，确认本年度应分摊的未实现售后租回损益：

借：递延收益——未实现售后租回损益（融资租赁） 20 000

贷：制造费用——折旧费 20 000

其他会计分录略。

二、售后租回交易形成经营租赁

企业售后租回交易认定为经营租赁的，应当分别情况处理：①如果有确凿证据表明售后租回交易是按照公允价值达成的，则将售价与资产账面价值的差额计入当期损益。②如果售后租回交易不是按照公允价值达成的，则有关损益应于当期确认。若该损失将由低于市价的未来租赁付款额补偿的，应将其递延，并按与确认租金费用一致的方法分摊于预计的资产使用期限内；若售价高于公允价值的，其高于公允价值的部分应予以递延，并在预计的资产使用期限内分摊。

例 13：假设 2009 年 1 月 1 日，甲公司将公允价值为 29 000 000 元的全新办公用房一套，按照 30 000 000 元的价格售给乙公司，并立即签订了一份租赁合同，从乙公司租回该办公用房，租期为 4 年。办公用房原账面价值为 29 000 000 元，预计使用年限为 25 年。租赁合同规定，在租期的每年年末支付租金为600 000元。租赁期满后预付租金不退回，乙公司收回办公用房使用权（假设甲公司和乙公司均在年末确认租金费用和经营租赁收入并且不存在租金逾期支付的情况）。

甲公司的会计处理如下：

（1）判断租赁类型。根据资料分析，该项租赁属于经营租赁。

（2）计算未实现售后租回损益。

未实现售后租回损益 = 售价 − 资产的公允价值

= 30 000 000 元 − 29 000 000 元 = 1 000 000 元

（3）在租赁期内按直线法分摊未实现售后租回损益，参见表 11-7。

表 11-7　未实现售后租回收益分摊表　单位：元

日　期	售价	固定资产账面价值	支付的租金	租金支付比率	摊销额	未实现售后租回损益
2009 年 1 月 1 日	30 000 000	29 000 000				1 000 000
2009 年 12 月 31 日			600 000	25%	250 000	750 000
2010 年 12 月 31 日			600 000	25%	250 000	500 000
2011 年 12 月 31 日			600 000	25%	250 000	250 000
2012 年 12 月 31 日			600 000	25%	250 000	0
合 计	30 000 000	29 000 000	2 400 000	100%	1 000 000	

（4）编制会计分录。

1）2009 年 1 月 1 日，向乙公司出售办公用房：

借：银行存款　30 000 000

　贷：固定资产清理　29 000 000

　　递延收益——未实现售后租回损益（经营租赁）　1 000 000

2）2009 年 1 月 1 日，结转出售固定资产的成本：

借：固定资产清理　29 000 000

　贷：固定资产——办公用房　29 000 000

3）2009 年 12 月 31 日，支付租金：

借：管理费用——租赁费　600 000

　贷：银行存款　600 000

4）2009 年 12 月 31 日，分摊未实现售后租回损益：

借：递延收益——未实现售后租回损益（经营租赁）　250 000

　贷：管理费用——租赁费　250 000

其他会计分录略。

在有确凿证据表明售后租回交易是按照公允价值达成或售价低于公允价值且

未来租赁付款不低于市价的情况下，实质上相当于一项正常的销售，售价与资产账面价值的差额，应当计入当期损益。

例 14：承例 13，假定有确凿证据表明该办公用房目前公允价值为 30 000 000 元，则甲公司应当将售价与资产账面价值的差额记入当期损益。甲公司的会计处理如下：

借：银行存款 30 000 000

贷：固定资产清理 29 000 000

营业外收入 1 000 000

例 15：承例 13，假定该办公用房目前公允价值为 31 000 000 元，账面价值为 30 000 000 元，售价为 29 000 000 元，如果在市场上租用同等的办公用房需每年年末支付租金 850 000 元。则甲公司应当将售价与资产账面价值的差额予以递延。甲公司的会计处理如下：

（1）判断租赁类型。根据资料分析，该项租赁属于经营租赁。

（2）计算未实现售后租回损益。

未实现售后租回损益 = 售价 − 资产的账面价值

= 29 000 000 元 − 30 000 000 元 = −1 000 000 元

（3）在租赁期内按直线法分摊未实现售后租回损益，参见表 11-8。

表 11-8 未实现售后租回收益分摊表 单位：元

日期	售价	固定资产账面价值	支付的租金	租金支付比率	摊销额	未实现售后租回损益
2009 年 1 月 1 日	29 000 000	31 000 000				−1 000 000
2009 年 12 月 31 日			600 000	25%	250 000	750 000
2010 年 12 月 31 日			600 000	25%	250 000	500 000
2011 年 12 月 31 日			600 000	25%	250 000	250 000
2012 年 12 月 31 日			600 000	25%	250 000	0
合计	29 000 000	31 000 000	2 400 000	100%	1 000 000	

（4）编制会计分录。

1）2009 年 1 月 1 日，向乙公司出售办公用房：

借：银行存款 29 000 000

贷：固定资产清理 29 000 000

2）2009 年 1 月 1 日，结转出售固定资产的成本，确认未实现售后租回损益：

借：固定资产清理 30 000 000

贷：固定资产——办公用房 30 000 000

3）2009 年 1 月 1 日，确认未实现售后租回损益：

借：递延收益——未实现售后租回损益（经营租赁）　　1 000 000

　　贷：固定资产清理　　1 000 000

4）2009 年 12 月 31 日，支付租金：

借：管理费用——租赁费　　600 000

　　贷：银行存款　　600 000

5）2009 年 12 月 31 日，分摊未实现售后租回损益：

借：管理费用——租赁费　　250 000

　　贷：递延收益——未实现售后租回损益（经营租赁）　　250 000

　　其他会计分录略。

例 16：承例 13，假定该办公用房目前公允价值为 31 000 000 元，如果在市场上租用同等的办公用房需每年年末支付租金为 850 000 元，则甲公司应当将有关损益立即予以确认。甲公司的会计处理如下：

（1）判断租赁类型。根据资料分析，该项租赁属于经营租赁。

（2）计算未实现售后租回损益。

未实现售后租回损益 = 售价 - 资产的账面价值

= 30 000 000 元 - 29 000 000 元 = 1 000 000 元

（3）编制会计分录。

1）2009 年 1 月 1 日，向乙公司出售办公用房：

借：银行存款　　30 000 000

　　贷：固定资产清理　　30 000 000

2）2009 年 1 月 1 日，结转出售固定资产的成本：

借：固定资产清理　　30 000 000

　　贷：固定资产——办公用房　　29 000 000

　　　　营业外收入　　1 000 000

3）2009 年 12 月 31 日，支付租金：

借：管理费用——租赁费　　600 000

　　贷：银行存款　　600 000

其他会计分录略。

参 考 文 献

［1］ 财政部会计司编写组．企业会计准则讲解2008［M］．北京：人民出版社，2008.

［2］ 中华人民共和国财政部．企业会计准则——应用指南2006［M］．北京：中国财政经济出版社，2006.

［3］ 中华人民共和国财政部．企业会计准则2006［M］．北京：经济科学出版社，2006.

［4］ 程婵娟．银行会计学［M］．北京：科学出版社，2004.

［5］ 戴建中．国际银行业务［M］．北京：清华大学出版社，北京交通大学出版社，2008.

［6］ 侯旭华．保险公司会计［M］．2版．上海：复旦大学出版社，2008.

［7］ 韩俊梅，吕德勇．商业银行会计学［M］．北京：中国金融出版社，2007.

［8］ 黄颖利，徐鹿．金融企业会计［M］．南京：东南大学出版社，2005.

［9］ 李晓梅，关新红．金融企业会计［M］．北京：首都经济贸易大学出版社，2006.

［10］ 孟艳琼．金融企业会计［M］．武汉：武汉理工大学出版社，2007.

［11］ 唐丽华．金融企业会计［M］．2版．大连：东北财经大学出版社，2008.

［12］ 唐宴春．金融企业会计［M］．北京：中国金融出版社，2006.

［13］ 王保平，栗利玲．保险公司会计实务［M］．北京：中国财政经济出版社，2009.

［14］ 王保平．商业银行会计实务［M］．北京：中国财经经济出版社，2009.

［15］ 王允平，关新红，李晓梅．金融企业会计学［M］．北京：经济科学出版社，2007.

［16］ 杨华．金融企业新会计准则应用与讲解［M］．北京：中国金融出版社，2007.

［17］ 于春红．银行会计学［M］．北京：对外经济贸易大学出版社，2009.

［18］ 章颖薇．金融企业会计［M］．成都：西南财经大学出版社，2008.

［19］ 周彦平，孙娜．证券公司与基金公司会计实务［M］．北京：中国财政经济出版社，2009.

［20］ 志学红．银行会计［M］．北京：中国人民大学出版社，2008.

［21］ 财政部会计资格评价中心．中级会计实务［M］．北京：经济科学出版社，2009.

［22］ 财政部会计资格评价中心．初级会计实务［M］．北京：中国财政经济出版社，2009.